Regensburger Almanach auf das Jahr 2017

Die Gegend musste eine Stadt herbei locken

Für die Freunde des Hauses Haellmigk

Wir wünschen viel Vergnügen
beim Lesen des Regensburger Almanachs

Regensburger Almanach auf das Jahr 2017

Die Gegend musste eine Stadt herbei locken

Herausgegeben von Peter Morsbach

Bibliografische Information Der Deutschen Bibliothek

Die Deutsche Bibliothek verzeichnet diese Publikation in der
Deutschen Nationalbibliografie; detaillierte bibliografische Daten
sind im Internet über http://dnb.ddb.de abrufbar.
ISBN 978-3-86646-359-2

Regensburger Almanach auf das Jahr 2017
Die Gegend musste eine Stadt herbei locken
© MZ Buchverlag in der Battenberg Gietl Verlag GmbH, Regenstauf
Titelabbildung: Hans Bauer (www.bauercom.eu)
www.gietl-verlag.de
ISBN 978-3-86646-359-2

Peter Morsbach

Liebe Almanach-Gemeinde!

Vorwort des löbl. Herausgebers

*„Regenspurg liegt gar schön,
die Gegend mußte eine Stadt herbei locken"
Johann Wolfgang Goethe*

In Regensburg liebt man diesen Satz, entfloss er doch Seiner Feder am 5. September 1786 auf dem Wege nach Italien. Eigentlich stammt er gar nicht von Goethe, sondern von Martin Luther, der 253 Jahre vorher in einer Tischrede gesagt hatte: „Erfurt liegt an einer idealen Stelle. Dort muss eine Stadt stehen …", um dann aber heftig über den „Stall voller Säue" herzuziehen, was Er im Falle Regensburgs nicht tat. Hier reichen sich ein Kirchennaher und ein Kirchenferner über die Jahrhunderte die Hand.

Die erste Hälfte Seiner Sentenz war das Motto des Almanachs 1999, als der Aufschwung Regensburgs so richtig in Fahrt kam. Fast zwanzig Jahre später endlich die zweite Hälfte!

Fast monatlich erfahren wir von irgendeinem Ranking, in dem unsere Stadt irgendeinen Spitzenplatz belegt (oder auch nicht) oder lesen wir Klagen über astronomisch gestiegene Bauland- und Immobilienpreise. Ich fragte mich: Wo bleibt bei alledem der Mensch?

Regensburg sonnt sich im Glanz seiner Wohlhabenheit. Doch Sonne und Schatten sind ebenso Zwillinge wie Reichtum und Armut. Der diesjährige Almanach beleuchtet beide Seiten – Licht und Schatten einer reichen Stadt. Wie gestaltet sich das soziale, kulturelle und wirtschaftliche Leben in einer Stadt, die einen Aufschwung genommen hat, der noch vor 25 Jahren nicht vorstellbar gewesen wäre? Doch längst nicht alle Regensburgerinnen und Regensburger haben daran ihren Anteil. Gertrud Maltz-Schwarzfischer legt den Finger in diese Wunden.

Ich freue mich, wie engagiert und begeistert Autorinnen und Autoren an dieses Thema herangingen; herausgekommen ist ein facettenreiches und differenziertes Bild. Nach dem Rückzug von Rolf Thym als Almanach-Chronist freut es mich, dass Katharina Lenz diese nicht ganz leichte Last auf sich genommen hat, unvoreingenommen, unberührt von Loyalitätsverpflichtungen; ihre Chronik von Michaeli 2016 bis Michaeli 2017 – unsere Zeitzählung nach dem traditionellen Geschäftsjahr früherer Zeiten – ist erfrischend, spannend und souverän. Ihr sei ebenso Dank wie allen, die in diesem Jahr wieder mit ihren so unterschiedlichen Beiträgen ein weitgespanntes Kompendium unserer Stadtgesellschaft ermöglichen.

Die Gegend musste eine Stadt herbei locken – nach der Lektüre des Almanachs wissen Sie, was Er meinte. Dieser Überzeugung ist Ihr sehr ergebener

löbl. Herausgeber Peter Morsbach

Inhalt

Katharina Lenz
Der harte Boden der Tatsachen
Was das Jahr uns brachte 8

Dieter Daminger und Nicole Litzel
Der Wirtschafts- und
Wissenschaftsstandort Regensburg 16

Gertrud Maltz-Schwarzfischer
Herausforderungen auf der „Insel der Glückseligen"
Das soziale Netz in Regensburg" 28

Michael Eibl
Kein Jugendlicher darf verloren gehen!
Chancen in der Boomtown Regensburg 36

Claus-Dieter Wotruba
Bananenflanke
Das kleine Jubiläum einer ganz besonderen Liga 40

Michael Scheiner
Alleinerziehend heißt nicht allein 44

Peter Lang
Die unprovinzielle Provinz
Highlights der Kultur für alle? 50

Reinhard Kellner
Teilhaben!
Kultur für Einkommensarme 60

Michael Scheiner
Jahrgang 1984 – ein Zukunftsprojekt
Der Werkhof: vom sozialen Hilfsprojekt
zum Integrationsunternehmen 66

Benno Hurt
„Alles lief nach Traum"
„Schnee Elfen Herz" – das Romandebüt
der Regensburgerin Sanja Schwarz 74

Benno Hurt
„Regensburg ist für mich meine Oma-Stadt."
Ein Gespräch mit Anna Prantl 76

Michael Scheiner
„Hallo, geht es Euch gut? Mir schon!"
Erinnerungen an Lu Teichmann-Schneider 78

Harald Raab
Vor 50 Jahren marschierte der Handstand-Lucki
von Regensburg nach Rom
– selbstverständlich auf den Händen 82

Andreas Meixner
Der pfeiferauchende Bibliothekar voller Musik
Ein Nachruf auf den Konzertveranstalter
und Musikkritiker Ulrich Alberts 90

Reiner Vogel
Als die Dult noch am Protzenweiher war
Mein Stadtamhof 92

Katharina Lenz
Eine Bühne für Regensburg – Regensburg als Bühne
40 Jahre Orphée – Ein Schauspiel in fünf Akten 102

Silvia Codreanu-Windauer
Das „Große Gräberfeld"
Der Zentralfriedhof des römischen Regensburgs 108

Maria Baumann
Er überbrachte die Botschaft der Kunst
Ein Nachruf auf Dr. Friedrich Fuchs (1952–2016) 118

Volker Wappmann
Evangelische Pfarrersfamilien in Regensburg
Ein Blick in ein verklärtes Familienleben 122

Hubert H. Wartner
Das Kumpfmühler Gartensalettl
*Lohn der Geduld – das Schmuckkästchen
im Kumpfmühler Karl-Bauer-Park* 126

Werner Ludwig Sturm
Eine Persönlichkeit ohne Gleichen
*Carl Heinrich Freiherr von Gleichen:
Diplomat, Philosoph, Essayist, Geheimwissenschaftler,
Wohltäter der Stadt Regensbur* 132

Thomas Muggenthaler
„Unermüdlicher Fleiß und großes Geschick"
*Zur Rolle der Gestapo Regensburg bei den
Hinrichtungen polnischer Zwangsarbeiter* 138

Eginhard König
Kinderjahre einer Universität
Ein Zeitzeugenbericht 146

Fabienne-Angela Englbrechtsmüller
Die 68er-Studentenproteste in Regensburg
Oder: „Jetz fanga die bei uns a scho o" 150

Gerd Otto
„Stabhochspringen ohne Stab geht nun einmal nicht"
*Vor 50 Jahren: Mit dem Donau-Einkaufszentrum startet
Johann Vielberth seine international vielbeachtete
Karriere als Immobilienentwickler* 158

Bernhard Lübbers
**Die Staatliche Bibliothek Regensburg
feierte 200. Geburtstag**
1816 wurde die Bibliothek gegründet 168

Juan Martin Koch
**Ein Kulturmensch mit den richtigen Ideen
zur rechten Zeit am rechten Ort**
*Der Regensburger Musikverleger und
Altstadtfreund Bernhard Bosse (1921–2016)* 178

Karl Birkenseer
Tauchfahrten nach „Atlantis"
*Fred Strohmaier hat seine berühmte Buchhandlung
(1961–2017) geschlossen* 182

Petra Morsbach
**Wer braucht noch das literarische Buch – v
erändern die neuen Medien die Literatur?**
*17 Überlegungen, Fred Strohmaier gewidmet
Vortrag, Regensburg 4. März 2017* 196

Markus Eberhardt
„Wohlberühmt und kunstreich"
*Der Regensburger Barockkomponist
Hieronymus Kradenthaller (1637–1700)* 202

Stefan Reichmann
„Ein Leben für die Kunst und ein Mädchen mit Reh"
Erinnerungen an Wilhelm Amann (1940–2016) 206

Matthias Nagel
„… leuchtende Liebe, lachender Tod"
Zum 85. Todestag der Sopranistin Gertrud Bindernagel . . . 210

Andreas Meixner
Ein eigener Kosmos der Musik
Singer Pur feiert sein 25-jähriges Bestehen 216

Heiner Gietl
Ein turbulentes Jahr für den SSV Jahn Regensburg
Durchmarsch in die 2. Bundesliga 218

Ludwig Haas
Die Heinzelmännchen des SSV Jahn Regensburg 222

Claus-Dieter Wotruba
Futsal
Meisterlicher Aufstieg in einer vermeintlich neuen Sportart . . . 234

Wolfgang Otto und Stefan Reichmann
Das letzte Geheimnis der alten Jahntribüne
*Abriss des Jahnstadions legt Wissner-Malereien
von 1931 frei* 238

Autoren 245

Katharina Lenz

Der harte Boden der Tatsachen

Was das Jahr uns brachte

Wissen Sie noch, was Sie am 26. April 1986 gemacht haben? Oder am 31. August 1997, geschweige denn am 9. September 2001? Beinahe jeder von uns hat eine bleibende Erinnerung an den Moment, als ihn die Nachricht von großen Katastrophen oder dem Ableben wichtiger Persönlichkeiten ereilte. Speziell die Regensburger haben seit Anfang des Jahres ebenfalls solch ein Datum: Wo waren Sie am Morgen des 18. Januar 2017, als sich die Nachricht verbreitete, der Regensburger Oberbürgermeister Joachim Wolbergs sei verhaftet worden? Wegen Bestechung und akuter Verdunkelungsgefahr. Die Straßen der Altstadt sind an diesem Vormittag wie leergefegt. Als hielte alles kurz den Atem an, bevor die alltäglichen Verrichtungen, das Handeln mit Waren, Werten und Wissen wieder in seiner gewohnten Geschäftigkeit einsetzen …

„Ich bin nicht käuflich."

Regensburg ist auch 2017 schön und geschäftig, verteidigt seine Spitzenplätze in diversen Rankings, wächst an Einwohnerzahl und Wirtschaftskraft und glänzt zudem auf dem Parkett des Sports und als Welterbestadt mit steigenden Übernachtungszahlen. Doch die Spendenaffäre um den SPD-Ortsverband Regensburg Süd, an der mehrere große Bauträger der Stadt Regensburg, unter ihnen Volker Tretzel, der große Sponsor des Regensburger Fußballs, und letztlich auch Oberbürgermeister Joachim Wolbergs beteiligt sind, hinterlässt im polierten Image hässliche Kratzer, die bundesweit für Negativschlagzeilen sorgen. Die Verhaftung des Stadtoberhaupts, des Unternehmers Volker Tretzel selbst und einem ehemaligen seiner Mitarbeiter sowie die Ermittlungen gegen weitere Persönlichkeiten der Baubranche und der Stadtpolitik wie Alt-OB Hans Schaidinger und SPD-Urgestein Norbert Hartl zeigen zu Jahresbeginn, welche Kreise die Untersuchungen der Staatsanwaltschaft seit Juni 2016 gezogen haben. Es sind unangenehme Sachverhalte, mit denen sich nicht nur die Behörden intensiv beschäftigen, sondern die auch viele Regensburger über die wirtschaftlichen und politischen Verflechtungen in unserer Stadt zum Diskutieren bringen.

Des Pudels Kern: Immobiliengeschäfte um die Vergabe des Areals der ehemaligen Nibelungenkaserne an den Bauträger Tretzel. Über Jahre hinweg gestückelte Parteispenden von fast einer halben Million Euro an den SPD Ortsverband Regensburg Süd. Vorabinformationen, Vorteilsnahme und vermutlich ein ganzes Netz an persönlichen Verpflichtungen und finanziellen Gegengeschäften, jahrelang aufgebaut und nun ans Licht gekommen.

Beim Neujahrsempfang der Stadt am 13. Januar 2017 scheint die Welt noch in Ordnung. Fünf Tage später schlägt Regensburgs Justitia mit voller Wucht zu: Nach den Durchsuchungen im Juni 2016 werden drei Beschuldigte in Untersuchungshaft genommen, unter ihnen der amtierende Oberbürgermeister Joachim Wolbergs.
[Foto: Stadt Regensburg, Bilddokumentation]

Nach nahezu sechs Wochen in persönlich harter Untersuchungshaft kommt Joachim Wolbergs, wenn auch mit Kontaktverboten, wieder auf freien Fuß. Seither wartet er, vom Amt des Oberbürgermeisters vorläufig suspendiert, aber nicht zurückgetreten und von seiner Unschuld überzeugt, auf die Eröffnung des Verfahrens. Und in der Regensburger Stadtgesellschaft entwickeln sich selbst kleine Debatten wie die öffentliche Übergabe einer Medaille durch den OB beim Triathlon im August zu generellen Standpunktfragen: Bist du für oder gegen Wolbergs?

Währenddessen ziehen manche Konsequenzen und andere nicht: Alt-OB Hans Schaidinger, dessen bereits vor Ende seiner Amtszeit mit 20 000 Euro pro Monat dotierter Beratervertrag für das Bauteam Tretzel nicht Gegenstand der Ermittlungen ist, schweigt. Norbert Hartl legt bereits im Januar den SPD-Fraktionsvorsitz und sein Amt im Aufsichtsrat der Stadtbau nieder, bleibt jedoch Mitglied im Stadtrat, dem er seit 45 Jahren angehört. Mit der Erhebung der Anklage im Juli liegen jetzt immerhin die Vorwürfe offiziell auf dem Tisch, doch bis das Verfahren eröffnet wird, kann es noch dauern. Der Prozess und seine Folgen werden die Regensburger noch lange beschäftigen.

Wir schaffen das!

Das Leben in der Stadt geht derweil weiter. In die Bresche springt im Januar sofort Regensburgs zweite Bürgermeisterin Gertrud Maltz-Schwarzfischer. Sie managt die Amtsgeschäfte der Stadtregierung seither pragmatisch und zuverlässig: Wir-schaffen-das-Kontinuität und Business-as-usual – inklusive Wiederwahl der drei so wichtigen Referenten für Wirtschaft, Kultur und Bau im Juni: Dieter Daminger, Christine Schimpfermann und Klemens Unger werden für weitere, wenn auch teils bis 2019 verkürzte Amtsperioden bestätigt. Der neue Leiter des Stadtarchivs, Lorenz Baibl, und seine neue Kollegin in der Leitung der städtischen Museen, Dr. Doris Gerstl, verkörpern hingegen den Generationswechsel. Den weitgehend reibungslosen Ablauf der Maschinerie der Stadtverwaltung kann nicht einmal die Tatsache stoppen, dass der dritte Bürgermeister Jürgen Huber im Juli wegen einer Erkrankung länger ausfällt.

Jaaaaahnsinn!

Gott sei Dank gibt es daneben wie in jedem anderen Jahr auch emotional mitreißende, aufregende und jubelnde Momente im Stadtleben: Und diese lieferte 2017 nicht der Eishockey-Oberligist EV Regensburg, der im April nach einer soliden Saison im Halbfinale der Playoffs ausscheidet. Und es sind auch nicht die Baseballer der Buchbinder Legionäre Regensburg, die in der Bundesliga souverän den Klassenerhalt erreichen.

Nein, 2017 ist ein Jahr des Fußball-Jahnsinns! Kaum zu glauben: Nach dem rasanten Sprung in die dritte Liga ein

Der Aufstieg des SSV Jahn in die zweite Bundesliga bewegt alle Gemüter. Selbst die Bürgermeisterin feiert im Mai 2017 mit! [Foto: Stadt Regensburg, Bilddokumentation]

Wie gut, dass sich der Jahn in all dem Durcheinander des Frühjahrs auf seine ruhmreiche Geschichte besinnen kann: Beim Abriss der Jahn-Tribüne im alten Stadion an der Prüfeninger Straße kommen im März 2017 Bilder des Regensburger Malers Max Wissner aus den 1930er Jahren zum Vorschein. [Foto: Stadt Regensburg, Bilddokumentation]

Jahr zuvor ist es Ende Mai soweit: Der SSV Jahn Regensburg steigt in die zweite Bundesliga auf und beweist allen Grantlern und Verdachtsmomenten zum Trotz, dass der sportliche Aufstieg machbar ist. Das Rückspiel in der Relegation gegen die Münchner Löwen zeigt zwar mit den Ausschreitungen der 60er-Fans auch die dunkle Seite des Fußballs. Doch die Regensburger sind wie im Taumel und feiern ihre Mannschaft euphorisch – auf dass in der neuen Saison der Jahn endlich in der Klasse spielt, die seinem neuen Stadion angemessen ist. Der Start scheint vielversprechend ... Außergewöhnlich ruhig in all dem Trubel: Der Trainer der Erfolgsmannschaft Heiko Herrlich, der prompt eine Woche später seinen Wechsel nach Leverkusen verkündet.

Allerdings muss der Jahn zugleich auch mit der Kehrseite der Regensburger Spendenaffäre fertig werden: Selbst wenn die Ermittlungen um Protokoll-Manipulationen und der Vorwurf, dass Jahn-Mäzen Tretzel im Gegenzug zur Grundstückszusage an der Nibelungenkaserne den Verein immer wieder mit Millionen versorgt habe, zu Jahresbeginn ins Leere laufen. Der Großsponsor verkauft im Juni alle seine Anteile an die Münchner Global Sports Invest AG. Auf einmal steht der 31 Jahre junge Investor Philipp Schober im Rampenlicht. Gegen dessen Geschäftsgebaren und das fragwürdige neue Finanzgeflecht, das in dessen Hintergrund sichtbar wird, erhebt sich auf der Gesellschafterversammlung im Juli ein Sturm der Entrüstung bei alten Jahn-Teilhabern und Förderern.

Emil ist da!

Altstadtbewohner und Touristen lächeln dagegen: Da ist er ja, der Emil! Die neuen Elektrobusse in Regensburg sind klein, grün und kaum hörbar, wenn sie seit Mai 2017 ihre Insassen emissionsfrei durch die engen Gassen und über die Plätze kutschieren. Trotz Startschwierigkeiten –

am Präsentationstag muss gleich eines der fünf neuen Exemplare des italienischen Herstellers Rampini abgeschleppt werden – kommt die Stadtmitte umwelttechnisch einen guten Schritt vorwärts. Bis zum auto-, feinstaub- und stickoxidfreien Welterbe bzw. bis zur schienen- und fahrerlosen E-Stadtbahn im ganzen ÖPNV-Netz ist es allerdings politisch wie finanziell noch ein weiter Weg.

Die Stadt baut weiter an allen Ecken

Freilich wird der gesunkene Lärmpegel durch die neuen E-Busse in der Altstadt an anderer Stelle mehr als wettgemacht: In der Fußgängerzone hat im März die Sanierung begonnen. Große Transparente erläutern den Einkaufswilligen zwischen durchfahrenden Baggern, Presslufthämmern und täglich wechselnden Absperrungen, warum in Weißer Lilienstraße, am St.-Kassians-Platz und in der Pfauengasse die Straßenoberfläche gleich mehrfach aufgerissen und wieder zugeschüttet werden muss: Die Erneuerung von Kanal, Strom- und Gasleitungen fordern ihren Tribut an Nerven und Umsatz der Kaufleute. Da ist der kleine Aufreger um die provisorischen Stadtmöbel mit dem schönen Namen „Brück", die aus einem Designwettbewerb hervorgegangen sind, mit ihren knalligen Farben und ihrem Bezug zu den alten Wachtbezirken fast Nebensache. Gott sei Dank – nur ein (wenn auch in der Tat bequemes) Provisorium!

Mittendrin in der Baustelle der Fußgängerzone entsteht am Brixener Hof derweil die neue Synagoge mit Gemeindezentrum. Die Grundsteinlegung für das neue Gotteshaus der über 1000-köpfigen jüdischen Gemeinde Regensburg im Oktober 2016 ist ein Festtag für deren Vorsitzende, Ilse Danziger, und Rabbiner Josef Chaim Bloch. Aber es ist noch viel mehr: Die Wunde der Zerstörung der alten Synagogen 1519 und 1938 kann endlich heilen und

Emil fährt ab Mai 2017 auf leisen Reifen durchs Welterbe. [Foto: Lenz]

In der Pfauengasse schreitet die Sanierung der Fußgängerzone voran. An manchen Stellen zeichnet sich im Juni 2017 bereits das schicke neue Granitpflaster mit Abzugsrinnen aus historisch runden „Hirschlingern" ab. [Foto: Lenz]

Eitel Freude herrscht bei den Ehrengästen der Grundsteinlegung der neuen Regensburger Synagoge im Oktober 2016, unter ihnen die Schauspielerin Adele Neuhauser (2.v.l.), Axel Bartelt, Regierungspräsident der Oberpfalz, und Anna Zisler, stellvertretende Vorsitzende des Landesverbandes der Israelitischen Kultusgemeinde in Bayern. [Foto: Stadt Regensburg, Bilddokumentation]

Trotz Brandstiftung in der Bavariathek im Juli 2017 soll es möglicherweise noch 2018 eröffnet werden, das Museum der Bayerischen Geschichte. Dann wird sich zeigen, ob sich der graue Koloss mit seiner Keramikfassade und seiner riesigen großen Panoramascheibe mit Domblick wirklich ins Stadtbild einfügt. Am neu gestalteten Georgenplatz ist schon mal ein Vorgeschmack zu sehen. [Foto: Lenz]

Regensburg bekommt ganz nebenbei einen spannenden, hochmodernen Bau mitten in der alten Stadt. 2019 soll er fertig sein.

Der noch größere stadtplanerische Wurf, auf den Regensburg schon so lange hofft, wird dagegen weiter auf sich warten lassen: die Neugestaltung des Areals vom Bahnhof bis zur Maximilianstraße als kleines (oder doch großes) Kultur- und Kongresszentrum, als zentraler Omnibusbahnhof (ZOB) mit „Deckel" über den Eisenbahngleisen und als möglichst erhaltener Alleengürtel. Immerhin ruft die Stadt ab März 2017 unter dem Motto „Stadtraum gemeinsam gestalten" zu einem groß angelegten Beteiligungsprozess auf. Das Ergebnis ist kaum zu glauben: Die Bürger wollen einen schönen, lebenswerten Stadteingang. Doch erst im Herbst werden die Regensburger offiziell erfahren, was die Planer und Agenturen aus den vielen Vorschlägen unterschiedlichster Art zum Wohle aller herausdestillieren.

Großbaustellen (nicht nur) im Speckgürtel

Gott sei Dank kann Regensburg andernorts ja noch „aus"! Wo in der Fußgängerzone um jede Handbreit absperrungsfreien Bodens gerungen wird, nehmen die anderen Großbaustellen der Stadt ungeahnte Dimensionen an: An den Fußgängersteg entlang des letzten Sanierungsabschnitts auf der Steinernen Brücke – geplante Fertigstellung 2018 – haben sich die Regensburger mittlerweile ja gewöhnt. Der kolossale Bau des Museums der Bayerischen Geschichte wächst weiter trotz Brandschaden stetig vor sich hin. Im Juli geht es endlich auch mit den Hotelbaustellen am Stobäusplatz nach Jahrzehnten der Leere und allerlei Verzögerungen wegen der Suche nach einem passenden regionalen Bauunternehmen richtig los. Und an der Burgweintinger Papstwiese, am Brandlberg, an der ehemaligen Nibelungenkaserne und vor allem am vormaligen Güterbahnhof im neuen „Dörnberg" zählen nicht nur Kinder schon lange die Kräne: Die Erwachsenen freuen sich vor allem auf den dringend benötigten Wohnraum für Familien in Regensburg – so sie sich diesen denn leisten können. Ihre Sprößlinge werden stattdessen selber kreativ: Während die Großen ernst und gewichtig vor sich hin bauen, entsteht auf Initiative der „regensburger eltern e.V. auf dem Gelände der ehemaligen Nibelungenkaserne endlich der lang ersehnte Kinder-Bauspielplatz: Handwerkliche Selbsterfahrung mit Werkzeugen und Holzarbeit für 6- bis 14-Jährige!

(K)ein Ende in Sicht

Neuen Wohnraum haben zumindest manche Flüchtlinge bereits bekommen. Im März wird an der Bajuwarenstraße auf ehemaligem Kasernengelände die neue Erstaufnahmeeinrichtung eröffnet und von ersten Bewohnern bezogen. Die Zahlen neu in Regensburg ankommender Flüchtlinge stagnieren währenddessen. Es geht jetzt mehr ums Bleiben wollen und dürfen. So demonstrieren Regensburger Berufsschullehrer im Januar erfolgreich dafür, gerade volljährig gewordene junge Männer aus Afghanistan mit bestem Integrationswillen und Ausbildungsvertrag in der Tasche nicht in ihr vom Krieg zermürbtes Heimatland abzuschieben.

Für viele andere, die es gar nicht erst bis nach Europa schaffen, errichtet die humanitäre Aktion Sea-Eye des Regensburgers Michael Buschheuer wenigstens Gedenkkreuze auf der Jahninsel: Für die ertrunkenen Flüchtlin-

Eine Vielzahl an Kränen verrät die intensive die Bautätigkeit am neuen Viertel „Das Dörnberg". Freilich gibt es hier viel mehr als nur ein modernes Baugebiet zu entdecken: Zur Freude der Archäologen geben die Ausgrabungen einen riesigen Friedhof preis, die vermutlich letzte Ruhestätte für mehr als 1000 Urahnen der Regensburger von der Römerzeit bis ins Frühe Mittelalter. [Foto: Lenz]

Dort wo Regensburgs Jugend feiert, erinnern die Kreuze des Vereins Sea-Eye an Flüchtlinge, die am 16. April 2017 auf dem Weg über das „Massengrab Mittelmeer" ertrunken sind. Die Gedenkkreuze auf der Jahninsel werden wiederholt von Unbekannten herausgerissen, jedoch mit Duldung des Gartenamtes immer wieder aufgestellt. [Foto: Lenz]

Das offizielle Kulturprogramm der Stadt im Lutherjahr steht unter dem Motto: „Stadt und Glaube." Mit einer Ausstellung zu Michael Ostendorfer, dem Schöpfer des Altars der Neupfarrkirche, feiert Regensburg sein Vierteljahrhundert als evangelische Reichsstadt ab 1542 und das heutige Miteinander der Konfessionen. [Foto: Stadt Regensburg Bilddokumentation]

ge, denen die ehrenamtlichen Seenotretter nicht zu Hilfe eilen konnten. Ihr Aktivismus stößt nämlich zunehmend auf politischen Gegenwind. Sea-Eye steht fälschlicherweise im Verdacht, mit den Schleppern zusammenzuarbeiten, und muss der europäischen Regelungswut trotzen, die mittlerweile zwei umgebauten Schiffe der Organisation seien für den Transport von Menschen nicht ausreichend geeignet. Im August sperrt Libyen schließlich seine Küstengewässer für ausländische Hilfsorganisationen und legt den guten Willen der vielen Freiwilligen vorerst an die Kette.

Regensburg feiert, gedenkt und verzeiht

Dass die Regensburger von jeher gern und viel feiern, ist ein Gemeinplatz. In den etablierten Festkalender von den Tagen Alter Musik, über Bürgerfest und Jazzweekend, bis zu den Schlossfestspielen und den vielen kleinen und großen Events mischen sich wie jedes Jahr besondere Facetten: Die Universität Regensburg feiert das 50. Jubiläum ihrer Grundsteinlegung im Jahr 1967 mit Festakt und Ausstellung – Gratulation! Ob beim Bürgerfest am Neupfarrplatz wohl noch einmal elektronische Musik von DJs auf der Bühne gespielt werden darf statt ausschließlich

handgemachter analoger Töne? – Sie darf! Dass Reinhard Söll, langjähriger Impresario der Thurn-und-Taxis-Schlossfestspiele, während des gesellschaftlichen Saison-Höhepunkts das Bett hüten muss, während Glorias Tochter Maria Theresia ihr zweites Kind erwartet … Gute Besserung und baldige Glückwünsche!

Dabei sind neben den großen Kultur- und Gesellschaftsthemen auch so manche andere, manchmal schwierigere, erinnerns- und gedenkenswert: Im April 2017 ruft die international erfolgreiche Foto-Ausstellung „KZ überlebt" mit einzigartigen Schwarzweiß-Porträts des Fotografen Stefan Hanke Betroffenheit hervor. Gleichzeitig vermissen viele Regensburger die Studentin Malina, deren Handy nach einer alkoholisierten Partynacht am Herzogspark gefunden wurde. Traurige Gewissheit besteht drei Wochen später: Die Donau spült ihre Leiche bei Donaustauf ans Ufer.

Länger, viel länger hat es hingegen gedauert, die „Leichen" aus dem Keller der Regensburger Domspatzen zu bergen. Im Juli 2017 – zeitgleich beruft Papst Franziskus in Rom den ehemaligen Regensburger Bischof Kardinal Manfred Müller vom Vorsitz der Glaubenskongregation ab – legt Rechtsanwalt Ulrich Weber in Regensburg den Abschlussbericht über die jahrzehntelangen Missbrauchsfälle bei den Regensburger Domspatzen vor. Die Reaktionen: Entsetzen, Trauer und vielleicht irgendwann ein Heilen der Wunden bei den persönlich Betroffenen, auch dadurch, dass im Bistum endlich die Aufarbeitung ernstgenommen wird. Nebenwirkung am Rande: Die Stadt findet sich zum zweiten Mal in diesem Jahr in den Negativ-Schlagzeilen wieder.

Vielleicht macht vor dem Hintergrund dieser verrückten, aufwühlenden und doch so dynamischen Zeit in Regensburg die schräge Kunstaktion von Florian Topernpong mit dem Titel „Alles was ich weiß" umso mehr Sinn: Der Grafiker und Künstler setzt sich im Juli 2017 eine Woche lang in die Galerie konstantin b. und notiert all sein im Kopf gespeichertes Wissen auf gelben Post-its – An welche Begebenheiten des Jahres 2017 werden sich die Regensburger in 50 Jahren noch erinnern?

[Autoren-Fotos: Sebastian Knopp]

Dieter Daminger und Nicole Litzel

Der Wirtschafts- und Wissenschaftsstandort Regensburg

Unsere Stadt erlebt seit gut zwei Jahrzehnten eine wirtschaftliche Blüte wie selten in ihrer Geschichte. Wurde Regensburg noch in den 1980er Jahren gern als „Provinz-" oder „Behördenstadt" tituliert, geplagt von Abwanderung und Arbeitsplatzabbau, ist sie heute eine der stärksten Wachstumsregionen in Deutschland. „Die Gegend musste eine Stadt herlocken" – das kann mit Blick auf die abwechslungsreiche Landschaft nur bestätigt werden. Und heute ist es diese alte ehrwürdige und doch moderne Stadt, die lockt: sie zieht Unternehmen an, Arbeitskräfte, neue Einwohner/innen, Studierende und Reisende. Die wirtschaftliche Stärke beruht heute – anders als im Hochmittelalter, als die Stadt durch Fernhandel prosperierte – in erster Linie auf Produktion und unternehmensorientierten Dienstleistungen. Viele der hier ansässigen Firmen sind im High-Tech-Bereich tätig und exportorientiert, d. h. sie sind mit ihren Angeboten international wettbewerbsfähig. Zudem ist die Vernetzung zwischen Wirtschaft und Wissenschaft hervorragend ausgebildet, was ein wichtiges Element für Innovationen und damit die Zukunftsfähigkeit des Standortes ist.

Die 1980er Jahre – Zeit des Aufbruchs[1]

In und für Regensburg konnten bereits in den 1960er und 1970er Jahren wichtige Weichen im Bildungsbetrieb gestellt werden (Abb. 1). 1967 nahm die Universität Regensburg, gegründet 1962 auch dank des starken bürgerschaftlichen Engagements, ihren Lehrbetrieb auf. Und 1971 wurde die Fachhochschule Regensburg (heute OTH Ostbayerische Technische Hochschule Regensburg) aus dem Johannes-Kepler-Polytechnikum heraus eingerichtet. Bereits seit 1874 besteht die Hochschule für katholische Kirchenmusik und Musikpädagogik, die weltweit erste ihrer Art. Die Hochschulen spielen im (Wirtschafts-)Gefüge der Region eine nicht zu unterschätzende Rolle und tragen merklich zum heutigen Wohlstand bei. Dies bezieht sich nicht nur auf die Absolvent/innen, also die hochqualifizierten künftigen Mitarbeiter/innen und Unternehmer/innen, und die vielen Arbeitsplätze, die sie geschaffen haben. Die rund 32.000 Studierenden machen unsere Stadt zu einer der jüngsten, sie wohnen hier, gehen ins Kino und ins Theater, engagieren sich kulturell, im Sport oder in der Flüchtlingshilfe, feiern in den Kneipen und ziehen weitere junge Leute an. Dies war allerdings nicht von Beginn an so – die regionale Wirkung einer Hochschule entfaltet sich erst nach und nach.[2] Die Hochschulen sind zudem in Grundlagen- und angewandter Forschung stark und betreiben zahlreiche Entwicklungsprojekte mit regionalen Unternehmen und internationalen Partnern.

Aber die wirtschaftliche Situation Anfang der 1980er Jahre war trotz dieser neuen Einrichtungen schlecht. Seit Ende der 1970er Jahre hatten kontinuierliche Arbeitsplatzverluste im Verarbeitenden Gewerbe in Regensburg zu steigenden Arbeitslosenzahlen geführt (bis zu 12% 1983 und 1985, siehe Abb. 2). Die Stadt musste Bevölkerungsverluste hinnehmen, sie zählte zu den geburtenärmsten und steuerschwächsten Kommunen der Bundesrepublik. Vor 1985 gab es nur vier Betriebe mit über 1.000 Beschäftigten.

Die Stadt setzte dieser desolaten Situation eine vorausschauende Struktur- und Wirtschaftspolitik gegenüber. Analysen ergaben, dass damals kaum Flächenreserven für eine städtebauliche Entwicklung verfügbar waren. Um hier Abhilfe zu schaffen, wurden 1977 die Eingemeindungen von Burgweinting und Harting und 1978 von Irl, Irlmauth und Kreuzhof betrieben, wodurch neue Expansionsmöglichkeiten geschaffen wurden. Ab 1989 wurde dann die „Entwicklungsmaßnahme Burgweinting" umgesetzt, die bis heute größte ihrer Art in der gesamten Bundesrepublik. Neben preiswertem Wohnbauland entwickelte die Stadt dort ein auch international konkurrenzfähiges Gewerbe- und Industriegebiet. Dies schaffte die Voraussetzungen für die dynamische Entwicklung, die der Wirtschaftsstandort seither nahm.

Und es konnten die ersten großen Ansiedlungen seit Jahrzehnten vermeldet werden: BMW gab 1983 den Startschuss, nach und nach gruppierten sich Zulieferer um das Werk herum, bereits ansässige Betriebe ergänzten ihre Produktpalette um Automobiltechnik. Dazu kam 1984 die Erweiterung des bestehenden Wernerwerks zum Siemens Mega-Chip-Werk (heute Infineon Technologies) so-

Abb. 1: Neubau der Universität Regensburg. [Foto: Stadt Regensburg]

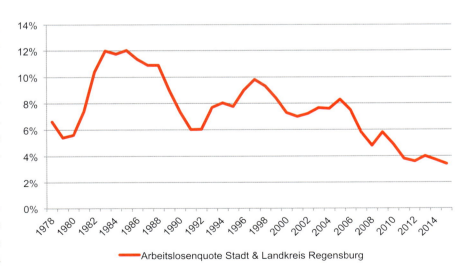

Abb 2.: Arbeitslosenquoten Stadt und Landkreis Regensburg. [Quelle: Statistisches Jahrbuch 2016, Stadt Regensburg]

wie die europäische Notebook-Produktion von Toshiba 1989. Ebenfalls 1989 entstand aus Siemens heraus der Bereich Automobiltechnik, der seit 2007 zur Continental AG gehört und sich zu einem der wichtigsten Konzernstandorte für Innovation und Produktion entwickelte. Diese Entscheidungen machten Regensburg überregional sichtbar und entfalteten eine nachhaltige positive Wirkung – sie markieren einen Strukturwandel.

Regensburg nach dem Fall des Eisernen Vorhangs

Dieses Ereignis brachte 1989 einschneidende Veränderungen, v. a. für den „Zonenrand" wie Ostbayern. Nicht nur, dass quasi über Nacht die beschränkende Grenzlage in Europa Geschichte war. Etwa um diese Zeit kamen auch weitere internationale Entwicklungen zum Tragen.

Zum einen brachte die Schaffung des Europäischen Binnenmarktes ab 1993 einen spürbaren Abbau von Hürden für Güteraustausch und Kapitalverkehr, später auch den freieren Verkehr von Dienstleistungen und Personen. Es entstanden „integrierte Märkte", gerne mit dem schwammigen Begriff „Globalisierung" bezeichnet. Zum zweiten waren die 1990er Jahre geprägt von Outsourcing. Unternehmen nutzten verstärkt die Möglichkeiten der integrierten Märkte, sowohl als neue Absatzziele, aber auch für die Beschaffung. Wollten sie im Wettbewerb bestehen, war es notwendig, die Kostenvorteile zu nutzen, Produktionsabläufe neu zu gestalten und Teile ihrer Wertschöpfung an Zulieferer auszulagern, auch ins Ausland.

All dies wirkte sich auch auf die regionale Wirtschaft aus. Ablesen lässt sich das z. B. daran, dass in den 1990er Jahren fast die komplette Regensburger Textil- und Bekleidungs-

Abb. 3: Güterverkehrszentrum. [Foto: Herbert Stolz]

industrie niederging, was viele tausend Arbeitsplätze kostete (vgl. Abb. 1). Etwa gleichzeitig begann der Aufschwung der Logistik. Befreit vom nahen Eisernen Vorhang wurde Regensburg wieder zum attraktiven Umschlagplatz für den wachsenden Handel mit den ehemaligen Ostblockstaaten. Der Schwerverkehr wurde vom innerstädtischen Güterbahnhof in den Stadtosten in das neu geschaffene Güterverkehrszentrum (GVZ, Abb. 3) verlagert.

Neue Strategien der städtischen Wirtschaftspolitik

Die genannte Outsourcing-Tendenz entwickelte sich ebenfalls weiter, nach und nach wurde auch Komplexeres bis hin zu Entwicklungsleistungen nach außen gegeben, was einen intensiven Austausch zwischen den Geschäfts- und Forschungspartnern notwendig macht. Dies funktioniert am einfachsten in der direkten Kommunikation, also von Angesicht zu Angesicht. Dadurch gewann die geografische Nähe und damit die eigene Region ganz neue Bedeutung. Für Wirtschaftsräume – und auch Regensburg – hieß dies, dass sie Unternehmen vom Bleiben, Expandieren oder Ansiedeln überzeugen können, wenn sie das vorhandene Potenzial an Zulieferern, Arbeitskräften, Kooperationspartnern und Forschungseinrichtungen und damit mögliche geschäftliche Anknüpfungspunkte aufzeigen.

Der strategische Ansatz hierzu ist die Clusterpolitik, ein regionalpolitisches Instrument, das ab Mitte der 1990er Jahre durch den zunehmenden Wettbewerb der Regionen international populär wurde. Ein Cluster ist eine räumliche Konzentration von Institutionen (z.B. Hochschulen, Verbänden) und Unternehmen entlang einer (oft branchenübergreifenden) Wertschöpfungskette, die im Wettbewerb miteinander stehen, aber auch kooperieren. Haben Wirtschaftsräume solche Strukturen – also gut aufgestellte Akteure, die bereits in Teilen zusammenarbeiten – können sie sich als attraktiver Produktions-, Dienstleistungs- und Innovationsstandort in bestimmten Feldern positionieren und weiter wachsen.

Die Stadt setzte bereits recht früh – und noch heute – auf die Betonung der vorhandenen Stärken, orientierte sich an den Leitbranchen, betrieb aktiv die Bildung von Kooperationen zwischen Unternehmen, aber v. a. auch zwischen Wirtschaft und Wissenschaft. Letzteres ist bis heute ein wesentlicher Erfolgsfaktor – die Universität Regensburg als Volluniversität sowie die OTH Regensburg als Hochschule mit starkem Anwendungsbezug sind tragende Pfeiler des regionalen Innovationssystems.

Der erste Regensburger Cluster war Mitte der 1990er Jahre die Biotechnologie. Um am Bundeswettbewerb BioRegio teilnehmen zu können, gründete sich ein Initiativkreis aus Wissenschaft, Wirtschaft und Verwaltung. Aufgrund der bereits stark ausgebildeten Kompetenzen am Universitätsklinikum, den Life Sciences an der Universität und der anwendungsorientierten OTH Regensburg konnte diese Förderung an den Standort geholt werden. Auf dem Campus errichtete die Dr.-Vielberth-Stiftung ein Gebäude, das die von der Stadt gegründete BioPark GmbH übernahm und zum BioPark weiterentwickelte, der inzwischen um weitere zwei Häuser mit hochwertigen Labor-, Büro- und Lagerflächen erweitert wurde. Kurz danach startete die Stadt den Cluster Informations- und Kommunikationstechnologie, der in zwei bayernweit aktive Einheiten gewachsen ist: IT-Logistik und IT-Sicherheit. In beiden wurden über die Jahre zahlreiche Entwicklungsprojekte auch mit kleinen und mittleren Unternehmen auf den Weg gebracht. Die Sensorik ist eine Querschnittstechnologie, die für die Regensburger Leitbranchen und in den Clustern eine zentrale Rolle spielt. Auch hier war die Stadt maßgeblich an der Initiierung be-

*Abb. 4: Das DEGGINGER.
[Foto: Berli Berlinski]*

teiligt. Ergebnis des Vernetzungsprozesses ist die Strategische Partnerschaft Sensorik e.V., die seit 2006 zudem mit dem Clustermanagement für ganz Bayern betraut ist und damit die hiesigen Akteure auch überregional einbettet. Auch die Kompetenzen im Bereich Energie sowie in E-Mobilität werden über aktive Cluster gebündelt. Letzteres ist z. B. sichtbar durch die emil-E-Busse, von denen einer als Entwicklungsplattform dient – Clusterfirmen und die OTH Regensburg können ihre neuen Technologien direkt im Praxisbetrieb erproben. Für den Cluster Kultur- und Kreativwirtschaft bildete das kreativForum die Grundlage. Die Stadt fördert seit 2014 gezielt das Potenzial der erwerbswirtschaftlich tätigen Kreativen. So hat sie das DEGGINGER als einen Ort für Austausch, als Raum für Experimente und Plattform für die Ideen und Produkte der Kreativschaffenden in Regensburg eingerichtet (Abb. 4). Die beiden neuesten Initiativen sind die Digitale Gründerinitiative Oberpfalz (DGO), die 2016 nach einer erfolgreichen Teilnahme der Oberpfälzer Hochschulen zusammen mit der städtischen R-Tech GmbH an einem Landeswettbewerb ins Leben gerufen wurde. Und Ende 2017 wird der Masterplan Gesundheitswirtschaft vorgestellt.

Diese stichpunktartige Übersicht zeigt, dass die Wirtschaftspolitik der Stadt in den letzten zwei Jahrzehnten stark auf die Profilbildung in Wertschöpfungsketten ge-

Abb. 5: TechBase. [Foto: Stadt Regensburg]

setzt hat. Dabei wurden die Initiativen nicht nur angestoßen, sondern auch laufend an Neues angepasst und auf tragende organisatorische Beine gestellt. Alle Regensburger Cluster sind zukunftsfähig aufgestellt und mit den Megatrends unserer Zeit verknüpft. Den eingeschlagenen Weg wird die Stadt auch künftig verfolgen. Die Verzahnung von Wirtschaft, Wissenschaft und Verwaltung ist einer der wesentlichen Erfolgsfaktoren des Standortes Regensburg und bildet damit einen elementaren Baustein zur Sicherung des Wohlstands.

Ein sichtbares Zeichen für diese Verzahnung ist der Tech-Campus, der derzeit von der Stadt unmittelbar neben der Universität, der OTH Regensburg und dem Universitätsklinikum eingerichtet wird. 2016 eröffnete das Gebäude der TechBase (Abb. 5), das für High-Tech-Firmen und kreative Entwicklerteams Büros, Werkstatt- und Forschungsverfügungsflächen anbietet. Lehre, Forschung, Innovation und Produktion finden praktisch auf einem Campus statt (Abb. 6) und Ausgründungen werden erleichtert. Hier verschmilzt der Wirtschafts- mit dem Wissenschaftsstandort.

Die Entwicklung in Zahlen

Die Dynamik des Wirtschafts- und Wissenschaftsstandorts wirkt sich auf die komplette Stadt bzw. Region aus. Regensburg ist attraktiv zum Leben und Arbeiten (Abb. 7):

Abb. 6: Wissenschaftsein-richtungen in Regensburg. [Quelle: Stadt Regensburg]

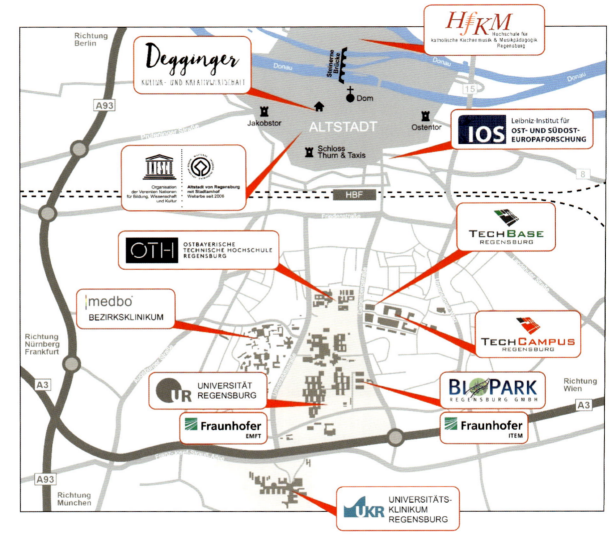

Ende 2016 waren knapp 164.000 Einwohner/innen gemeldet, die Bevölkerung stieg damit im letzten Jahrzehnt um fast 13%. Der Arbeitsmarkt ist außerordentlich gut aufgestellt: Es sind über 148.000 Menschen beschäftigt[3], die Zahl stieg in den letzten zehn Jahren um fast 13% (im Vergleich: Bayern +6%, Deutschland +2%). Die akademischen Arbeitsplätze nahmen in dieser Zeit um über die Hälfte zu (Anteil 16% aller Stellen). Werden allein die sozialversicherungspflichtig Beschäftigten betrachtet, ist der Arbeitsplatzbesatz mit 780 pro 1.000 Einwohner der dritthöchste in Deutschland, nach Wolfsburg und Erlangen. Abb. 8 zeigt, wie dynamisch sich der Arbeitsmarkt im Vergleich zu anderen bayerischen Großstädten seit 1990 entwickelt hat. Während die Beschäftigung z. B. in Nürnberg und Augsburg nach Phasen von starkem Arbeitsplatzabbau seither um knapp 5% zugelegt hat, sind es in Regensburg 45%. Die Arbeitslosenquote in Stadt und Landkreis liegt seit 2010 kontinuierlich unter 4%, im Juni 2017 bei 2,5%. Damit herrscht nahezu Vollbeschäftigung.

Dabei ist Regensburg ein Produktionsstandort. Der Anteil des Produzierenden Gewerbes an der Bruttowertschöpfung liegt bei 46,3% (Bayern 34,3%) und damit für eine Großstadt vergleichsweise hoch. Nach wie vor zieht Regensburg neue Unternehmen mit Produktion an. So wurden 2015 und 2016 von der Wirtschaftsförderung etwa 120 Ansiedlungsfälle betreut, wobei rund 90% davon aus der Stadt oder dem unmittelbaren Umland kommen und sich vergrößern oder sich näher an den Hochschulen oder anderen Netzwerkpartnern ansiedeln möchten.

Die gute wirtschaftliche Lage spiegelt sich auch darin, dass das Verfügbare Einkommen pro Einwohner – was also jedem Einzelnen durchschnittlich für Konsum und Sparen übrigbleibt – in Regensburg seit 1991 im Ver-

Abb. 7: Regensburg – eine lebendige junge Stadt. [Foto: Stefan Effenhauser, Stadt Regensburg]

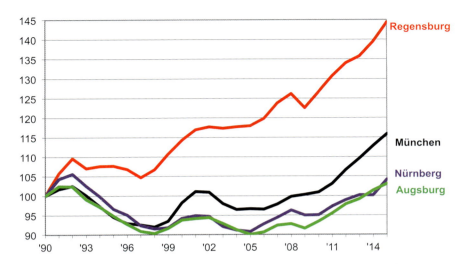

Abb. 8: Entwicklung der sozialversicherungspflichtigen Beschäftigung, 1990 Index=100.
[Quelle: Bundesagentur für Arbeit, Darstellung: Stadt Regensburg, Amt für Stadtentwicklung]

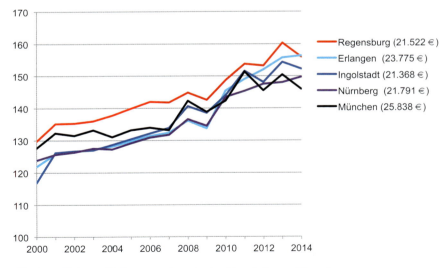

Abb. 9: Verfügbares Einkommen der privaten Haushalte pro Einwohner, 1991 Index=100, Absolutwerte 2014 in Euro/Jahr in Klammern.
[Quelle: Bayerisches Landesamt für Statistik]

gleich zu anderen bayerischen Großstädten am stärksten zugenommen hat (Abb. 9), auch wenn der absolute Wert mit rund 21.500 Euro/Jahr unter den genannten Städten einer der niedrigsten ist – München führt hier mit ca. 25.800 Euro/Jahr.

Das Bruttoinlandsprodukt pro Kopf in Höhe von rund 83.000 Euro ist signifikant höher als in manch anderer bayerischen Großstadt (Abb. 10).

Die Gewerbesteuereinnahmen 2015 von 226 Mio. Euro und der Einkommensteueranteil von 82 Mio. Euro spiegeln die gute Beschäftigungslage wider. 2016 konnte der niedrigste Schuldenstand seit 1994 vermeldet werden mit einer Pro-Kopf-Verschuldung erstmalig unter 1.000 Euro. Wofür die Einnahmen verwendet werden, zeigt Abb. 11. Es ist geplant, in den Jahren 2016 bis 2020 rund 592 Mio. Euro in städtische Projekte, insbesondere für (sozialen) Wohnungsbau, Infrastruktur, Bildungs- und Betreuungsangebote zu investieren, also in die Felder, die durch das starke Wachstum Regensburgs noch stärker in den Vordergrund rücken müssen.[4] Der Gesamthaushalt, ebenfalls in den genannten Bereichen, wird 2017 knapp 900 Mio. Euro erreichen, die höchste Summe in der neueren Geschichte Regensburgs.

Zusammenfassung und Ausblick[5]

Regensburg hat in den letzten drei Jahrzehnten eine erstaunliche Entwicklung hinter sich gebracht. Aus einer schlechten Situation ohne Entwicklungsperspektiven schaffte es die Stadt u. a. durch eine zielgerichtete Wirtschaftspolitik, das Ruder herumzureißen. Ausgehend von den Gründungen der Hochschulen, größeren Ansiedlungen in den 1980er Jahren und einer wirtschaftsfreundlichen Strategie ist es nach und nach gelungen, Regensburg vom Standort verlängerter Werkbänke zu einer Stadt der Technologie, der Innovation und des Wissens weiterzuentwickeln. Dazu haben in erheblichem Umfang der schrittweise Ausbau der Hochschulen und eine clusterorientierte Wirtschaftspolitik beigetragen, die die Verzahnung von Wirtschaft, Wissenschaft und Verwaltung vorangetrieben hat.

Gerade weil aber die Stadt so gut dasteht, könnten Erfolgsmeldungen zu normal werden. Es kann leicht aus dem Blick geraten, dass Regensburg sich am Scheideweg befindet. Technologiefelder, die heute stark besetzt sind und für eine hohe Wertschöpfung und viele Arbeitsplätze sorgen, sind gut etabliert. Es wäre aber falsch, sich auf den Lorbeeren auszuruhen, Chancen nicht vehement genug zu ergreifen und Risiken zu unterschätzen, wie es zum Beispiel im 15. Jahrhundert nach der bekannterweise sehr langen Boomphase des internationalen Fernhandels zu beobachten war – u. a. mangelnde Dynamik und Trägheit bei der Anpassung an geänderte Rahmenbedingungen haben zum schnellen Niedergang der hiesigen Wirtschaft und zum Erodieren des Wohlstands geführt. Deshalb ist jetzt die richtige Zeit vorzusorgen, dass der Wirtschafts- und Wissenschaftsstandort Regensburg in der Lage ist, auch neue Trends und künftige Technologiefelder zu besetzen und dort zusätzliche Kompetenz aufzubauen. Themen wie Industrie 4.0, Datenschutz, Klimaschutz, die globalen Marktschwankungen und die fortschreitende Internationalisierung schaffen in immer kürzerem Takt immer neue Herausforderungen. Um diesen zu begegnen und sie möglichst in zukunftsweisende Anwendungen und Verdienstmöglichkeiten für alle umzusetzen, braucht es Innovationskraft, Wendigkeit, Kreativität, Zusammenarbeit, Weitblick – und viele Leute, die ihre jeweiligen Fähigkeiten hier in Regensburg einbringen.

Vor diesem Hintergrund zeigt sich, dass eine langjährige Arbeitslosigkeit von unter 4% auch eine Herausforderung

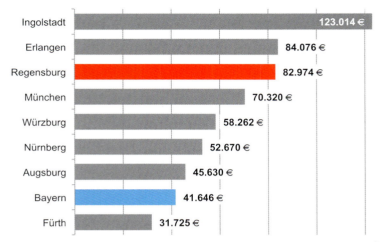

Abb. 10: Bruttoinlandsprodukt pro Einwohner (2014). [Quelle: Statistische Ämter des Bundes und der Länder, Darstellung: Stadt Regensburg, Amt für Stadtentwicklung]

Abb. 11: Finanzplan der Stadt Regensburg 2016-2020, Angaben in Mio. Euro [Quelle: Stadt Regensburg, Referat für Wirtschaft, Wissenschaft und Finanzen]

Abb. 12: Neugierige Blicke: Was bringt die Zukunft? [Foto: Sebastian Knopp]

ist, es werden Grenzen der Wachstumsmöglichkeiten sichtbar. Bei vielen Unternehmen und Institutionen besteht die Befürchtung, für neue Aktivitäten nicht mehr genug qualifizierte Mitarbeiter/innen zu finden. Die Brisanz dieses Themas machte auch ein 2011 veröffentlichtes Gutachten[6] deutlich, das u. a. eine hohe Anzahl offener Stellen für Studienabgänger der Ingenieurs- und Naturwissenschaften bei einer langfristig wachsenden Nachfrage nachwies. Hier wird deutlich, welch zentrale Bedeutung die Qualität und Akzeptanz der in Regensburg angebotenen Ausbildung – in Industrie, Handwerk, Dienstleistung und Hochschulen – auch künftig haben wird. Neben dem Stärken des eigenen Nachwuchses im Kampf um die besten Köpfe ist ein weiterer Ansatzpunkt – die lange Geschichte der Stadt zeigt, dass sie immer dann erfolgreich war, wenn sie international ausgerichtet war – der positive Umgang mit dem Zuzug von außen. Es darf allerdings nicht aus dem Blick geraten, dass viele Einrichtungen und ihre Kapazitäten mit der wachsenden Bevölkerung und Wirtschaftskraft Schritt halten müssen, seien es bezahlbarer Wohnraum, Mobilität oder Bildungs-, Betreuungs- und Freizeitangebote.

Vom Zusammenspiel dieser Faktoren hängt ab, ob Regensburg auch weiterhin eine attraktive und wohlhabende Stadt bleibt, die ihren Einwohnern ein gutes Leben in einer gesunden Umgebung, mit qualitätsvollen Bildungs- und Kulturangeboten sowie vielfältigen interessanten Beschäftigungsmöglichkeiten bieten kann (Abb. 12). Und es in 230 Jahren heißen kann: „Diese Stadt musste so viele Menschen herlocken".

1 *Die historischen Entwicklungen sind entnommen v. a. aus Beuttel (2011).*
2 *vgl. Möller/Oberhofer (1999).*
3 *2016, sozialversicherungspflichtig, selbständig oder verbeamtet*
4 *Details im Beitrag von Bürgermeisterin Maltz-Schwarzfischer.*
5 *Der Ausblick beruht v. a. auf Lautenschläger (2012) und Daminger (2016).*
6 *Fraunhofer ISI (2011)*

Literatur und Quellen:

Bayerisches Landesamt für Statistik, https://www.statistik.bayern.de

Beuttel, Jan-Erik (2011), Amt für Wirtschaft und Wissenschaft, Stadt Regensburg: „25 Jahre Regensburger Wirtschaftsgeschichte – ein Streifzug", Vortrag bei kulttouren e.V., 12.04.2011.

Bundesagentur für Arbeit, Statistik: https://statistik.arbeitsagentur.de

Daminger, Dieter (2016): „Regensburg bleibt vorne, wenn Wirtschaft, Wissenschaft und Verwaltung an einem Strang ziehen", Newsletter des Amts für Wirtschaft und Wissenschaft, Stadt Regensburg, Februar 2016.

Fraunhofer-Institut für System- und Innovationsforschung ISI (2011): „Gutachten zum Ausbaupotenzial der Regensburger Hochschulen in den MINT-Fächern", Endbericht, Karlsruhe, 10/2011.

Lautenschläger, Toni (2012): „Regensburg – Wo Wirtschaft und Wissenschaft zusammenwachsen", Forschungsbericht 2012 der OTH Regensburg.

Maltz-Schwarzfischer, Gertrud: IN DIESEM BAND

Möller, Joachim und Walter Oberhofer (Hrsg.) (1997): „Universität und Region. Studium, Struktur, Standort", Schriftenreihe der Universität Regensburg 25, Universitätsverlag Regensburg: Regensburg.

Stadt Regensburg, Amt für Stadtentwicklung, Abteilung Statistik (2016): Statistisches Jahrbuch 2016.

Statistische Ämter des Bundes und der Länder, http://www.statistik-portal.de.

Gertrud Maltz-Schwarzfischer

Herausforderungen auf der „Insel der Glückseligen"

Das soziale Netz in Regensburg

Regensburg, der boomende Wirtschaftsstandort, die reiche Stadt mit Vollbeschäftigung. Alles richtig. Aber natürlich gibt es auch in Regensburg zahlreiche Bürgerinnen und Bürger, denen es nicht so gut geht. Schon der Regensburger Sozialbericht von 2011 erteilte der Annahme einer „Insel der Glückseligen" eine klare Absage. Soziale Herausforderungen bestanden und bestehen nach wie vor zum einen trotz der wirtschaftlichen Kraft unserer Stadt (z. B. Langzeitarbeitslosigkeit) oder manchmal auch gerade deswegen (Stichwort „Günstiger Wohnraum").

Soziale Projekte und Initiativen sind daher seit jeher dort entstanden, wo die Auswirkungen der Wirtschaftsmacht Regensburgs nicht positiv waren und ein Bedürfnis entstand, denjenigen zu helfen, die trotz der glänzenden Perspektiven dieser jungen alten Stadt „hinten runterfallen". Viele Jubiläen im Jahr 2017 (wie 100 Jahre Lions Club, 20 Jahre Regensburger Tafel, 25 Jahre Treffpunkt Seniorenbüro oder 5 Jahre OXFAM) zeugen von der langen sozialen Tradition Regensburgs und dem ungebrochenen Engagement der freien Träger, von Vereinen und Privatpersonen für die soziale Teilhabe von allen Bürgerinnen und Bürgern.

Eine Definition von Armut ist schwierig

Wer als arm eingestuft wird, ist sehr umstritten. Der rein formale Armutsbegriff stellt auf das Durchschnittseinkommen pro Monat in Deutschland ab. Wer weniger als 60 % davon zur Verfügung hat, gilt formell als armutsgefährdet. Für das Jahr 2015 lag diese Schwelle für einen Alleinstehenden bei 12.401 Euro im Jahr bzw. 1.033 Euro im Monat. Hat jemand lediglich 40 % des Durchschnittseinkommens zu Verfügung, gilt er als arm.

Es ist nachvollziehbar, dass eine solch rein monetäre Kategorisierung von Armut mit einer einheitlichen Wertgrenze für ganz Deutschland in der Kritik steht, weil sie regionale Unterschiede und die Lebenshaltungskosten vor Ort ausblendet. Gerade in einer Stadt mit hohen Wohnkosten wie Regensburg funktioniert diese Einteilung nicht gut. Neben der finanziellen Armut ist denn auch die soziale Teilhabe im Blick zu halten. Es ist klar, dass Personen, die aufs Geld schauen müssen, in ihrer sozialen Teilhabe eingeschränkter sind als andere. Dieser Aspekt ist insbesondere bei Kindern und Jugendlichen sowie Senioren von enormer Bedeutung.

Ziel jeder Sozialpolitik muss daher sein, zum einen wegzukommen von der Vorstellung, dass es ein (finanzielles) Angebot geben kann, dass alle Bürgerinnen und Bürger dauerhaft über die Armutsschwelle hebt. Dies würde das

Ein Verkäufer des Donaustrudels, der sozialen Straßenzeitung Regensburgs [Foto: Stefan Effenhauser, Stadt Regensburg]

subjektive Empfinden von Armut ausblenden, denn auch mit 1.033 Euro im Monat sind keine großen Sprünge möglich.

Zum anderen muss gerade aus kommunaler Perspektive stärker differenziert werden, mit welchen Instrumenten den verschiedenen Arten von Armut begegnet werden kann. Der Alleinstehende, der nur wenige hundert Euro im Monat hat, wird zuerst einmal Hilfe brauchen, sein Existenzminimum zu sichern. Jemand, der knapp über der Armutsschwelle liegt, wünscht sich vielleicht mehr günstige Angebote, um einmal ins Theater oder ins Café gehen zu können. Familien mit Kindern oder den Alleinerziehenden ist wahrscheinlich mit Hilfsangeboten für Kinder und Jugendliche, wie Zuschüssen zu Klassenfahrten oder der Aktion Kinderbaum, mehr geholfen als dem Senior, der aus Geldmangel keine sozialen Kontakte mehr pflegen kann und eines Angebotes gegen Vereinsamung bedarf, wie es der Treffpunkt Seniorenbüro bietet.

Einkommensschwache Personengruppen in Regensburg

Die besonders von Armut betroffenen Personengruppen sind auch in Regensburg die ganz „klassischen": Arbeitslose, Alleinerziehende, Familien mit vielen Kindern, Personen ohne Schulabschluss oder Ausbildung, Migranten sowie zunehmend Rentnerinnen und Rentner.

In Regensburg beziehen derzeit (31.07.2017) insgesamt 1899 Personen Wohngeld. Nach Jahren rückläufiger Zahlen der Anspruchsberechtigten (2011 erhielten zum Vergleich noch 2039 Personen Wohngeldleistungen) können durch eine Reform der gesetzlichen Grundlagen seit 2017 wieder mehr Personen in Regensburg Wohngeldleistungen erhalten. Auffallend dabei ist, dass allein 1068 Wohngeldempfänger in einem Ein-Personen-Haushalt leben. Ebenfalls alarmierend: 857 Rentner – und damit die zahlenmäßig größte Einzelgruppe – benötigen zum Stichtag Unterstützung bei den Wohnkosten.

Grundsicherung im Alter und bei Erwerbsminderung erhalten 1759 Personen (2015: 1886 Empfänger), rund 5500 beziehen Arbeitslosengeld nach dem SGB II (2015: 7343 Leistungsberechtigte). Zusätzlich erhalten derzeit 864 Personen Leistungen nach dem Asylbewerberleistungsgesetz.

Während die Zahlen von Arbeitslosengeldempfängern in den letzten Jahren – spiegelbildlich zur wirtschaftlichen Entwicklung der Stadt – stetig nach unten gehen, bleiben die Zahlen der Leistungsempfänger von Sozialhilfe konstant oder steigen sogar kontinuierlich an. Insbesondere die Grundsicherungsleistung für Personen über 65 Jahre hat einen deutlichen Sprung nach oben gemacht; die Quote der Empfänger ist allein zwischen 2011 und 2015 von 11,4 % auf 13 % angestiegen. Regensburg liegt dabei über dem bayernweiten Durchschnitt. Es ist absehbar, dass sich die Altersarmut als Folge mangelnder Rentenleistungen und gebrochener Erwerbsbiografien in den nächsten Jahren weiter dramatisch verschärfen wird.

Auch die Leistungen des Bildungs- und Teilhabepakets werden seit ihrer Einführung im Jahr 2011 mittlerweile auf hohem Niveau in Anspruch genommen. Die 2012 und 2013 schwankenden Fallzahlen wurden im Jahr 2014 um rund 7 % gesteigert. In den Jahren 2015 und 2016 setzte sich dieser Anstieg weiter fort. Im Jahr 2016 wurde erstmals die Grenze von 7000 Fällen deutlich überschritten. Im Vergleich mit 2014 sind die Fallzahlen 2016 damit um weitere 6% gestiegen. Die Fallzahlen werden sich auch in den nächsten Jahren zumindest konstant auf hohem Niveau halten.

Besonderes Problem der Boomtown: Wohnraumversorgung

In vielen boomenden Städten ist die Versorgung der Bevölkerung mit Wohnraum das drängendste Problem. Auch in Regensburg haben insbesondere Familien mit vielen Kindern, Alleinerziehende, Studierende und ähnlich finanzschwache Personen Schwierigkeiten, bezahlbaren Wohnraum zu finden. Die Wartelisten der Stadtbau GmbH und anderer Wohnungsbaugesellschaften sind lang und Wartezeiten von mehreren Monaten keine Seltenheit. Seit Anfang des Jahres darf die Stadt bei der Vergabe einer Sozialwohnung dem Vermieter bis zu fünf Bewerber vorschlagen. Auch die Vormerklisten der städtischen Stelle beim Amt für Stadtentwicklung enthalten hunderte Bewerber.

Offizielle Statistiken zur Zahl der Obdachlosen in Regensburg gibt es nicht. Schätzungen gehen aber von bis zu 500 Personen aus, die ohne festen Wohnsitz auf der Straße leben. Verschärft wird diese Situation noch durch die Zahl der anerkannten Flüchtlinge. Von den 1400 Personen, die derzeit noch in Erstaufnahmeeinrichtungen und den Gemeinschaftsunterkünften leben, dürfte ein Drittel theoretisch bereits ausziehen und sich eine Wohnung auf dem freien Mietmarkt suchen.

Seit 2016 existieren beim Amt für Soziales eine Fachstelle zur Vermeidung von Obdachlosigkeit und ein Allgemeiner Sozialdienst. Aufgaben der Mitarbeiterinnen und Mitarbeiter sind insbesondere die Beratung bei drohendem

Bautätigkeit der Stadtbau auf dem Areal der ehemaligen Nibelungenkaserne [Foto: Peter Ferstl, Stadt Regensburg]

Verlust der Wohnung, die Vermittlung zwischen Vermieter und Mieter, das Aufzeigen ergänzender Hilfen zum Erhalt der Wohnung und bei Verlust der Wohnung Unterstützung beim Finden einer neuen Wohnung.

Neben der Beratung und Begleitung der von Obdachlosigkeit bedrohter Menschen versucht die Stadt der Nachfrage nach Wohnraum durch eine erhöhte Bautätigkeit gerecht zu werden. Nach einigen wenigen Jahren geringerer Bautätigkeit beträgt der Wohnraumbestand mittlerweile (Stand 2015) 319 031 Wohnräume. Zehn Jahre zuvor waren es noch lediglich 286 737 Wohnräume. Allein 1338 Baufertigstellungen gab es 2015; die Baugenehmigungen für weitere 1500 Wohnungen wurden erteilt.

Die Stadt Regensburg hat sich weiter dazu entschieden, bei jedem Neubauprojekt eine Sozialwohnungsquote von mindestens 20 Prozent zu erfüllen. Auch beteiligt sich die Stadt mit den Stadtteilen Innerer Südosten und Hohes Kreuz am Bund-Länder-Programm Soziale Stadt. Im Rahmen des Wohnungspaktes Bayern werden auf dem Gelände der ehemaligen Bajuwarenkaserne rund 80 Wohnungen entstehen. Der Freistaat hat im Rahmen der Vereinbarung zur Errichtung eines Transitzentrums in Regensburg das Gelände der Prinz-Leopold-Kaserne freigegeben, sodass die Stadt mit der Bundesanstalt für Immobilienaufgaben über den Erwerb verhandeln kann. Auch dort werden mindestens 20 Prozent Sozialwohnungen entstehen.

Maßnahmen gegen Armut

Regensburg versucht mit einem Angebotsmix aus finanziellen und begleitenden Maßnahmen Armutsgefährdung entgegenzuwirken. Allein im Verwaltungshaushalt 2017 wurden rund 173 Millionen Euro für den Bereich der sozialen Sicherung an Ausgaben eingeplant, 85 Millionen davon für die reinen Sozialausgaben (inklusive Hartz IV). Neben den gesetzlich geregelten Transfer- und Sozialleistungen unterstützt die Stadt freie und private Träger auch über freiwillige Leistungen. 4,2 Millionen Euro sind dafür 2017 vorgesehen.

Eine der prominentesten freiwilligen Leistungen ist der seit 2015 herausgegebene Stadtpass, der für Empfänger von Sozialleistungen die vergünstigte Inanspruchnahme diverser kultureller und sozialer Angebote ermöglicht. Rund 13 500 Regensburgerinnen und Regensburger sind grundsätzlich stadtpassberechtigt, rund 4300 von ihnen haben sich derzeit einen Stadtpass ausstellen lassen. Am attraktivsten ist dabei sicherlich die Möglichkeit einer 50%-Ermäßigung beim öffentlichen Nahverkehr. Rund 450 000 Euro hat die Stadt dafür im ersten Projektjahr als Ausgleichszahlung an den RVV geleistet.

Mit der Einführung des Stadtpasses und den damit verbundenen Vergünstigungen hat die Stadt Regensburg die Voraussetzungen für kulturelle und gesellschaftliche Teilhabe für einen großen Personenkreis von einkommens-

Ausgabe des Stadtpasses beim Amt für Soziales [Foto: Peter Ferstl, Stadt Regensburg]

schwachen Regensburger Bürgerinnen und Bürgern geschaffen. Die Attraktivität des Stadtpasses zeigt sich auch an der bemerkenswerten Zahl der insgesamt ausgestellten bzw. der sich in Umlauf befindenden Stadtpässe. Während in anderen Städten ca. 20 % der Berechtigten einen Sozialpass in Anspruch nehmen, liegt beim Stadtpass der Stadt Regensburg die Quote bei ca. 32 %.

Neben den monetären Leistungen (also Grundsicherung, Sozialhilfe, Wohngeld) bedürfen von Armut bedrohte Personen insbesondere auch eines gute Netzes an Beratungsmöglichkeiten und Angeboten zur sozialen Teilhabe. Die Stadt Regensburg hat im Rahmen der freiwilligen Leistungen Delegationsvereinbarungen zum Angebot von Schuldner- und Insolvenzberatung mit der Diakonie bzw. der Caritas getroffen, um so sicherzustellen, dass Möglichkeiten der Entschuldung aufgezeigt werden.

Die Bahnhofsmission ist ebenfalls ein wichtiger Bestandteil des sozialen Netzes. Die Hilfesuchenden können sich rund um die Uhr an die Bahnhofsmission wenden und werden ggfs. an die Hilfeangebote anderer Einrichtungen weitervermittelt. Vermehrt suchen Menschen aus Osteuropa, die zurück in ihre Heimatländer wollen, die Bahnhofsmission auf. Ein weiterer Schwerpunkt der Arbeit in der Bahnhofsmission ist neben der Reisehilfe auch die Arbeit mit und Beratung von Wohnungslosen und Abhängigen aus dem Bahnhofsumfeld. Die Bahnhofsmission hatte 2015 insgesamt 9504 Kontakte, was einen Anstieg gegenüber dem Vorjahr um 2000 Kontakte bedeutet. Die Stadt Regensburg unterstützt die Arbeit 2017 mit 20 000 Euro.

Zu einer wichtigen Stütze für arme Regensburgerinnen und Regensburger hat sich verstärkt in den letzten Jahren die Tafel in der Liebigstraße entwickelt. Regelmäßig kommen hier Kunden, um sich günstig mit Lebensmitteln zu versorgen. Nach Angaben der Tafel ist die Zusammensetzung der Kunden bunt gemischt; verstärkt versorgen sich aber auch hier ältere Menschen und Menschen mit Migrationshintergrund. Die Regensburger Tafel wird 2017 mit 5000 Euro von der Stadt unterstützt.

Bürgermeisterin Gertrud Maltz-Schwarzfischer hilft bei der Regensburger Tafel aus. [Foto: Peter Ferstl, Stadt Regensburg]

Nicht nur der Stadtpass gibt die Möglichkeit, verbilligt in Theater oder Museen zu kommen. Auch das Projekt KulTür vermittelt Eintrittskarten zu kulturellen Veranstaltungen. Ziel ist es, mehr kulturelle Teilhabe für Menschen mit geringem Einkommen zu ermöglichen. Regensburger Veranstalter unterschiedlichster Sparten stellen kostenfreie Tickets bzw. nicht abgerufene Plätze für KulTür-Gäste zur Verfügung, die von dem ehrenamtlichen Team an diese vermittelt werden. Besonders hinzuweisen ist in diesem Zusammenhang, auf KinderKulTür, ein Angebot, das speziell für Kinder und Jugendliche aus nicht vermögenden Familien soziale Teilhabe (bei Kulturveranstaltungen, bei Ferienmaßnahmen oder Sportveranstaltungen) ermöglicht.

Ehrenamtliches Engagement ist unentbehrlich

Doch nicht nur die Stadt oder offizielle Träger helfen. Neben den Einrichtungen der anerkannten Wohlfahrtsverbände, die in Regensburg seit jeher eine Vielzahl sozialer Einrichtungen und Angebote betreiben, ist insbesondere das ehrenamtliche Engagement das Rückgrat des sozialen Netzes in Regensburg. Ohne dieses Engagement würde vieles bei uns nicht funktionieren – keine Kirchengemeinden, keine Nachbarschaftshilfen, keiner der vielen Vereine und Initiativen, die es in Stadt und Landkreis gibt. Laut dem letzten Freiwilligensurvey, der 2016 vorgestellt wurde, engagieren sich über 40 % der Deutschen in ihrer Freizeit ehrenamtlich. Das ergibt deutschlandweit die unfassbare Zahl von über 30 Millionen Menschen. Nur auf das Stadtgebiet Regensburg heruntergebrochen bedeutet das, dass sich 71 000 Bürgerinnen und Bürger ehrenamtlich engagieren. Daran lässt sich gut ablesen, welche Rolle, welche Stärke aus dem ehrenamtlichen Bereich für unsere Gesellschaft kommt.

Viele Leistungen für ärmere Menschen sind als ehrenamtliche Initiativen entstanden, funktionieren auch heute noch hauptsächlich durch das Ehrenamt und sind aus unserer Stadt nicht mehr wegzudenken (beispielhaft genannt seien hier der Strohhalm und die Sozialen Initiativen, ein Dachverband unterschiedlichster sozial engagierter Gruppen, wie des Donaustrudls, der Regensburger Spielzeughilfe oder der Sozialen Futterstelle).

Allein im Treffpunkt Seniorenbüro der Stadt – der zentralen Anlaufstelle für engagierte Seniorinnen und Senioren – sind derzeit über 300 Seniorinnen und Senioren in rund 45 verschiedenen Angeboten im Stadtgebiet aktiv, so im Besuchsdienst, im Kleinreparaturdienst, als Lesepaten usw. Die Stadt Regensburg hat zudem vor zwei Jahren eine eigene Koordinierungsstelle Bürgerschaftliches Engagement als zentrale Anlaufstelle für alle ehrenamtlich Engagierten geschaffen, die alle Anliegen Ehrenamtlicher bündelt.

Zusammenfassung und Ausblick: Herausforderungen durch Altersarmut und Langzeitarbeitslosigkeit

Es zeigt sich deutlich, dass auch in Regensburg eine durchaus beachtliche Zahl an Personen existiert, die auf Unterstützung angewiesen sind, weil sie von der wirtschaftlichen Stärke der Stadt nicht profitieren. Es zeigt sich aber auch, dass Regensburg seit vielen Jahrzehnten ein gut funktionierendes und vielfältiges soziales Netz etabliert hat, bei dem Bürgerinnen und Bürger in der Regel auf Angebote der finanziellen Unterstützung und sozialen Begleitung zurückgreifen können. Niemand muss Sorge haben, ohne Hilfe zu bleiben. Es gibt immer Möglichkeiten zu helfen. Und dennoch wird deutlich, dass die Anstrengungen in diesem Bereich nicht nachlassen dürfen, sondern eher verstärkt werden müssen.

Die Stadt Regensburg hat deshalb bereits 2013 in einem breit angelegten Beteiligungsprozess erstmals einen Maßnahmenkatalog zur Bekämpfung der Ursachen und Folgen von Armut veröffentlicht (abrufbar auf der städtischen Internetseite). Dieser Bericht wird jährlich fortgeschrieben. Die in ihm enthaltenen Maßnahmen werden u. a. im „Forum Soziales", einem Netzwerk unter Beteiligung verschiedener städtischer Dienststellen, Vertretern von freien und privaten Trägern der Wohlfahrtshilfe und sozialer Initiativen, das sich mindestens zweimal jährlich trifft, vor- und zur Diskussion gestellt.

Zuletzt ist dort u. a. das Thema der Energiearmut thematisiert worden. Energieschulden sind ein bekanntes Problem, weil der Anteil für Energiekosten im Regelsatz allgemein als zu niedrig erachtet wird. Zusammen mit der

REWAG und freien Trägern arbeitet die Stadt deshalb seit 2015 in einem „Runden Energietisch" zusammen, um Maßnahmen zur Vermeidung von Energieschulden zu entwickeln. Daraus entstanden ist u. a. ein seit 2017 laufendes Projekt der Energiesparhelfer, bei dem zwei Berater geschult werden, insbesondere sozial schwache Haushalte zur Einsparung von Energiekosten zu beraten.

Die Arbeitslosenzahlen sind seit Jahren rückläufig; auch in den nächsten Jahren ist nicht damit zu rechnen, dass ein sozialer Abstieg aufgrund von Massenentlassungen oder Rückgang der Arbeitsplatzdichte in der Region droht. Sorge muss einem dagegen bereiten, dass nach wie vor ein „harter Kern" an Langzeitarbeitslosen existiert – derzeit rund 30 Prozent aller Arbeitslosen bzw. etwa 500 Personen –, die nicht von der hohen Arbeitsplatzdichte in Regensburg profitieren können. Auch die Versorgung der in Regensburg bleibenden Asylberechtigten auf dem Arbeitsmarkt bleibt ein ungewisser Faktor.

Schließlich muss uns Sorge machen, dass davon auszugehen ist, dass eine steigende Zahl von Bürgerinnen und Bürgern im Alter nicht mehr von ihrer Rente wird leben können und auf staatliche Leistungen angewiesen sein werden. Wir versuchen dem entgegenzuwirken, indem wir die Beratungsmöglichkeiten weiter ausbauen werden. Beim Seniorenamt haben wir bereits ein Kompetenzzentrum „Älterwerden in Regensburg" geschaffen, das Seniorinnen und Senioren, aber auch ihren Angehörigen diverse Hilfestellungen anbietet. Wir wollen dies weiter dezentralisieren und zu den Bürgerinnen und Bürgern in die Stadtteile tragen. Seniorenzentren in den einzelnen Quartieren sollen soziale und kulturelle Teilhabe ermöglichen. Auch neue Stadtteilprojekte sind in Planung, z. B. im Candis-Viertel oder in Königswiesen. Den Allgemeinen Sozialdienst haben wir um zwei weitere Vollzeitstellen aufgestockt.

Es wird davon abhängen, wie gut wir in den nächsten Jahren auf diese Probleme mit passgenauen Angeboten reagieren können, um ein Auseinanderdriften unserer Regensburger Stadtgesellschaft zu verhindern. Unser aller Anstrengung muss deshalb dahin gehen, den Zusammenhalt von Arm und Reich in unserer Stadt zu bewahren und allen Bürgerinnen und Bürgern die Möglichkeiten offen zu halten, am Wohlstand der Stadt grundsätzlich teilzuhaben.

Klar ist aber auch, dass sich Regensburg viele soziale Angebote nur leisten kann, weil es uns als Wirtschaftsstandort derzeit gut geht und wir Geld für die freiwilligen Leistungen haben. Die sozialen Möglichkeiten sind direkt verknüpft mit der wirtschaftlichen Entwicklung der Wirtschaftsregion Regensburg. Die sozialen Herausforderungen mögen trotz oder wegen der Wirtschaftskraft Regensburgs entstehen, ihre Lösung kann ebenfalls nur in Abhängigkeit von der wirtschaftlichen Entwicklung funktionieren, um der „Insel der Glückseligen" vielleicht doch noch ein Stück näherzukommen.

Michael Eibl

Kein Jugendlicher darf verloren gehen!

Chancen in der Boomtown Regensburg

In Regensburg erleben die Betriebe und Unternehmen seit vielen Jahren ein enormes Wachstum, zahlreiche Arbeitsplätze entstehen, mancher spricht gerne von „Vollbeschäftigung". Immer mehr Gewerbeflächen werden ausgewiesen, der wirtschaftliche Boom reißt nicht ab, Fachkräfte werden dringend gesucht. Angesichts dieser Entwicklung stellt sich die Frage, ob auch Menschen mit Behinderungen und Menschen mit verschiedenen Benachteiligungen von diesem enormen Aufschwung profitieren.

Um dieser Frage fundiert nachgehen zu können, braucht es einen Blick auf die schulischen Angebote und die Ausbildungsförderung für diesen Personenkreis sowie auf den Übergang in das Erwerbsleben. Die Katholische Jugendfürsorge (KJF) hat in der Hauptstadt der Oberpfalz hierzu Förderzentren und Ausbildungseinrichtungen, die sowohl individuelle und maßgeschneiderte Förderungen für die jungen Menschen ermöglichen als auch intensive Kontakte zur Wirtschaft pflegen. Darüber hinaus hat die KJF Arbeitsplätze in der Integrationsfirma labora gemeinnützige GmbH und in den KJF-Werkstätten geschaffen, um vielen Menschen, die noch nicht eine Beschäftigung in einem Betrieb oder einem Unternehmen erhalten, eine berufliche Perspektive zu geben.

Das Pater Rupert Mayer Zentrum

Eine der Schulen ist das Pater Rupert Mayer Zentrum in Regensburg (PRMZ). Bezeichnet man dieses Förderzentrum als Bildungsstätte für Schüler mit Körperbehinde-

links:
Mitarbeiterinnen in der Hauswirtschaft der KJF Werkstätten. [Foto: KJF]

rechts:
Mitarbeiter bei der Verpackung in den KJF Werkstätten. [Foto: KJF]

rung trifft dies schon seit vielen Jahren nicht mehr zu. So verzeichnet man dort einen hohen Anteil von Schülerinnen mit einer psychischen Beeinträchtigung und nimmt Schüler mit sehr differenzierten kinder- und jugendpsychiatrischen Diagnosen auf. Dies verdeutlichen folgende beiden Schaubilder:

Anteil der Kinder und Jugendlichen mit psychischen Störungen bzw. kinder- und jugendpsychatrischen Diagnosen

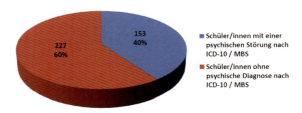

ICD-10 ist die Internationale Klassifikation der Krankheiten durch die Weltgesundheitsorganisation.

Absolute Häufigkeit kinder- und jugendpsychatrischer Diagnosen

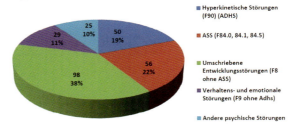

ASS sind Autismus Spektrums Störungen und ADHS sind Aufmerksamkeits-Defizit-Hyperaktivitäts-Störungen. Das Förderzentrum mit seinem multiprofessionellen Personal kann auf die verschiedenen Schüler eingehen, um sie zu einem Schulabschluss und schließlich zu einem erfolgreichen Berufsleben zu führen. „Die jungen Menschen, die zu uns kommen, brauchen über das normale Lernen hinaus besondere Unterstützung für ihre motorische, körperliche und psychosoziale Entwicklung," fasst Reinhard Mehringer, Gesamtleiter des Zentrums zusammen. „In jedem Kind und Jugendlichen steckt unendlich viel. Diesen Schatz wollen wir gemeinsam heben und setzen dabei bei den Stärken eines jeden einzelnen jungen Menschen an." Dies ist der Schlüssel für die individuelle Förderung der jungen Menschen und Voraussetzung, dass sie später beruflich Fuß fassen können.

Ausbildung in der Lernwerkstatt

Einige von ihnen können in der Lernwerkstatt der KJF im Gewerbepark weiter auf eine Ausbildung vorbereitet und ausgebildet werden.

Warum ist es so wichtig, so viel Energie in die Heranführung an Ausbildung und in die Ausbildung junger Menschen zu investieren? Erwerbsarbeit dominiert und prägt unser Leben. Wer nicht arbeitet, ist nicht Teil der Gesellschaft, wird ausgegrenzt, bleibt arm oder ist von Armut bedroht. Viele Menschen haben kein Einkommen und damit keine Zukunftsperspektiven. Hier setzt die Lernwerkstatt in Regensburg an.

„Die Wirtschaftsregion Regensburg boomt seit geraumer Zeit und die Betriebe suchen händeringend nach geeigneten Mitarbeitern. Das ist gut, auch für die Auszubildenden und Maßnahmeteilnehmer der Lernwerkstatt der Katholischen Jugendfürsorge. Unsere Absolventen, insbesondere unsere gut qualifizierten Azubis haben aktuell beste Voraussetzungen für die Integration in Arbeit. Qualifizierung ist der Schlüssel, damit die Bewerber auch die Anforderungen der Betriebe erfüllen können. Wir setzen deshalb auch auf passgenaue Teilqualifizierungen, durch die unsere Teilnehmer wettbewerbsfähig werden. Auch

oben:
In einem eigenen Geschenkeladen im Gewerbepark werden junge Menschen auf den ersten Arbeitsmarkt vorbereitet. [Foto: KJF]

Mitte:
Teilqualifikationen wie Schweißen werden gezielt vermittelt. [Foto: KJF]

unten:
Individuelle Anleitung in der Lernwerkstatt. [Foto: KJF]

unsere jungen geflüchteten Ausländer werden dadurch interessant für die Arbeitgeber. Investition in Qualifizierung lohnt und ist zwingend erforderlich!" so Hubert Schmalhofer, der die Lernwerkstatt seit ihrer Gründung im Gewerbepark leitet. Über 200 junge Menschen werden in 14 verschiedenen Berufen ausgebildet, zuvor in der Berufsvorbereitung an die Ausbildung herangeführt. Dazu gibt es weitere spezialisierte Lehrgänge, für Schulvermeider eigene Konzepte in enger Zusammenarbeit mit den Schulen und vieles mehr, damit kein Jugendlicher verloren geht.

Junge Menschen mit Behinderungen, mit Benachteiligungen und in jüngster Zeit auch junge Flüchtlinge erhalten hier eine individuelle Förderung, werden auf das Berufsleben vorbereitet und ausgebildet. Dabei arbeitet die Lernwerkstatt mit sehr vielen Betrieben und Unternehmen zusammen. Einige von ihnen schaffen es beim Sprung auf den ersten Arbeitsmarkt.

Arbeitsplätze in der Labora und in den KJF-Werkstätten

Für diejenigen, für die dieses Ziel noch nicht erreichbar ist, hat die KJF die Integrationsfirma Labora gemeinnützige GmbH gegründet. Hier arbeiten jeweils zur Hälfte Menschen mit und ohne Behinderung in den Bereichen Küche mit Catering, Metall und Hausmeisterdienstleistungen. 60 Mitarbeiter haben hier eine sozialversicherungspflichtige Beschäftigung. In Regensburg trifft man diese Mitarbeiter zum Beispiel in der städtischen Kantine im Neuen Rathaus. Aber auch bei vielen Empfängen ist die Küche der Labora mit ihrem Catering-Service vertreten. Ist der Auftrag sehr umfangreich, arbeitet die Labora eng mit der Integrationsfirma RETEX zusammen. Gemeinsam stemmen die engagierten Mitarbeiter große Herausforderungen und stellen unter Beweis, was Menschen mit und ohne Behinderungen Hand in Hand leisten können.

Viele junge Menschen mit Behinderungen brauchen jedoch einen noch geschützteren Arbeitsplatz. Für diese jungen Menschen sind die Eltern an die Katholische Jugendfürsorge heran getreten, damit sie spezielle Arbeitsplätze in Regensburg schafft. So entstand die Werkstätte für behinderte Menschen St. Johannes in Burgweinting. Mit hohem Aufwand haben dort die KJF Werkstätten gemeinnützige GmbH 30 Arbeitsplätze, vor allem für körperbehinderte Menschen geschaffen. Die Aufträge kommen von Industrieunternehmen zum Beispiel aus der Automobilindustrie. Hier werden unter anderem Bauteile von Klimaanlagen montiert. Ein weiteres Arbeitsfeld ist die Digitalisierung von Rechnungen für Betriebe oder die Konfektionierung von Versandwaren. So sind die Beschäftigten der Werkstätte Teil von Dienstleistungs- und Produktionsprozessen, eng verzahnt mit der Wirtschaft. Körperbehinderte Mitarbeiter werden nicht nur ausgebildet und angeleitet, sondern auch sozial pflegerisch intensiv betreut. Dadurch entstehen maßgeschneiderte Arbeitsplätze, die Industrieunternehmen und Betrieben nicht möglich wären.

Arbeit hat viele Gesichter

„Arbeit hat viele Gesichter: mal macht Arbeit Spaß und schafft Zufriedenheit, mal ist sie unerträglich und mühselig. Grundsätzlich kann aber jede Art von Arbeit sinnstiftend sein. Es ist eine Frage der Passung, da individuelle Bedürfnisse befriedigt werden müssen." Diese Herausforderung zu meistern, ist unser tägliches Anliegen, fasst die Leiterin Dr. Eva Haas diese Herausforderung zusammen. Aber auch die Werkstätte ist zum ersten Arbeitsmarkt durchlässig. So begleiten Fachkräfte Menschen mit Behinderungen bei der Vermittlung auf den ersten Arbeitsmarkt. Hier unterstützt der Integrationsfachdienst Oberpfalz (ifd). Werkstätte und ifd nehmen an einem innovativen Projekt des Bezirks Oberpfalz teil, das sich „begleiteter Übergang von der Werkstätte in den ersten Arbeitsmarkt" (BÜWA) nennt. Hier haben sich die Partner zum Ziel gesetzt, den Mitarbeitern, die sich gezielt auf eine Stelle im ersten Arbeitsmarkt qualifizieren wollen, intensiv zu begleiten – ein weiteres Beispiel für die enge Kooperation zwischen Spezialeinrichtungen, dem Bezirk Oberpfalz und der Wirtschaft.

Menschen, die Arbeit finden, benötigen auch Wohnraum in der näheren Umgebung. Deshalb entstand sehr schnell das Bedürfnis, am Standort Regensburg Wohnmöglichkeiten für Menschen mit schweren Körperbehinderungen zu schaffen. Spezialisierte Wohnmöglichkeiten gab es in der Vergangenheit nur in den großen Metropolen wie München. Vor allem körperbehinderte Menschen in der Werkstätte in Burgweinting benötigten dringend Wohnraum in räumlicher Nähe zu ihrem Arbeitsplatz. Mit dem inklusiven Wohnprojekt St. Klara in der Ostengasse hat die KJF ebenfalls eine weitere Versorgungslücke geschlossen. Mit hohem technischen Aufwand und individueller Betreuung unterstützt die Wohngemeinschaft hier Menschen mit Handicap mitten in der Donaustadt. Diese sind nur acht Kilometer von ihrem Arbeitsplatz entfernt. Mit dem Schließen dieser Versorgungslücke kann sichergestellt werden, dass auch Menschen mit schweren Behinderungen Anteil haben an der positiven wirtschaftlichen Entwicklung in Regensburg. Die Schaffung von barrierefreiem und bezahlbarem Wohnraum ist eine der größten Herausforderungen in den nächsten Jahren für die Stadt Regensburg. Dies wird angesichts der Beschäftigungsmöglichkeiten für Menschen mit Behinderung besonders deutlich.

Claus-Dieter Wotruba

Bananenflanke

Das kleine Jubiläum einer ganz besonderen Liga

Jonas steht strahlend auf dem Regensburger Neupfarrplatz. Immer, wenn er Fußball spielen kann, ist er eines dieser Honigkuchenpferde. Nicht nur Jonas strahlt wie eines, alle tun es. Denn dass sie in dieser Form spielen können, ist relativ neu und nicht selbstverständlich. Bei manchem sind die Tage mit Training oder Spiel in der Bananenflankenliga im Kalender wochenlang im Voraus dick angekreuzt und der Grad der Aufregung steigt nach dem Aufwachen von Sekunde zu Sekunde. Gut, Jonas strahlt jetzt in diesem Moment vielleicht noch ein kleines Stück mehr, denn er darf ja den Pokal mit nach Hause nehmen. Schon wieder. Jonas packt ihn aufs Fahrrad, hinten in den Einkaufskorb. Zusammen mit den Eltern geht es nach Hause. Der Tag ist gerettet – ach was, viel mehr: das ganze Wochenende, nein mindestens die nächsten zwei Wochen.

Jonas ist Teil des bananengelben Teams – so, wie er im Vorjahr das Schwarz des Pokalsiegers trug. Von Siegen wie diesen kann er zehren. Lange. Er spielt in einer Liga, die Normalität liefert, wo Normalität etwas Besonderes ist. In der Bananenflankenliga sind die Kinder und Jugendlichen nach Farben zusammengestellt und werden Jahr für Jahr so auf die Teams verteilt, dass sie möglichst gleich stark sind. Das ist wichtig: Hier spielen Groß und Klein zusammen, die Entwicklungsstände der geistig behinderten jungen Menschen sind ja höchst unterschiedlich. Doch alle haben dasselbe Ziel: Gemeinsam Fußball spielen, Spaß haben, gewinnen, mit Niederlagen umgehen.

Die inklusive Liga – Fußball an der Basis

Die Idee der Bananenflankenliga entstand in Regensburg und hat 2017 ihre vierte Spielzeit hinter sich gebracht. Sie ist Regensburger Sport-Alltag und feierte ihr erstes kleines Jubiläum, das Fünfjährige: 2012 wurde das Team Bananenflanke als Verein gegründet. Der Weg war weit, bisweilen steinig. Stefan Plötz und Ben Rückerl, zwei Heilerzieher, begannen ihn bei null – und mit Wagemut und einer Sicherheit, genau das Richtige zu tun. Das Duo hatte in einem Projekt schnell erkannt, welch fördernde Kraft Fußball entwickeln kann, und forcierte die Idee Schritt für Schritt. Denn all das, was der Fußball in der professionellen Scheinwelt der höchsten Sphären mit seinen 222-Millionen-Transfers und Weltverbands-Mauscheleien mehr und mehr verliert, ist in der Bananenflankenliga so ursprünglich vorhanden, dass die spürbare Begeisterung bisweilen sogar zufällige Passanten fesselt.

Auch das ist Teil des Plans. Die Spiele finden nicht irgendwo in der Pampa abseits des Geschehens statt, sondern mit voller Absicht mitten im am besten pulsierenden Leben. So, wie auf dem Regensburger Neupfarrplatz, wo inzwischen klein-traditionell der Abschluss-Spieltag stattfindet. Der Höhepunkt bislang: In Viererreihen standen die Zuschauer im Endspiel 2016 um den kleinen Kunstrasen-Court herum und erlebten mit offenem Mund und bei etlichen La-Ola-Wellen, wie das Endspiel mit einem höchst unterhaltsamen Drehbuch hin und her wogend in der zweiten Verlängerung einen 6:5-Sieger fand.

Die Inklusion findet nicht auf dem Platz statt, wo ein reelles Wettkampfspiel von Behinderten mit Nicht-Behinderten genauso wenig möglich ist wie eines von Männern gegen Frauen. Die Inklusion kommt in Momenten wie diesen von außen: Der normale Umgang mit Behinderung rückt die Protagonisten in den Mittelpunkt des normalen Lebens. Die Spieltage zeigen ihre Leistungsfähigkeit, ihr Können. Ihre Entwicklung durch das regelmäßige Training ist zu sehen. Denn es wird nicht nur gespielt, sondern auch einmal in der Woche gemeinsam unter Anleitung geübt, auch im Winter. Wie in jedem ganz normalen Verein eben. Der Höhepunkt sind die drei Spieltage der Saison für die 60, 70 Kinder in Regensburg.

„Die Liga der wahren Helden"

Allen Spielern ist eines gemein: Wie das nicht zufällig gewählte Symbol der krummen Banane ist auch der Lebensweg dieser jungen Menschen nicht gerade. Sie müssen um Dinge kämpfen, die für andere eine Selbstverständlichkeit sind. Und das beginnt schon zuhause bei den Eltern: Kann mein Kind das überhaupt und ist es nicht zu gefährlich? Die Bananenflanken-Profis können es sehr wohl – und es ist auch nicht gefährlich. Höchstens für Voreingenommenheiten. „Fußball kennt keine Grenzen" ist

Jonas in Aktion: Den Pokal mit nach Hause nehmen zu dürfen, bereitet ihm besondere Freude. [Foto: Christian Brüssel]

einer der Sprüche, die die besondere Liga von Anfang an zum Motto gemacht hatte, die sich auch die „Liga der wahren Helden" nennt. Das Selbstwertgefühl der Spieler steigt mit den eigenen Leistungen und ihrer Präsentation. Zum Beispiel beim Medientag: Dort unterschrieb jeder einzelne Spieler seinen eigenen Profi-Vertrag mit augenzwinkernden Passagen wie diesen: „§ 3: Doping ist verboten", „§ 4: Die trainingsfreie Zeit bestimmen die Trainer mit Rücksicht auf den Spielplan" oder „§ 6: Der Spieler verpflichtet sich, über den Inhalt dieses Vertrages sowie sämtliche Interna des Vereins Stillschweigen zu bewahren."

In diesem Jahr füllte der Saisonauftakt beim Medientag der Bananenflankenliga (BFL) den Presseraum in der Conti-Arena mehr als jedes Spiel des SSV Jahn davor. Und die fast 4000 Aufrufe der Live-Übertragung auf der Facebook-Seite des Teams Bananenflanke Regensburg brachten selbst die BFL-Organisatoren ins Staunen. Faszinierter Ober-Fan im Raum war in Hans Rothammer der Vorstandsvorsitzende des Kooperationspartners SSV Jahn, dessen Klub die Anlagen am Kaulbachweg als Trainings- und auch Spielstätte zur Verfügung stellt und mit Spielern wie Sebastian Nachreiner, Jann George oder Bastian Lerch auch für jedes der Teams einen Paten benennt. Wie der Saisonstart hat auch der Saisonabschluss Stil: Beim Champions Day im September fahren die Bananenflanker stolz wie Oskar im Konvoi durch die Stadt und erregen dabei sogar schon bei amerikanischen Touristen wegen der prachtvollen Schlitten auf dem Domplatz große Aufmerksamkeit. Und nach dem gemeinsamen Essen wird in einer Disko in großem Stil abgefeiert.

Apropos Aufmerksamkeit: Ben Rückerl kurbelt sie unermüdlich mit Bildern und Nachrichten in den sozialen Netzwerken an. An allen möglichen Ecken finden inzwischen Benefizkonzerte und allerlei andere Aktionen zugunsten des Teams Bananenflanke statt. Viele tun etwas, weil sie den Gedanken einfach nur gut finden. Auf dem Weg zur öffentlichen Wahrnehmung ging die Initialzündung in Berlin über die Bühne, wo der „Goldene Stern" aus der Hand des damaligen Bundespräsidenten Joachim Gauck Anerkennung auf höchster deutscher Ebene brachte. Der dreistufige Wettbewerb „Sterne des Sports" in den Medaillenfarben Bronze, Silber und Gold ist eine Auszeichnung, die der Deutsche Olympische Sportbund (DOSB) im Zusammenspiel mit den Volksbanken auf lokaler, landes- und schließlich bundesweiter Ebene vergibt. Er war Gold wert.

Bundesweites Tisch-Projekt des Round Table

Das war zu Beginn des Jahres 2015. Es war nicht der einzige Riesen-Fortschritt des Jahres. Im Sommer erkor mit dem Round Table eine gar nicht allseits bekannte Organisation das Team Bananenflanke zum bundesweiten Tisch-Projekt – passenderweise direkt im Anschluss an den Eröffnungsspieltag im Donau-Einkaufszentrum. Round Table: Das sind Männer zwischen 18 und 40, die sich immer wieder Projekte suchen, bei denen sie anpacken können. Deutschlandweit sind es rund 220 Tische mit 3500 Mitgliedern, weltweit ist RT in 70 Ländern mit über 30 000 Mitgliedern unterwegs. Die Tabler packten an: Dieser Schritt wurde zum Meilenstein. Berlin und Bayreuth, Lübeck und Landshut, Memmingen und Trier: Nach immenser Vorarbeit gelang es, deutschlandweit an 16, 17 Standorten den Ball ins Rollen zu bringen und Spieltage zu organisieren – und dazu stehen noch ein paar Interessenten mehr in den Startlöchern. Im August 2016 schrieb die Mittelbayerische Zeitung vom „Märchen der Bananenrepublik" – und das war in diesem Fall ein Kompliment. Sogar international fand die Idee mit dem Ursprung in Regensburg erste Aufmerksamkeit. Was nur logisch ist.

Wenn das Engagement zurückkommt: Gründer Stefan Plötz bekommt Liebevolles zurück.
[Foto: Christian Brüssel]

Kinder wie die aus den Bananenflankenligen gibt es überall und nicht selten wundern sich die Organisatoren, wenn sie die Videos aus den anderen Städten sehen: Die Kinder sind sich in ihren Handlungen und Aussagen, teils sogar optisch zum Verwechseln ähnlich, gewinnen an Selbstwert und Selbstbewusstsein. Der Bedarf ist groß, inzwischen ist sogar ein nationaler Sponsor gefunden und ein eigener nationaler Bananenflanken-Verband gegründet, der helfen soll, dass wo Bananenflanke draufsteht, auch Bananenflanke drin ist. Soll heißen: Einheitliche Standards müssen gegeben sein, die Gründung soll leichter gemacht werden, die Erfahrungen können geteilt werden.

Maskottchen Manni gratuliert und tröstet die Verlierer des Finales 2017 in Orange.
[Foto: Christian Brüssel]

„Märchen der Bananenrepublik" – und das in Regensburg!

Vieles haben sie geschafft im Team Bananenflanke. In Regensburg sogar, dass sich die Gründer Stefan Plötz und Ben Rückerl aus dem Tagesgeschäft zurückziehen konnten, als ihr Tagwerk darin bestand, die Idee bundesweit zu verbreiten und sie – so „ganz nebenbei" auch Väter wurden. Ein Schwarm von ein, zwei oder drei jungen Trainern pro Team hat die Spieler liebgewonnen, ein eigenes, junges Aufbauteam wurde gefunden, ein Schiedsrichter auch. All das hatte das Duo Plötz/Rückerl zuvor im Alleingang stemmen müssen. Jetzt läuft die Organisation in Regensburg eigenständig. Ein Zeichen der Nachhaltigkeit.

Auf dem Platz und daneben ist die Dankbarkeit spürbar. Nicht, dass auch mal hitzköpfige Zweikämpfe geführt werden, aber es kommt viel öfter vor, dass der eine Spieler dem anderen auf die Beine hilft, während das Spiel weiterläuft. Noch immer fahren die Eltern die Kinder gerne 30 Kilometer ins Training, weil sie die Effekte sehen – wie die Scharfs aus Painten ihre Julia, die obendrein immer den größten Fanblock bilden, aber nicht nur Julia, sondern alle Teams anfeuern.

Immer wieder erfüllt das Team Bananenflanke auch Lebensträume wie jenen von Lukas Schmid, der an der Erbkrankheit der Muskeldystrophie Duchenne litt, im Fußball Kraft fand, als riesengroßer Fan des FC Arsenal in London Fußball-Weltmeister Per Mertesacker traf und inzwischen verstorben ist. Und ein Legendenspiel mit vielen ehemaligen Nationalspielern und Bundesligaspielern, allen voran Bananenflanken-Botschafter Tobias Schweinsteiger, hat sich auch einen terminlichen Fixpunkt im Jahr erspielt und ist eine feste Einnahmenquelle geworden, die mit der DJK Vilzing ein Partnerverein ganz besonders und federführend vorantreibt.

All das verhilft zu der schönen Vorstellung, dass dank einer herrlichen Idee aus Regensburg eines schönen Tages an jedem Ort, an dem Bedarf herrscht, ein Jonas strahlend wie ein Honigkuchenpferd einen Pokal hinten in den Einkaufskorb auf sein Fahrrad packt. Träumen wird man ja dürfen. Das hat das Team Bananenflanke mit seiner Bananenflankenliga auf alle Fälle gezeigt.

Michael Scheiner

Alleinerziehend heißt nicht allein

Mit einem Vorurteil aufräumen

Sie werden meist als hilfebedürftig und Empfängerinnen von Unterstützung, Zuschüssen und Versorgung wahrgenommen. Eingepfercht zwischen Kindern, Haushalt, Jobcenter und schlechten Jobs. Im Einzelfall trifft das so ähnlich auch immer wieder bei allein erziehenden Müttern oder Vätern zu. Und dennoch ist es – schaut man einmal genauer hin – ziemlich falsch. Vor allem das Bild, welches Alleinerziehende dadurch in Teilen der Gesellschaft abgeben, kommt einem Zerrbild gleich. Hinter dieser Ansammlung von als negativ wahrgenommenen Merkmalen, nicht selten als „Loserqualitäten" verhöhnt, können sich Betroffene nur verstecken oder in die Knie gehen.

In Deutschland waren 2015 über 400 000 Väter und mehr als 2,3 Millionen Mütter als allein erziehende Eltern registriert. Beinahe jede fünfte Frau mit Kindern trägt also die Verantwortung für den Nachwuchs allein. Die wenigsten von ihnen wohl aus freien Stücken, kann auch ohne statistische Analyse und psychologische Sondierung angenommen werden. Damit ist der Anteil allein erziehender Mütter seit 2002 deutschlandweit von unter 14 Prozent auf etwa 18 Prozent gestiegen, im Osten des Landes stärker als im Westen.

Alleinerziehend in Regensburg – das Beispiel Agnes K.

In Regensburg waren 2014 knapp 3000 Personen als allein erziehend erfasst, gegenüber 3300 zwei Jahre (2012) zuvor. Angaben darüber, wie häufig Alleinerziehende Grundsicherung für Arbeitssuchende (SGB II), ergänzende Hilfen oder Sozialhilfe als Hilfe in besonderen Lebenslagen erhalten, sind aus den allgemein zugänglichen Daten nicht herauszufiltern. Sie versacken in den Statistiken, die nach Geschlecht und Altersstufen, nach Größen der Haushalte und zusätzlich noch Behinderte aufschlüsseln, aber nicht nach Haushalten/Bedarfsgemeinschaften mit allein erziehenden Müttern oder Vätern. Was man allerdings ablesen kann, ist ein nahezu kontinuierlicher Rückgang von ausgezahltem Wohngeld seit 2003. Das weist darauf hin, dass das Wohngeld nicht an die steigenden Lebenshaltungskosten angepasst worden ist. Dadurch geraten Betroffene bei ihrer Haushaltsplanung unter immer stärkeren Druck.

Das bekam auch Agnes K. zu spüren. Vor einigen Jahren ist die junge Frau mit ihrer Schwester aus Polen zu Bekannten nach Regensburg gekommen. In Kattowitz, wo sie aufgewachsen ist, studiert und geheiratet hat, war es für sie nach der Trennung von ihrem Mann sehr schwierig geworden. Unterstützungsleistungen wurden ihr versagt, da sie

Alleinerziehend in Regensburg: Agnes K. [Foto Michael Scheiner]

als Lehrerin formal genügend verdiente. Was nicht zählte waren die enormen Schulden, die ihr Noch-Ehemann verursacht hatte. Weil bei ihm nichts zu holen war, musste sie diese alleine zurückzahlen. Zur finanziellen Notlage kam eine soziale Isolierung im Beruf. In fast jedem europäischen Land können Betroffene Ähnliches erleben. Aufgefangen wurde diese nur durch ihre Schwester und die Eltern, die sie unterstützten, so gut es ging. Anfänglich blieben die beiden Kinder bei den Großeltern, während sich Agnes K. eifrig daran machte, Arbeit zu finden. „In Regensburg", hatten sie die Bekannten ermuntert, „kannst du als Lehrerin mehr verdienen als in Polen".

Hochqualifiziert im Putzjob
Dabei konnte die damals 32-Jährige ihre deutschen Sprachkenntnisse als dicken Pluspunkt ausspielen. Diese hatte sie als Kind von der Großmutter erworben und im Studium weiter ausgebaut. Womit die zupackende, hochqualifizierte Frau allerdings nicht gerechnet hatte, war, dass ihr Hochschulstudium und die Qualifikation als Lehrerin hier nicht anerkannt wurden. Dennoch holte sie ihre Kinder – damals zwei und drei Jahre alt – sehr bald nach, als sie ein einfaches Apartment und Putzjobs gefunden hatte, mit denen sie sich und die Kinder gerade über Wasser halten konnte. Die plötzliche Trennung hatte keinem gutgetan, in Polen weigerten sich die Kinder am Telefon, mit ihrer Mutter zu sprechen.

„Vielleicht war ich damals am Anfang naiv", sagt Agnes K. heute, als sie zwar zusätzlich Kindergeld erhielt und dachte, damit über die Runden kommen zu können. Was sie sich auch nicht vorstellen konnte, war, „was ein Brötchen und frische Milch für die Kinder hier kosten". Dennoch war sie „überglücklich – ich hatte Arbeit, eine Wohnung und für die Kinder Platz in einer Kita, wenn ich arbeiten ging". Lange dauerte der Zustand nicht an. Vom Jugendamt wurde ihr nahegelegt, nach Polen zurückzugehen, denn unter solchen Umständen – in einer 1-Zimmer-Wohnung – könnten Kinder nicht aufwachsen. Sie wisse um ihre Lage, erklärte Agnes K. den Leuten der Behörde. Hinweise, wo und wie sie Hilfe bekommen könnte, erhielt sie nicht.

„Was mir hier so gefällt in Deutschland, ist das Leben als solches"
Eher zufällig erfuhr sie von einer Beratungsstelle für Alleinerziehende und wandte sich an die Sozialpädagogin der Diakonie. Die Beraterin erfasste schnell die Lage und half ihr, eine etwas größere Wohnung zu finden. Zusammen mit der Schwester, die ebenfalls eine Arbeit gefunden hatte, konnte Agnes K. diese finanzieren. Über diesen Beratungskontakt erfuhr sie auch erstmals von weiteren Möglichkeiten auf Unterstützung. Wo und was sie beispielsweise ergänzend studieren müsste, um wieder in ihrem angestammten Beruf arbeiten zu können. Enttäuschend verlief für sie ein Gespräch in einer anderen Beratungsstelle. Bei „Frau und Beruf" habe „ich zwar viele allgemeine Hinweise bekommen, dass ich mich privat weiterbilden könnte. Das aber wäre sehr teuer, weil ich alles selbst finanzieren müsse." Aber das wisse sie doch selbst, „Bildung kostet Geld, das leuchtet mir ein". Konkrete Vorschläge, wie erhofft, bekam sie keine. Unbefriedigend empfand sie auch die Aufklärung über ihre beruflichen Möglichkeiten und Entwicklungen bei der Arbeitsagentur und im Jobcenter. Es war „wie so oft in meinem Leben ein Zufall", der ihr einen festen Job als Kinderpflegerin in einer kirchlich-sozialen Bildungseinrichtung für junge Menschen verschaffte. Auf eine solche Möglichkeit sei sie nur als mehrjährige Fortbildung hingewiesen, aber nie vermittelt worden. Dennoch schätzt sie die Chancen, die sich ihr hier immer wieder eröffnen. Durch Fehlschlä-

ge oder einen Reinfall lässt sie sich keinesfalls unterkriegen. „Was mir hier so gefällt in Deutschland, ist einfach das Leben als solches", beschreibt sie lächelnd und voller Zuversicht ihr jetziges Leben. „Es gibt hier so viele Möglichkeiten, sich zu entwickeln, beruflich und überhaupt", strahlt sie voller Optimismus und Tatkraft. Wenn sie manchmal nachts, wenn ihre Kinder bereits schlafen, niedergeschlagen oder verzweifelt ist, „ja, das kommt auch vor", denke sie an ihr früheres Leben. Dann kann sie sich sagen: „Egal was passiert, man kann eigentlich immer alles schaffen!" Wenn es Schwierigkeiten gebe, und das sei oft der Fall, müsse „man nur überlegen und suchen, dann findet sich auch eine Lösung". Eine solche „findet sich immer", ist Agnes K. zupackend zuversichtlich. Sie selbst stecke sich kleine Ziele, wenn Probleme sie einmal zu ersticken oder zu lähmen drohten. In Polen sei es ihr zuletzt immer öfter schlecht gegangen.

Inzwischen haben auch die Kinder Deutsch gelernt und gehen in die zweite und dritte Klasse. Denen gehe es heute viel besser, ist die tatkräftige Mutter überzeugt: „Der Vater hat in Polen niemals mit seinem Jungen gesprochen". Heute „sind sie glücklich" wenn sie in die Schule gehen und „wir etwas zusammen unternehmen können". Die Schwester, die anfänglich für alles aufgekommen sei, habe eine eigene Wohnung und „hilft mir, wenn einmal eines der Kinder krank wird." Informationen über rechtliche Bestimmungen, Miet- oder Unterhaltsvorschuss und ähnliche unterstützende Leistungen hat Agnes K. nach und nach von verschiedenen Seiten, auch beim Jobcenter und manchmal von Bekannten erhalten. Trotz der anfänglichen Schwierigkeiten und Hindernisse, die wohl auch mit ihrem Status als EU-Ausländerin zu tun hatten, hat sie rückblickend doch „viel Unterstützung erfahren". Für die beträchtlichen Kosten bei der Einschulung des Sohnes beispielsweise vermittelte ihr die Sozialberaterin der Diakonie einen Zuschuss über eine Stiftung. Notwendige Möbel konnte sie sich mit einem Darlehen von „Mütter in Not" anschaffen, das sie inzwischen zurückgezahlt habe. Für Kleidung und andere notwendige Anschaffungen zum Leben war sie mit den Kindern regelmäßig auf Flohmärkten und in Secondhand-Läden unterwegs. Hier hat sie „viele Sachen günstig erstanden und Spaß hat es uns auch meistens noch gemacht!"

Engel und der verstorbene Großvater

Ihre Zuversicht schöpft Agnes K. nicht alleine aus den sozialstaatlichen Vorgaben und gesellschaftlichen Möglichkeiten, „die können für Alleinerziehende immer noch besser sein", wie sie betont. In erster Linie gründet sie ihre positive Lebenseinstellung auf den Glauben an Engel. Obwohl die katholisch getaufte Europäerin der Kirche distanziert gegenüber steht und allgemeines kirchliches Leben eher meidet, glaubt sie „an die Kraft von oben, von Gott, und die Engel, die um uns sind". Persönlich nimmt für sie der verstorbene Großvater eine schützende und leitende Rolle ein – und das zeigt die zielstrebige Frau an einer Erfahrung auf. Ganz am Anfang, als sie nach Regensburg gekommen sei, habe sie auch zeitweise in einer Autowaschanlage gearbeitet. Der Chef dort habe ihr mehrfach zugesichert, „dass ich mir keine Sorgen machen müsse, er kann und wird mich als Teilzeitkraft einstellen". Eine solche vertragliche Absicherung mit Krankenkassenanmeldung habe sie schon wegen der Kinder benötigt – und das dem Arbeitgeber auch deutlich zu verstehen gegeben. „Dann habe ich die ganze Zeit darauf gewartet, den Vertrag zu bekommen", beschreibt sie ihre unsichere Situation. Täglich habe sie nachgefragt, „aber den Vertrag habe ich nie bekommen!" Sie habe dem Chef Vorhaltungen gemacht, dass sie sich schon längst eine andere Arbeit hätte suchen können, was an diesem abgeperlt sei. Schließlich fand sie die Stelle als Putzfrau und sagte sich: „Da hatte der Opa Recht, dass ich den ersten Vertrag nicht gekriegt hab' in der Autowäscherei! Sonst hätte ich nicht den Job als Kinderpflegerin bekommen. Das ist nur über den Putzjob gegangen, den ich zuerst bei der KJF hatte. In dieser Zeit habe ich davon mitbekommen, dass eine Kinderpflegerin gesucht wird." Aus diesem Umstand schöpft sie auch das Vertrauen, in Zukunft die notwendigen Uni-Kurse machen zu können, um wieder in ihrem ursprünglichen Beruf arbeiten zu können. Das wird sicher noch eine Zeit dauern. Für Agnes K. ist zunächst wichtig, dass die beiden Kinder eine gewisse Selbstständigkeit erreichen und sich versorgen können.

Beihilfen sind ausreichend

Bei allem Glück, den Zufällen und der erfahrenen Unterstützung, ist sich Agnes K. über die Schwierigkeiten von Alleinerziehenden im Klaren. „Das Schwierigste ist es, den Beruf und die Arbeit mit dem alltäglichen Leben zu vereinbaren". Sie habe großes Glück gehabt, eine passende Wohnung, Plätze für die Kinder und Arbeit gefunden zu haben, die alle nahe beieinander liegen. So konnte sie alles zu Fuß oder mit dem Rad erledigen. Wäre sie auf ein Auto angewiesen gewesen, „hätte das nicht funktioniert. Das hätte ich mir nicht leisten können." In Polen sollte ihr Auto wegen der Schulden ihres Mannes gepfändet werden. Heute hat sie fast alle Schulden aus der alten Verbindung abgezahlt, sie ist geschieden – und sie hat eine Perspektive für sich und das Leben ihrer Kinder. Dennoch: „Man kann alles immer verbessern. Was mir wichtig wäre, dass die Frau, dass der allein erziehende Teil auch die Möglichkeit hat, sich im beruflichen Bereich weiter zu entwickeln. Denn das ist stark begrenzt, wirklich, das ist ganz stark herunter gedrückt. Entweder verzichte ich auf alles und gehe arbeiten, aber ich komme nicht weiter."
Die Beihilfen und Unterstützung von öffentlichen Stellen, bei der Kinderbetreuung wie mit Wohngeld, hält sie für ausreichend. Wünschen würde sie sich mehr Kontakt zu anderen Alleinerziehenden. Durch Arbeit, Haushalt und Betreuung der Kinder sind die Möglichkeiten für solche Kontakte allerdings praktisch nicht gegeben. Neben der Schwester und nachbarschaftlicher Hilfe, auf die sie manchmal zurückgreifen kann, ist die Beraterin der Diakonie zu einer „der wichtigsten Anlaufstellen für mich geworden. Hier bekomme ich immer Unterstützung." Wie knapp 180 weitere Alleinerziehende im vergangenen Jahr, darunter auch 38 Männer, die das Beratungsangebot der Diakonie in Anspruch genommen haben.
Info: Beratungsstellen für Alleinerziehende gibt es bei der Diakonie Regensburg, www.diakonie-regensburg.de und beim Bischöflichen Ordinariat Regensburg, Arbeitsstelle für Alleinerziehende www.alleinerziehende-regensburg.de. Weitere Beratungsmöglichkeiten gibt es an der Universität – www.uni-regensburg.de/chancengleichheit/familie/infos/alleinerziehend/index.html – und bei der Stadt Regensburg – www.regensburg.de/leben/familien/rat-und-hilfe/hilfen-fuer-alleinerziehende. Beim Landratsamt Regensburg gibt es keine speziellen Angebote oder Ansprechpartner für Alleinerziehende.

Foto: Hans Bauer (www.bauercom.eu)

Peter Lang

Die unprovinzielle Provinz

Highlights der Kultur für alle?

Sinfonie- oder Punk-Konzert? Poetry Slam im Abbruchhaus oder opulente Opernpremiere? 4K-Hollywood-Streifen im Multiplexkino oder Autorenfilm in der wohnzimmergroßen Filmgalerie? Kunstausstellung in der alternativen Veganer-Kneipe oder im Kunstforum Ostdeutsche Galerie? Manche von Regensburgs Kulturstätten sind weithin bekannt, andere kennt kaum eine Handvoll Einheimischer. Die Kultur in der bayerischen Provinz Regensburg ist alles nur Erdenkliche, sie ist vielfältig, sie ist bunt, nur eins ist sie nicht: provinziell. Das sei im Folgenden am Beispiel der sogenannten E-Musik und des Musiktheaters begründet. Denn nicht nur was Immobilien- und Mietpreise anbelangt, überflügeln C- und D-Städte längst die Metropolen.

Weltstars in Regensburg – und (fast) niemand merkt es

Die schier endlose Diskussion um eine Regensburger Stadthalle hat trotz Bürgerbeteiligung kein endgültiges Ergebnis darüber erbracht, was eine solche Einrichtung im Detail leisten soll. Die Befürworter einer Stadthalle führen beständig ins Feld, dass sie auch Konzertsaal sein soll, Bühne für internationale Stars der Klassikszene und der Populärkultur. Das wird nach Stand der aktuellen Planungen schwerlich zu realisieren sein. Ein Saal für bis zu 2000 Besucher, der neben einem Konzertbetrieb auch Rahmen für Tagungen, Präsentationen, Bälle und dergleichen sein soll, kann unmöglich die Anforderungen erfüllen, die Orchester-, Chor- und Kammerkonzerte, Lieder- und Klavierabende an einen Raum stellen. So sah bislang kein Konzept für eine Regensburger Stadthalle jemals eine Orgel vor. Zahlreiche große spätromantische Orchesterwerke und viele Oratorien wären somit in Regensburg nicht aufführbar. Zum Vergleich: Die größte für Konzerte geeignete Kirche Regensburgs, die Dreieinigkeitskirche, bietet etwa 800 Besuchern Platz. Zum anderen: Auftritte angesagter Stars der Pop- und Rockszene lohnen sich für Veranstalter erst ab einer unteren Kapazitätsgrenze von minimal 5000 Plätzen. Wer ernsthaft glaubt, Adele, Coldplay, Robbie Williams, Depeche Mode oder gar die Rolling Stones machen um Regensburg einen Bogen, weil hier keine Stadthalle steht, der irrt. Oder er wäre bereit, mehr als 650 Euro für eine Eintrittskarte zu bezahlen.

Auch wenn viele Stars der sogenannten E-Musik nur den Fans geläufig sind, auf den Tourneelisten der „Big Names" der Klassikszene findet sich Regensburg gleichberechtigt neben New York, London, Mailand, Paris und Tokio. Zu Konzerten von Cecilia Bartoli, Rudolf Buchbinder, Sol Gabetta, Hélène Grimaud, Martin Grubinger, Hilary Hahn und Anne-Sophie Mutter – um nur ein paar Top-Stars zu nennen – kommen Zuhörer aus dem ganzen Bundesgebiet, aus Österreich und der Schweiz nach Regensburg. Auch zu Auftritten von Künstlern und Ensembles, die allenfalls eingefleischten Bayern-4-Klassik-Hörern bekannt sind, zu den Tagen Alter Musik und zu den kleinen feinen Kammermusikreihen nehmen Fans von weither, ja teils sogar aus aller Welt die Anreise nach Regensburg in Kauf.

Musikverein Regensburg: Feine Kammermusikreihen mit Spezialisten des Genres

Unter den Veranstaltern von Konzerten mit Anspruch und internationalen Solisten und Ensembles in Regensburg kann der „Musikverein Regensburg" auf die längste Tradition zurückblicken. Als sich 1847 der „Cäcilienverein" aufgelöst hatte, formierte sich der „Dilettanten-Musik-Verein", in dem ambitionierte Laien musizierten, die äußerst erfolgreich in Gaststätten und privaten Zirkeln Konzerte gaben. Daraus entwickelte sich die „Gesellschaft Musikverein in Regensburg", die sich als Vereinszweck die „Erheiterung durch musikalische und andere gesellige Unterhaltungen" in die Statuten geschrieben hatte. Gegen Ende des 19. Jahrhunderts wurden zunehmend auswärtige Kräfte engagiert, eine zunehmende Professionalisierung hob den Musikverein bald über den Status eines Liebhaber-Orchesters hinaus. 1908 wurde der Musikverein schließlich zum Konzertveranstalter, der international renommierte Orchester, Gesangs- und Instrumentalsolisten zu Gastspielen in Regensburg verpflichtete. Bis zum Ende des 2. Weltkriegs spielte der Musikverein eine dominierende Rolle im Musikleben der Stadt Regensburg, ehe sich die Kammermusik als Alleinstellungsmerkmal herauskristallisierte, die bis heute im Fokus der jährlich etwa neun Konzerte steht. Eingeladen werden auf Kammermusik spezialisierte Ensembles und Solisten – von der Wiener Klassik bis zur Gegenwart –, gelegentlich Ausflüge ins Experimentelle (wie jüngst mit dem Signum Saxophone Quartet) werden nicht gescheut. Um die hohe Qualität der Konzerte des Musikvereins zu dokumentieren, seinen nur einige wenige Ensembles und Solisten genannt, die die internationale Konkurrenzfähigkeit des Veranstalters belegen: Trio Wanderer, Mandelring Quartett, die Sopranistinnen Christine Schäfer und Ruth Ziesak, Bratschist Nils Mönkemeyer, Cellist Maximilian Hornung oder Pianist Herbert Schuch. Die Bühne des Musikvereins ist für gewöhnlich der Wolfgangssaal des Domspatzen-Gymnasiums, wegen Umbauarbeiten aber finden die Konzerte bis auf Weiteres im Hörsaal H24 des Vielberth-Gebäudes der Universität Regensburg statt. *www.musikverein-regensburg.de*

Serenaden im Museum: Sommerkonzerte in historischem Ambiente

Am 20. Oktober 1944 wurde das Dach des Hauptschiffs der Minoritenkirche bei einem Fliegerangriff zerstört, die Bombe zog auch den Kreuzgang in Mitleidenschaft. Im Krieg Sammelstelle für Kleider, dann Flüchtlingsunterkunft, konnte der Komplex des ehemaligen Minoritenklosters im Februar 1949 als mehr oder minder improvisiertes Museum der Öffentlichkeit übergeben werden. Die Kirche bekam erst 1952 wieder ihr Dach, noch jahrelang türmte sich im Kreuzgang der Schutt. In dieser bizarren Szenerie fand am 13. Juli 1949 die erste Museumsserenade mit einem Streichquartett statt, im kleinen und halböffentlichen Rahmen, zu dem der damalige Museumsdirektor Walter Boll geladen hatte. Der Zauber des Ortes, die Kulisse aus gotischen Ruinen, duftenden Rosenbüschen und Kerzenbeleuchtung, tat unmittelbar seine Wirkung. Die Sehnsucht nach Normalität, nach

Zivilisation und nach Kultur war nach den Wirren und Schrecken des Zweiten Weltkriegs immens. Nach der ersten Serenade war klar: es muss Wiederholungen geben, eine feste Konzertreihe, in der Musik und Ort zusammen das Konzerterlebnis ausmachen, soll etabliert werden. Die Sommermusik unter freiem Himmel wurde für Regensburg zu einem gesellschaftlichen Ereignis. Bis 2006, als eine neue Versammlungsstättenverordnung in Kraft trat, war der malerische Kreuzgang Austragungsort der Museumsserenaden, im Falle ungünstiger Witterung stand die bereits bestuhlte Minoritenkirche als Ausweichort in unmittelbarer Nähe zur Verfügung. Heute finden die vier jährlichen Konzerte jeden Juni und Juli in der Minoritenkirche statt. Im Anschluss treffen sich Veranstalter (Vereinigung der Museumsfreunde Regensburg), Freunde und Musikliebhaber zum Austausch untereinander und mit den Künstlern bei Kalter Ente, die traditionell und bis heute seit der ersten Serenade kredenzt wird. Zu den Höhepunkten der Museumsserenaden zählen Abende mit der Academy of St. Martin in The Fields, dem Alban Berg Quartett aus Wien, das viermal hier gastierte, Trompeter Maurice André, Oboist Heinz Holliger, den King's Singers, Sopranistin Emma Kirky, dem Mandelring Quartett, Klarinettistin Sabine Meyer, Bariton Thomas Quasthoff, Cellist Daniel Müller-Schott, dem Hilliard Ensemble und Star-Tenor Fritz Wunderlich, der 1956 den Museumsserenaden den Ritterschlag verlieh. Internationale Spitzenklasse: Hornist Felix Klieser, der im Sommer 2017 gastierte, dokumentiert aktuell das hohe Niveau der Konzertreihe. www.museums-serenaden.de.

Rathauskonzerte: Vokalmusik im Frühling

Der Genius loci, der Standortvorteil, wenn man so will, Musik an historischer Stätte aufzuführen, entwickelt sich für die Rathauskonzerte allmählich zum Nachteil. So beeindruckend die Architektur des Reichssaals auch sein mag, so wunderbar sich der Raum akustisch für Kammermusikdarbietungen auch eignet, gegen Blasmusik aus dem Hofbräuhaus direkt gegenüber, gegen grölende Betrunkene, gegen knatternde Mofas und Teenager, die abends mit voll aufgedrehtem Ghettoblaster durch die Gassen ziehen, sind die historischen Butzenscheiben einfach machtlos. Schade. Denn die Rathauskonzerte, eine Konzertreihe, die vor 48 Jahren die Stadt Regensburg selbst initiiert hat, überzeugen durch eine originelle Mischung, die zwar auch klassische Kammermusik und Liederabende im Programm hat, die aber auch oft ein Repertoire abseits des Üblichen vorstellt. Erinnert sei an ein Konzert, das fünf Kontrabassisten auf dem Podium versammelte oder einen grandiosen Händel-Abend mit Countertenor Valer Sabadus. Eine Nische der Rathauskonzerte ist – in Abgrenzung zu den Konzerten des Musikvereins – das Vokale, einer ihrer Schwerpunkte das Lied. Großen Zuspruch erfahren Auftritte von A-Cappella-Ensembles wie Amarcord aus Leipzig oder Singer Pura aus München.

Zunächst in der Verantwortung des jeweiligen Generalmusikdirektors des Theaters Regensburg, verantwortet seit Mitte der 1980er-Jahre das Kulturreferat Regensburg, aktuell Kulturamtsleiterin Christina Schmidbauer, die programmatische Ausrichtung der Konzertreihe, die in etwa von April bis Anfang Juni terminiert ist. Zur Erläuterung: Das Philharmonische Orchester Regensburg hat inzwischen eine eigene Kammermusikreihe und Sonatenabende initiiert, die von den Orchestermitgliedern in Eigenregie gestaltet werden. Nach dem Umbau des Theaters am Bismarckplatz steht seit 2001 mit dem Foyer Neuhaussaal auch eine geeignete Veranstaltungsstätte für Kammermusik zur Verfügung. Ein Rathauskonzert pro

Rathauskonzert 2017. *[Foto Stefan Effenhauser/Stadt Regensburg]*

Saison wird nach wie vor von Mitgliedern des Philharmonischen Orchesters Regensburg bestritten.

Namhafte Sängerinnen und Sänger waren bei den Rathauskonzerten zu erleben, arrivierte Solistinnen und Solisten nutzten den intimen Rahmen, ihre neuen Programme erstmals vor Publikum auf Wirkung und Durchführbarkeit zu testen. Die Auswahl der Künstlerinnen und Künstler in alphabetischer Reihenfolge liest sich wie ein Who is Who der Opernstars: Teresa Berganza, Joseph Calleja, Diana Damrau, Annette Dasch, Christian Gerhaher, Thomas Hampson, Robert Holl, Gundula Janowitz, Siegfried Jerusalem, Christiane Karg, René Kollo, Jochen Kowalsky, Edith Mathis, Kurt Moll, Lucia Popp, Christoph Prégardien, Hermann Prey, Anneliese Rothenberger, Valer Sabadus, Maximilian Schmitt, Bo Skovhus, Bernd Weikl. Die dänische Sopranistin Inga Nielsen gab kurz vor ihrem Tod 2008 im Reichssaal in Regensburg einen ihrer letzten Liederabende. Dass auch bei instrumentalen Darbietungen das Niveau durchgängig hoch ist, dafür stehen beispielsweise Namen wir Julia Fischer, Daniel Müller-Schott und Pinkas Zukerman. *www.regensburg.de/kultur*

Tage Alter Musik: Zurück in die Zukunft, historischer Ansatz und Avantgarde

Alljährlich zu Pfingsten sind die Tage Alter Musik Regensburg ein Event für diejenigen, die Lust auf unbekannte Ensembles haben, die selten oder noch nie gehörte Musik erleben wollen und die sich auf den intellektuellen Diskurs einlassen wollen, wie beispielsweise Monteverdis Madrigale oder Bachs Passionen oder bei ihrer Uraufführung geklungen haben könnten.

Der Musikmarkt, Konzertagenturen und Plattenlabels haben den Trend längst erkannt. „Alte Musik" erlaubt neue Höreindrücke. Ein vermeintlich bekanntes Repertoire wird durch die historisch informierte Aufführungspraxis neu erschlossen, „Ausgrabungen" aus Archiven und Bibliotheken sowie Wiederentdeckungen beleben das Konzert- und Operngeschehen, erschließen neue Hörerschichten. Das Klangbild der Entstehungszeit zu rekonstruieren, hat längst auch den regulären Musikbetrieb erfasst und beschränkt sich nicht länger auf die Zeit vor Haydn und Mozart. Wie, mit welchen Instrumenten, in welcher Stimmstärke und Klanglichkeit wurden Beethoven, Brahms und Wagner ihrerzeit interpretiert, sind Fragen, mit denen sich inzwischen alle Ensembles, Orchester und Dirigenten befassen. Die Zeiten scheinen vorbei, in denen die Tonfrequenz wegen eines brillanteren Klangs immer höher und höher geschraubt, das Blech immer voller und voller besetzt und die Streichersätze so dick und opulent wie möglich genommen werden. Die sogenannte „Alte Musik" ist nach der Regensburger Definition nicht auf Epochen beschränkt. Nach der Maxime der Macher der Tage Alter Musik Regensburg hat sich im deutschsprachigen Raum das Verständnis durchgesetzt, das gesamte musikalische Erbe sei auf die Interpretation seiner Entstehungszeit hin zu befragen. Die historische Aufführungspraxis stellt eine geeignete und geschichtlich fundierte Alternative zum gewohnten Klassikmusik-Betrieb dar, der zunehmend in seinen Konventionen erstarrt und nicht selten nur noch einem exaltierten Star- und Eventrummel frönt. Diese vor dem Zweiten Weltkrieg einsetzende und seit den 1950er-Jahren immer mächtigere ästhetische Bewegung beeinflusst den klassischen Musikbetrieb bis heute erheblich. Ihre Entwicklung wird in hohem Maße von der Kulturöffentlichkeit kommentiert und diskutiert. Der Beitrag der Tage Alter Musik Regensburg hierzu ist schier nicht hoch genug anzusetzen.

Das Festival wird seit 1984 von den drei Regensburgern Stephan Schmid, Ludwig Hartmann und Christof Hartmann, der 1987 das Team wieder verließ, organisiert. Alle drei Macher erfuhren ihre gymnasiale Ausbildung bei den Regensburger Domspatzen und kamen sehr früh mit der historischen Aufführungspraxis in Verbindung. 1998 stieß Paul Holzgartner als Geschäftsführer zum Leitungsteam hinzu. Aller Ehrgeiz wird darangesetzt, als Avantgarde an der Alte-Musik-Bewegung teilzunehmen. Dies bedeutete, die neuesten und innovativsten Entwicklungen wie in einem Brennglas aufzuspüren und der Öffentlichkeit vorzuführen. Internationale Medienpräsenz ist der Beleg für das hohe Ansehen des Festivals. Zahlreiche Konzerte wurden von in- und ausländischen Rundfunksendern übertragen und mitgeschnitten, die Tage Alter Musik sind das meistgefeaturete Festival seiner Art in Deutschland. Es steht in einer Reihe mit den vergleichbaren Konzertreihen in Antwerpen, Brügge und Herne.

Die Tage Alter Musik Regensburg sind ein Festival von Spezialisten für Spezialisten. Die Macher scheuen kein Risiko, sie brechen radikal mit Hörgewohnheiten, gehen kompromisslos das Lesen der Partituren an und sie kommen ganz ohne Starrummel aus. Die Liste der Bewerbungen, bei den Tagen Alter Musik auftreten zu dürfen, ist lang. Qualität ist oberstes Gebot. Dass auch das Publikum diese konsequente Haltung goutiert, zeigt die Tatsache, dass fast immer alle Konzerte restlos ausverkauft sind. Etwa 50 Prozent der Besucher kommt von auswärts, zum Teil bis aus Norwegen, Japan und Kanada angereist. Das Festival zieht auch zahlreiche junge Hörer an, was den innovativen, lebendigen Charakter des Festivals (bislang über 150 Europa- und Deutschland-Premieren!) und der Alte-Musik-Szene als solcher unterstreicht, einer Bewegung, die sich als innovative Strömung innerhalb der klassischen Musik versteht und die über die intensive Auseinandersetzung mit der Frage der historischen Aufführungspraxis gleichsam eine neue, lebendige Ästhetik entwickelt und vermittelt. Viele Künstler, die später als Stars der Alte-Musik-Szene gefeiert wurden, sind bei den Tagen Alter Musik aufgetreten, so Ton Kopmann, Philippe Herreweghe, Josuah Rifkin, Eric J. Milnes und Christina Pluhar, die man heute nur noch gegen eine Irrsinns-Gage verpflichten könnte. Die teuerste Eintrittskarte kostet 49 Euro, ein Preis, den man sich dank durchweg GEMA-freier Musik leisten kann.

Die UNESCO-Welterbestadt Regensburg bietet mit zahlreichen historischen Räumen, Innenhöfen, Sälen und Kirchen die Grundlage für eine gelungene Symbiose aus historischem Raum und historischer Aufführungspraxis, wodurch eine charakteristische und unverwechselbare Festivalatmosphäre entsteht. Das erlaubt Originalklang an quasi authentischem Ort. Das Festival ist zum Markenzeichen der Stadt Regensburg geworden. Musiker und Musikliebhabern weltweit ist Regensburg ein Begriff allein durch die Domspatzen – und die Tage Alter Musik. *www.tagealtermusik-regensburg.de*

Odeon Concerte und Schlossfestspiele: Die World League

Wenn abends im Audimax eine Darbietung von Odeon Concerte stattfindet, lohnt es sich, in der Tiefgarage der Universität die Kennzeichen der dort parkenden Autos zu studieren: AIC, FFB, IN, LA, M, N, PA, WÜ, aber auch Zulassungen aus den Gebietskörperschaften S, F oder B sind vereinzelt zu entdecken. Was nicht weiter verwundert, wenn wieder ein Orchester von Weltruf oder ein Top-Star der Klassik-Szene gastiert, der in Regensburg eines von vier oder fünf Deutschland-Konzerten absolviert.

Veranstalter Reinhard Söll hat mit dem Komponisten Richard Strauss eines gemeinsam: ein abgeschlossenes Jurastudium. Keine schlechten Voraussetzungen also, auch als Impresario erfolgreich seinen Weg zu beschreiten.

Noch während des Studiums gründete Söll – selbst ein nicht untalentierter Pianist – 1983 in Regensburg die Konzertdirektion Odeon Concerte, 20 Jahre lang war er zudem Rezensent der Mittelbayerischen Zeitung und anderer Medien. Schon der Auftakt der Odeon Concerte war ein Paukenschlag: Das erste Konzert bestritt Klavierlegende Claudio Arrau. Inzwischen ist Söll mit hochkarätig besetzten Konzertreihen in Mannheim, Essen und Berlin einer der angesehensten und größten deutschen Konzertveranstalter. Im Zentrum stehen Weltstars der klassischen Musik sowie internationale Spitzenorchester. Die Top-Riege der Stars konzertiert im größten Saal, den Regensburg für Konzerte dieser Art zu bieten hat. Langjährige Erfahrung und geschicktes Networking machen es möglich, dass Söll Künstler nach Regensburg lockt, die ansonsten nur auf den Bühnen in Metropolen stehen. Seit 2003 entwickelte Söll mit den von ihm veranstalteten Thurn-und-Taxis-Schlossfestspielen in Regensburg eines der renommiertesten Sommerfestivals im süddeutschen Raum. Elton John, Placido Domingo, Liza Minnelli, Jonas Kaufmann, Sting, Art Garfunkel, Rolando Villazon, Scorpions, Tom Jones – um nur einige der Acts zu nennen –, die Schlossfestspiele sind Besuchermagnet und gesellschaftliches Ereignis. Auch wenn Kritiker oft von einem „Gemischtwarenladen" sprechen, auch wenn man bei Oper, Rock, Pop, Jazz und Klassik-Gala einen „roten Faden" vermisst, die Atmosphäre von Schloss St. Emmeram und das Gastro-Erlebnis im Park zusammen mit einer hochkarätigen Darbietung machen den eigenwilligen Charme der Konzertreihe aus. Außerdem: Weltstars zu Open-air-Konzerten mit „nur" 3000 Plätzen und im schmalen Zeitfenster von nur gut einer Woche mitten im Juli zu bewegen, stellt für sich allein eine Leistung dar. Und es ist keineswegs so, dass Odeon Concerte nur auf der „populären Schiene fährt" und lediglich ein „Klassik-

Szene aus der Oper Doktor Schiwago von Anton Lubchenko, Uraufführung am 24. Januar 2015. [Foto: Jochen Quast]

für-alle-Programm" bietet: Söll scheut auch Unwägbarkeiten nicht. Das Programm *Ich bin in Sehnsucht eingehüllt* mit Schauspielerin Iris Berben und Pianist Martin Stadtfeld mit Gedichten von Paul Celan, Hilde Domin und Selma Meerbaum-Eisinger sowie Musik von Schubert, Schumann und Bach, möge als Nachweis hierfür dienen. Oder jener denkwürdige Abend mit Countertenor Philippe Jarussky und seinem Barockensemble Artaserse, nach dessen dritter Zugabe das Publikum erst einige Sekunden lang überwältigt starr und schweigend verharrte, ehe es in Jubelstürmen ausbrach. Und das im viel geschmähten Auditorium maximum der Universität Regensburg!
www.odeon-concerte.de

Opern-Uraufführungen: Risiko und überregionale Wahrnehmung

In den überregionalen Feuilletons tauchte das Theater Regensburg selten auf. Allenfalls wenn es ein Skandälchen gab, berichteten auch BILD, FAZ und Süddeutsche über Regensburg. Das hat sich komplett gewandelt. 1995 wagte Intendantin Marietheres List mit der Oper *Simón Bolívar* der schottischen Komponistin Thea Musgrave eine europäische Erstaufführung im Musiktheater. Für ein gewaltiges Presse-Echo sorgte 1998 die Kammeroper *Albert – warum?* von Enjott Schneider. Im März 2000 brachte das Theater Regensburg unter großem Medieninteresse Detlev Glanerts Oper *Joseph Süß* zur Uraufführung, im März 2004 folgte die Uraufführung der Glanert-Oper *Scherz, Satire, Ironie und tiefere Bedeutung*.

Intendant Ernö Weil sorgte 2005/06 überregional für Aufmerksamkeit mit der Wiederaufführung von Theodor Veidls Oper *Die Kleinstädter* nach August von Kotzebue aus dem Jahr 1935. Hier trug sehr zur Medienwirksamkeit die Kooperation mit dem Nationaltheater Prag bei. Mit Beachtung in den großen Tageszeitungen und in den einschlägigen Zeitschriften für Theater und Musik wurde 2008 auch Weils Mut belohnt, Józef Sáris Oper *Der Hutmacher* nach Thomas Bernhard als Erster auf die Bühne zu bringen.

Als Jens Neundorff von Enzberg 2012 die Leitung des Regensburger Theaters übernahm, kündigte er an, in jeder Spielzeit eine Uraufführung im Musiktheater anzusetzen. Sein Vorhaben hat er fast lückenlos umgesetzt. Mit diesem Plan hat er nicht nur die überregionale Presse nach Regensburg gelockt, sondern auch ein Publikum, das begierig nach neuen Stücken und Stoffen auch weite Anreisen in Kauf nimmt.

2013 kam *Lola rennt* heraus, eine Oper von Ludger Vollmer nach dem gleichnamigen Film von Tom Tykwer, die später das Nationaltheater Weimar, das Theater Hagen und andere Bühnen in ihren Spielplan aufnahmen. 2014 folgte in Kooperation mit der Münchener Biennale die Uraufführung der Oper *Wüstung (Vastation)* des kanadischen Komponisten Samy Moussa in der Inszenierung von Christine Mielitz. Die Uraufführung der Oper *Doktor Schiwago* des russischen Komponisten Anton Lubchenko am 24. Januar 2015 fand bundesweit und auch in Russland große Beachtung. Das vom Komponisten unglücklich zurechtgeschusterte Libretto und die Partitur, die mit eklektizistisch noch höflich beschrieben ist, wurden von der Kritik zwiespältig aufgenommen. Was aber Regisseur Silviu Purcărete, Bühnenbildner Helmut Stürmer und Kostümbildnerin Corina Gramosteanu auf der Bühne des Hauses am Bismarckplatz zauberten – in einem Wort: Weltklasse! Die geplante Übernahme der Produktion nach Wladiwostok wurde gecancelt, Regietheater ist in Russland noch nicht angesagt. Ein glückliches Händchen bewies Neundorff von Enzberg in der Spielzeit 2016/17 mit der szenischen Uraufführung von *Freax*, einer Oper von Moritz Eggert (* 1965), die Regisseur Hendrik Müller nach einem Konzept von Jim Lucassen mit einem rundum überzeugend und bis zur Selbstaufgabe agierenden Ensemble ins Szene setzte.

Neundorff von Enzberg: „Ein Theater bekommt Subventionen ja auch dafür, dass es ein Risiko eingeht. Und Uraufführungen stellen immer ein Risiko dar." Kein anderes bayerisches Theater – schon gar kein Stadttheater – geht derart mutig und konsequent mit Opernuraufführungen seinen Weg wie das Regensburger, inzwischen sind Ur- und Erstaufführungen so etwas wie ein Alleinstellungsmerkmal des Theaters Regensburg geworden. Premieren-Tourismus inklusive!

Neben Uraufführungen sorgt das Theater Regensburg auch mit einem Repertoire jenseits des Mainstreams dafür, dass Regensburg in den überregionalen Blättern und Medien präsent ist. Mit selten gespielten Werken wie Richard Wagners *Die Feen*, *Hans Heiling* von Heinrich Marschner, *The Fair Queen* von Henry Purcell, dem Euripides-/Gluck-Projekt *Iphigenie – Triumph und Trauma* oder dem Musical *The Producers* von Mel Brooks, das Regensburg als zweite Bühne in Deutschland überhaupt realisierte. Spätestens zur deutschen Erstaufführung von Giacomo Puccinis früher Oper *Edgar* und zur Uraufführung der Oper *Die Banalität der Liebe* der israelischen Komponistin Ella Milch-Sheriff (* 1954) in der Spielzeit 2017/18 werden wieder die Journalisten der großen Feuilletons und Kamerateams aus dem ganzen Bundesgebiet anrücken.

Reinhard Kellner

Teilhaben!

Kultur für Einkommensarme

Regensburg wird immer häufiger als Boomtown bezeichnet und gilt als „reiche Stadt" mit niedriger Arbeitslosenquote und mehr als 1000 Millionären. Trotzdem müssen hier 13 500 Menschen mit einem Einkommen auskommen, das unterhalb der Pfändungs- und Armutsgrenze bei etwa 900 Euro liegt: Geringverdiener und Hartzer, Grundsicherungsempfänger, Kleinrentner, Alleinerziehende und Flüchtlinge. Große Probleme bereitet diesem Personenkreis der knappe preisgünstige Wohnraum, da viele Sozialwohnungen aus der Preisbindung gefallen sind und sich das Mietpreisniveau immer mehr Münchner Verhältnissen annähert. Jedes siebte Kind wächst in Regensburg inzwischen in ärmlichen Verhältnissen auf und es wird immer schwerer, sich aus dem Teufelskreis von Armut und Langzeitarbeitslosigkeit zu befreien.

Mobilität und Kultur nicht für alle, oder doch?

Eine wichtige Voraussetzung dafür wären Bildung und kulturelle Teilhabe, und dieses Anliegen machten sich ab 2011 einige Regensburger Sozialvereine zu Eigen. In den Jahren davor, genauer seit 2005, war eine Initiative für ein Sozialticket – getragen von der BI Asyl, den Grünen und den Linken – im Stadtrat gescheitert und es entstand die Idee, Nägel mit Köpfen zu machen. Mit einem Stadtpass sollte sowohl mehr Mobilität als auch kulturelle Teilhabe für Einkommensarme eingefordert werden und zwar mit diesem Grundgedanken: Stadtpass-Inhaber können ein reduziertes RVV-Ticket zum Preis von zehn Euro (bzw. einem Euro für Flüchtlinge mit 40,90 Euro Taschengeld im Monat!) erwerben und erhalten eine fünfzigprozentige Ermäßigung für städtische Kultur- und Bildungsangebote (Museen, VHS), Sportveranstaltungen, Theater, Konzerte, Ausstellungen, Badebetriebe und weitere Freizeiteinrichtungen. Seit der Hartz-IV-Gesetzgebung und der damit verbundenen Abschaffung eines Städtischen Sozialtickets im Jahre 2006 sind im sogenannten „Warenkorb" für Verkehrsmittel lediglich 22,78 Euro ausgewiesen. Damit ist nicht einmal ein Monatsticket von 41 Euro für Zone 1 in Regensburg leistbar, geschweige denn sind andere Formen von Mobilität (Bahn oder Rad fahren) oder gar angemessene kulturelle Teilhabe möglich. Das Sozialforum ging an die Öffentlichkeit und konnte eine ganze Reihe von prominenten Unterstützern gewinnen. Im Mai 2011 erfolgte eine entsprechende Stadtratseingabe, die mit einem „Nichtabstimmungsbeschluss" endete. Dem Sozialforum wurde empfohlen, dieses Anliegen in den Prozess der Bürgerbeteiligung „Maß-

Stadtpass-Infostand am 1. 7. 2015. [Foto: Soziale Initiativen]

nahmen zur Bekämpfung von Armut in Regensburg" im Rahmen eines Berichts zur sozialen Lage der Stadt einzubringen. Dieser „Armutsbericht" war 2008 Teil der Koalitionsvereinbarung zwischen den beiden regierenden Großparteien und längst überfällig. Es dauerte nochmal zwei Jahre, in denen über 80 engagierte Regensburgerin-

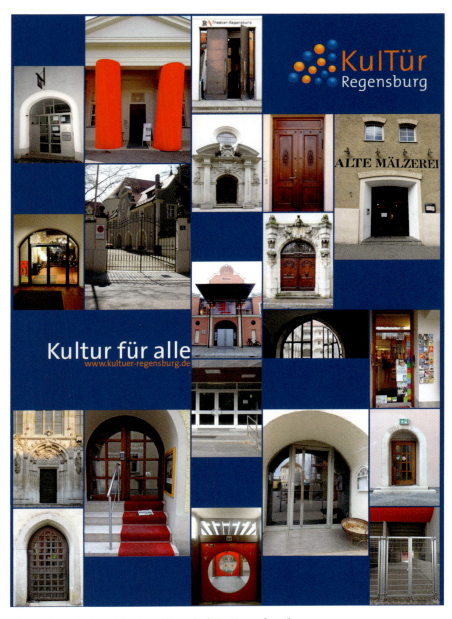

Die Postkarte Kultur-Schenken. [Foto: KulTür, Regensburg]

nen und Regensburger in vier Arbeitsgruppen und einem Lenkungsgremium einen tatsächlich zukunftsweisenden Sozialplan für unsere Stadt erstellten.

Warum nicht einmal ein soziales Bürgerbegehren?

Alle Arbeitsgruppen gaben dem Stadtpass darin höchste Priorität, aber bei der Abschlusspräsentation kam es im September 2013 zum Eklat: Entgegen vorheriger Vereinbarungen sollten die Berichtsergebnisse dem Stadtrat nicht zur Abstimmung, sondern nur zur Kenntnisnahme gegeben und das weitere Prozedere auf den Verwaltungsweg verlagert werden. Mit einem solchen „Beteiligungsprozess", bei dem sich innerstädtisch das Hauptamt gegen das Sozialreferat durchgesetzt hatte, wollte das Sozialforum nichts mehr zu tun haben: „Warum soll es nicht einmal ein soziales Bürgerbegehren geben?" wurde in den Raum gestellt und bereits im Januar 2014 begann die Unterschriftensammlungen „pro Stadtpass". Das Sozialforum hatte sich inzwischen in Armutsforum umbenannt und bestand aus Aktiven von attac, BI Asyl, pax christi, Sozialen Initiativen und ver.di. Viele Vereine, Organisationen und auch Geschäftsleute vom Donaustrudl über den Strohhalm oder den VdK bis zum DGB, Papier Liebl oder der Sozialen Futterstelle legten Unterschriftenlisten aus. Bereits nach einem guten halben Jahr waren die erforderlichen 6500 Unterschriften zusammen, was für den Stadtrat innerhalb eines Vierteljahres die Durchführung eines Bürgerbegehrens bedeutet hätte.

In dieser Situation ging die seit Mai 2014 amtierende Bunte Koalition auf das Armutsforum zu und es kam zu Verhandlungen mit dem Amt für Soziales sowie Bürgermeisterin Gertrud Maltz-Schwarzfischer und OB Joachim Wolbergs: Die Stadtverantwortlichen wollten einen Bürgerentscheid vermeiden, dem Begehren „abhelfen" und einen Stadtpass auf dem Verwaltungsweg installieren. Am 25.11.2014 wurde eine gemeinsame Erklärung unterzeichnet, mit der alle am Bürgerbegehren beteiligten Organisationen am Ende zufrieden waren, weil die meisten Forderungen akzeptiert und jetzt von der Verwaltung umgesetzt werden. Die Schaffung einer Extrastelle beim Amt für Soziales garantierte wenig bürokratische Hürden; eine gute Bewerbung durch alle zuständigen Stellen wie durch das Jobcenter wurde zugesagt. Der Stadt Regensburg wurden dadurch auch Kosten von ungefähr 250 000 Euro erspart, denn so viel hätte die Durchführung eines Bürgerentscheids gekostet.

In keiner anderen Stadt gibt es übrigens vergleichbar hohe Ermäßigungen für kulturelle Teilhabe und Mobilität für einen so großen Personenkreis. Im Einzelnen sind das 5500 Hartz-IV-Empfänger, 1500 Grundsicherungsempfänger (nicht mehr arbeitsfähige Hartzer, mit gleichen Leistungen wie Hartz 4, sprich aktuell 409 Euro/Monat plus Miete) und 6000 Wohngeldempfänger. Der Rest verteilt sich auf arme Senioren und Menschen in Heimen sowie Asylbewerber. Unter allen oben Genannten 13 500 Personen sind etwa 3000 Kinder. Der Stadtpass wurde von Anfang an stark nachgefragt, so dass bald eine zweite Stelle beim Amt für Soziales eingerichtet werden musste: Sehr bürgerfreundlich arbeitete man mit Terminvereinbarungen, sodass die eigentliche Ausstellung des Stadtpasses im Scheckkartenformat nur wenige Minuten in Anspruch nimmt: Regensburg hat im Städtevergleich bzgl. ähnlicher Ermäßigungen eine hohe Nutzerquote von mehr als 35 Prozent, wobei auffällig ist, dass die recht große Gruppe der Wohngeldempfänger davon am wenigsten Gebrauch macht.

Nach anderthalbjähriger Erprobungsphase hat der Stadtrat im Dezember 2016 weiterhin grünes Licht für ein System gegeben, das einkommensarmen Regensburgern mehr Teilhabe am gesellschaftlichen Leben ermöglicht: über 5500 Menschen nutzen den Stadtpass inzwischen regelmäßig und besuchen – neben der Inanspruchnahme des günstigen Bustarifs (ein Ökoticket kostet 14,50 Euro!) – im obengenannten Zeitraum beispielsweise über 4000 Mal das Westbad. Die Quoten für Theater-, Volkshochschul- oder Museumsbesuche könnten höher sein, aber erstens gelten Einkommensarme eher als „bildungsfern", zweitens sind die Preise für einen Theaterbesuch trotz des 50-Prozent-Nachlasses immer noch recht hoch und drittens stellt sich das Armutsforum diesem Problem: „Stadtpass-Welcome" heißt eine aktuelle Aktion, die man mit dem theater regensburg vereinbart und gemeinsam beworben hat.

Das Projekt KulTür

Ein weiterer Grund für die relativ geringe Nutzung von Kulturangeboten dürfte auch das „KulTür-Projekt" des Evangelischen Bildungswerks zusammen mit dem Kulturnetz Regensburg und dem Ostbayerischen Kulturforum sein: Es ermöglicht seit April 2015 Menschen mit geringem Einkommen einen niedrigschwelligen Zugang zur Kultur, indem Eintrittskarten aus unterschiedlichsten Veranstaltungsbereichen kostenlos an Interessenten („KulTür-Gäste") vermittelt werden. Die Spanne reicht dabei vom SSV Jahn über das Bauerntheater bis zur Traumfabrik oder der Mälze. Die Zielgruppe entspricht der des Stadtpasses, wobei sich KulTür hinsichtlich der Bemessung der Bedürftigkeit einen Ermessungsspielraum von zehn Prozent vorbehält. Damit das Angebot viele Menschen erreicht, hat KulTür ein breites Netzwerk aus verschiedenen kulturellen und sozialen Organisationen und Ansprechpartnern aufgebaut. Insbesondere den Kulturveranstaltern kommt eine wichtige Funktion dabei zu: Sie stellen die Eintrittskarten kostenlos für KulTür zur Verfügung. Nicht benötigte, nicht abgerufene oder ge-

KulTür-Flyer – kann vielen Türen öffnen [Foto: KulTür]

spendete Tickets werden von den ehrenamtlich arbeitenden KulTür-Vermittlern an die registrierten Gäste weitervermittelt. Darüber hinaus ist für KulTür auch der Kontakt zu den sozialen Organisationen sehr wichtig: Soziale Vermittler und Ansprechpartner haben in den meisten Fällen einen direkten Bezug zu der jeweiligen Zielgruppe und können Interessenten unmittelbar über KulTür informieren und an KulTür weitervermitteln. Inzwischen unterstützen 150 Partner aus dem Bereich Kultur und Soziales regelmäßig KulTür. Seit April 2015 wurden 10 000 Karten in einem Wert von mindestens 200.000 Euro an mehrere Hunderte KulTür-Gäste, darunter zahlreiche Kinder und Jugendliche vermittelt. Mit dem Tochterprojekt „Kinder-KulTür" wird Schritt für Schritt partizipativ ein Kulturangebot – auch in den Ferien – mit und für wirtschaftlich benachteiligte Kinder und Jugendliche entwickelt. Auch Familien oder Begleitpersonen von Kindern können dabei altersspezifische Kulturveranstaltungen kostenfrei besuchen.

Stadtpass und KulTür – kulturelle Hoffnungsträger

In Zukunft möchte das KulTür-Team eigene Kulturprojekte für Kinder und Jugendliche in Zusammenarbeit mit den Sozialpartnern entwickeln: Aktivierung, Chancengleichheit, transkulturelle Bildung und Inklusion stehen als Schlüsselwerte dabei im Fokus. KulTür hat inzwischen in Kooperation mit der OTH und der Stadtbücherei den ersten öffentlichen Bücherschrank in Regensburg mit initiiert und eine dauerhafte Patenschaft übernommen. Diese sieht vor, dass KulTür-Gäste selbst aktiv werden, indem sie die Organisation rund um die Pflege des Bücherschranks übernehmen. Aufgrund des großen Erfolgs sind bereits weitere Bücherschränke in Stadt- und Landkreis in Planung. Das KulTür-Netzwerk wird demnächst in einen Trägerverein umgewandelt, dem alle Partner, Gäste und Interessierte beitreten können. Darüber hinaus wird KulTür einen eigenen Raum in der Innenstadt anmieten und als Gemeinschaftsbüro mit sozialen und kulturellen Partnern nutzen: Als Raum für Begegnung, Vernetzung, Information und Beratung für alle kulturell Interessierten in unserer Stadt. Die beiden Projekte sind zwar unabhängig voneinander und fast zeitgleich entstanden, arbeiten aber intensiv zusammen und sind inzwischen ein wesentlicher Kulturfaktor im gesellschaftlichen Leben unserer Stadt. Das lässt sich auch daran ablesen, dass sich immer mehr Sozialpartner für dieses Thema öffnen, was sowohl beim Stadtpass als auch bei KulTür laufend auf den entsprechenden Internetseiten kommuniziert wird: Natürlich steigen nicht alle beim Halbpreis oder mit Umsonstkarten ein, aber die Reihe derer mit nennenswerten Ermäßigungen für einkommensarme Mitbürger wird immer länger. Damit steigt die Chance vor allem für junge Menschen, auch über kulturelle Angebote aus der Armutsspirale ausbrechen und später einmal ein selbstständiges Leben „ohne Stütze" führen zu können.

Michael Scheiner

Jahrgang 1984 – ein Zukunftsprojekt

Der Werkhof: vom sozialen Hilfsprojekt zum Integrationsunternehmen

Was für ein Jahr – 1984! Es ist das Orwell-Jahr, nach der düsteren Zukunftsvision „1984" des britischen Schriftstellers George Orwell. Es ist das Jahr, in dem in Liechtenstein das Frauenwahlrecht mit knapper Mehrheit eingeführt wird. In Deutschland kommt die Anschnallpflicht in Autos, das Privatfernsehen geht an den Start und München wird vom schlimmsten Hagelunwetter seit Menschengedenken heimgesucht. Dagegen hellt sich in Regensburg die Zukunft für ältere Handwerker sichtbar auf.

Ausrangiert und nutzlos

Nach einer Durststrecke als Arbeitslose finden einige von ihnen bei dem 1984 – im Wonnemonat, am 14. Mai – als gemeinnützige GmbH gegründeten Werkhof Regensburg endlich wieder eine Anstellung. Fünf an der Zahl, Maurer und Maler, waren sie für den normalen Arbeitsmarkt zu alt. Ausrangiert und nutzlos geworden, hätten sie auf diese Weise darauf warten müssen, bis sie ins Rentenalter gekommen wären. Tatsächlich geriet damals das Arbeitsamt für nicht wenige Handwerker, die körperlich abgearbeitet waren und womöglich noch gesundheitliche Einschränkungen hatten, zur Endstation.

Damit wollten sich einige Pädagogen und Sozialarbeiter aus dem damaligen Arbeitslosentreff nicht zufrieden geben. In dieser von der evangelischen Kirche getragenen Einrichtung, in der arbeitslose Menschen Ansprache, Information und konkrete Unterstützung fanden, brüteten sie eine Idee aus: „Machen wir doch selbst eine Firma!" Mit Hilfe des damaligen Dekans Wilhelm Schubert und der Diakonie ging man 1983 ans Werk und ein Jahr später wurde die Gründung des Werkhofs als gemeinnützige Gesellschaft von den beiden Gesellschaftern notariell besiegelt. Die erste Beschäftigungsgesellschaft der Oberpfalz nahm die Arbeit auf. Aufträge wurden akquiriert und fortan beschäftigte das gleichermaßen sozial wie wirtschaftlich orientierte Unternehmen von Jahr zu Jahr ein paar arbeitslose Maurer, Maler, Schreiner und Metaller mehr, die wegen ihres Alters oder anderer Handicaps kaum eine Chance hatten, wieder eine Arbeitsstelle zu finden.

Eine gemeinnützige Erfolgsgeschichte

Heute, mehr als drei Jahrzehnte später, beschäftigt der inzwischen als Integrationsunternehmen anerkannte Betrieb über 100 fest angestellte Mitarbeitende und zwischen 150 bis 200 Menschen, die über Angebote der Jobcenter und der Agentur für Arbeit wieder an Arbeit herangeführt, erprobt und manchmal auch nur mit einfachen Tätigkeiten betraut werden. Viele der dauerhaft fest beschäftigten Verkäufer, Handwerker, Büro- oder Betreuungskräfte waren zuvor selbst länger arbeitsuchend oder durch Krankheit oder persönliche Schicksalsschläge aus der Bahn geworfen. Einige haben beim Werkhof gelernt und sind dabei geblieben. Ihnen sagt zu, wie hier miteinander umgegangen wird. Und sie stehen fast alle beharrlich hinter der Idee, die dem kirchlichen Unternehmen einerseits Sinn gibt und es von anderen Unternehmen unterscheidet. Ein äußerlich erkennbarer Unterschied ist die „Gemeinnützigkeit", die der Werkhof in seinem Namen trägt. Allerdings hat das für jemand, der seine Küche neu streichen oder ein Gartentor richten lassen will, zunächst keinerlei Bedeutung. Erst wenn in der Rechnung ein geringer Mehrwertsteuersatz steht, wird der eine oder die andere als „positives Zuckerl" darauf aufmerksam.

Nach innen und gegenüber der Öffentlichkeit bedeutet die „Gemeinnützigkeit", dass der Werkhof nicht beabsichtigt, Gewinne zu machen oder Vermögen anzuhäufen. Immer dann, wenn doch entsprechend Geldmittel erwirtschaftet worden sind, wird danach Ausschau gehalten, etwas Neues aufzubauen und weitere Arbeitsplätze zu schaffen. Auf diese Weise hat der Werkhof in den vergangenen Jahrzehnten immer wieder neue Bereiche dazu gewonnen, manchmal Aufgaben wieder beendet und andere ausgeweitet.

Secondhand muss nicht billig sein

Deutlich wird das am Secondhand-Bereich, wo mit dem Gebrauchtwarenhaus im Auweg (Westhafen im Osten Regensburgs) ein dauerhaftes Angebot geschaffen werden konnte. Das hat schon alleine wegen der beträchtlichen Kundenfrequenz einen hohen Bekanntheitsgrad. Im Unterschied zu anderen Initiativen wie Oxfam-Läden, Tauschring und andere, die nahezu alle später entstanden sind und von engagierten Ehrenamtlichen betrieben

Der Maler M. Sennebogen gehörte zu den ersten Mitarbeitenden des Werkhofs. [Foto: Archiv Werkhof]

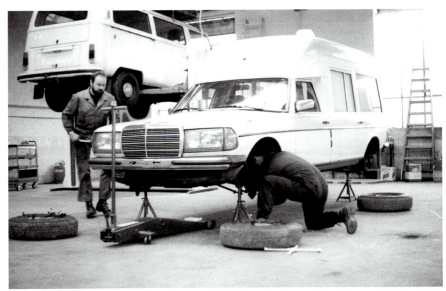
Die Abteilung Nutzfahrzeug-Recycling wurde 1992 wieder eingestellt. [Foto: Archiv Werkhof]

Viele Menschen bringen Möbel, Kleidung und anderes, was ausgedient hat, als Spende zum Gebrauchtwarenhaus. [Foto: Scheiner]

werden, ist es das erklärte Ziel des Werkhofs, alle festangestellten Mitarbeitenden tariflich angemessen zu entlohnen. Weil der Werkhof und solche auf großem Idealismus beruhende Projekte teils ähnlich arbeiten, werden sie auch manchmal in einen Topf geworfen. Mit leicht vorwurfsvollem Ton bekommen Mitarbeiter dann zu hören, beim Gebrauchtwarenhaus sei „alles so teuer." Und das, wo der Werkhof doch „alles geschenkt bekommt" und außerdem stünde doch die Kirche dahinter. Gemeint ist damit – die reiche Kirche. Tatsächlich generiert der Werkhof Nachschub für das Gebrauchtwarenhaus häufig aus Wohnungs- und Betriebsauflösungen, sowie durch größere und kleinere Spenden. „Über Spenden kommt viel rein", erläutert Evi Wedhorn, die Leiterin des Gebrauchtwarenhauses in Regensburg, „und wird von uns nach Durchsicht und Reinigung über den Verkauf wieder in den Wirtschaftskreislauf zurückgeführt." Menschen, die das, „was von uns gemacht wird, gut finden, bringen Sachen vorbei, die sie zuhause aussortiert haben".

Das gehe vom Kinderzimmer über die ausgediente Schallplattensammlung bis zur kompletten Skiausrüstung oder einer Einbauküche, weil Spender für ihren Haushalt etwas Neues angeschafft hat. Oft sind es Mitglieder aus Kirchengemeinden, die taschen- und säckeweise gut erhaltene Sachen aus ihren voll beladenen Kombis an der hinteren Rampe im Hof abladen.

„Schwierig ist es manchmal", verweisen Wedhorn und Werkhof-Chef Hans Seidl unisono auf ein heikles Thema, „etwas abzulehnen, das wir angeboten bekommen." Seidl nennt als Beispiel Leute, die sich „irgendwann dazu durchringen ihre sorgsam gepflegten, alten Möbel abzugeben." Versuche man diesen gut meinenden Spendern klar zu machen, dass „heutzutage niemand mehr eine Wohnzimmerschrankwand oder ein Schlafzimmer in Eiche haben möchte – nicht einmal geschenkt", stoße man zuweilen auf gänzliches Unverständnis. Manche würden darauf beharren, dass ihre alten Möbel noch gut seien. Letztlich müssen die Gebrauchtwarenhäuser aber Dinge verkaufen können, um aus dem Erlös ihre Mitarbeiter, die Pacht, Heizung, Strom und natürlich auch die notwendige pädagogische Betreuung zu bezahlen. Bisweilen müssen dann Möbel entsorgt oder eine gut gemeinte Spende abgelehnt werden, obwohl sie zwar bejahrt, aber nicht vollständig abgenutzt sind. Als weiteren „wichtigen Baustein für neue Ware" verweist Seidl auf Wohnungsauflösungen und -räumungen. An allen drei Standorten in der Oberpfalz bietet der Werkhof diesen Service an. Darüber kommen fast täglich gebrauchte Möbel und Haushaltseinrichtungen in die GWHs, die zum Verkauf angeboten werden. Diese „Dinge mit Geschichte" werden von den Mitarbeitern der jeweiligen Fuhrdienste kostenlos abgeholt. Nach Durchsicht, Säuberung und manchmal Ausbesserung wartet „alles, was sich verkaufen lässt", sorgsam präsentiert im Verkaufsraum auf Sammler und Kunden. Gelebte „Agenda 2010" und sinnvoller Beitrag zu Ökonomie, die nicht auf ständig steigenden Konsum, sondern auf Wiederverwertung und Mehrnutzung setzt! „Damit leisten wir auch einen Beitrag zu einem nachhaltigeren Leben und Wirtschaften", ist Seidl überzeugt. Nicht mehr Verwertbares und Möbel, die definitiv abgenutzt sind, entsorgen die zupackenden Mitarbeiter von den einzelnen Fuhrdiensten dann auch fachgerecht.

„1 + 1 Mit Arbeitslosen teilen"

Abgesehen von ihrer Kontroll- und Aufsichtspflicht treten Kirche und Diakonie beim Werkhof, wie auch Stadt, Landkreis oder Universität Regensburg als Kunden auf, nicht aber, um Fehlbeträge oder Verluste auszugleichen, die vielleicht in einem schlechten Jahr erwirtschaftet worden sind. Nur bei größeren Anschaffungen oder Um-

An allen Standorten bietet der Werkhof Wohnungsräumungen und Entrümpelungen – kostenfrei für wieder Verwertbares. [Foto: Scheiner]

Das Team der Abteilung Gartenbau und Grünpflege bei Straßenmäharbeiten. [Foto: Archiv Werkhof]

Hans Seidl, Gründer und Geschäftsführer der gemeinnützigen Werkhof Regensburg GmbH. [Foto: M. Scheiner]

bauten, die nicht aus dem laufenden Betrieb heraus zu stemmen sind, kann es vorkommen, dass der Werkhof einen Projektzuschuss über die Diakonie Bayern oder eine Förderung bekommt. Aus dem kirchlichen Fördertopf „1 + 1 Mit Arbeitslosen teilen" bekommt er allerdings gezielt Zuschüsse, um Menschen beschäftigen oder weiterbeschäftigen zu können, die man sonst nicht halten könnte. Letztendlich aber steht der Werkhof voll und ganz auf eigenen Beinen. Das muss er auch, denn dauerhaft subventioniert kann heute kein Unternehmen mehr überleben. Sein großes Plus ist heute die starke Diversifikation, die Vielfalt bei Dienstleistungen, Bildung, Handel und Handwerk, mit der das solidarisch ausgerichtete Unternehmen aufwarten kann. Zu den Handwerkern und

Meistern, die bis heute zum Markenkern gehören, haben sich Sozialpädagogen und Verkäuferinnen, Servicekräfte in der Gebäudebetreuung, Fahrer, kräftige Umzugsleute und fleißige Gesellen in der Grünpflege dazu gesellt. Das sozial motivierte Unternehmen ist schon lange flügge geworden und kann sich wirtschaftlich behaupten. Im Grunde eine richtige Erfolgsstory, die seit Jahrzehnten dazu beiträgt, Menschen vor einer unsicheren Lage im Alter zu bewahren und ihnen einen würdevollen Abschied aus dem Berufsleben zu ermöglichen.

Handwerk und Dienstleistung

Die Entwicklung des Werkhofs fasst Seidl zusammen: „Aus dem ursprünglichen Bauhandwerk sind mittlerweile fünf Gewerke geworden – Schreinerei, Schlosserei, Elektriker, Malerbetrieb und die Maurer. Der zweite Bereich besteht aus Dienstleistungen. Dazu zählen Hausmeister- und Pförtnerdienste, die Fahrradwerkstatt für Reparaturen und Gebrauchträder, Parkplatzbetreuung, Reinigungsservice, sowie Gartenbau und Grünpflege. Ein großer Bereich sind unsere Gebrauchtwarenhäuser an drei Standorten. Mit diesem heute sehr wichtigen Bereich haben wir 1994 ganz klein in Regensburg begonnen. Damals hat das Sozialamt angefragt, ob wir etwas für die Sozialhilfeempfänger anbieten könnten. So hat es angefangen. In der Wöhrdstraße, wo zuvor der Bauhof war, zogen wir mit unserem ersten Gebrauchtmöbelhaus ein. Anfangs war das nur ein Lager für Hilfeempfänger. Irgendwann kamen auch Studenten auf der Suche nach günstigen Möbeln und andere Menschen mit wenig Geld. Schritt für Schritt erweiterten wir, quasi vom einfachen Sozialkaufhaus zum breit aufgestellten Second-Hand-Warenhaus für jedermann. Anfang der 00er Jahre sind wir dann in größere Verkaufsräumlichkeiten umgezogen. Heute können bedürftige Kunden mit einem speziellen Pass auf Rabattbasis einkaufen. Verschenkt werden kann jedoch nichts, schließlich müssen alle Kosten gedeckt werden. Kurz nachdem der Bauhof aufgelöst wurde, ist auch die städtische Sperrmüllabholung eingestellt worden. Seitdem kümmern wir uns auch darum."

Es ist ein kleines wirtschaftliches Kunststück, ein Balanceakt, durch den es der Werkhof Regensburg jedes Jahr aufs Neue schafft, eine ordentliche Bilanz vorzulegen. Dazu gehört die Förderung von Langzeitarbeitslosen und behinderten Mitarbeitenden und zudem ein außerordentlicher Spürsinn für Marktnischen und Bereiche, in denen auch gering- und unqualifizierte Menschen etwas leisten und zustande bringen können. In den 90er Jahren war beispielsweise das Recyceln von Lkws und Nutzfahrzeugen für Länder der dritten Welt ein solcher Bereich. Nach Entstehung eines riesigen Marktes für gebrauchte Fahrzeuge im früheren Ostblock, der wie ein überdimensionaler Staubsauger wirkte, musste der Werkhof aus diesem Geschäftszweig wieder aussteigen und den Bereich zumachen. Der Biervertrieb für die Thurn-und-Taxis-Bauerei und das Recyceln von Fensterglas waren weitere Arbeitsgebiete, die nach einigen Jahren wieder eingestellt wurden. Andere dagegen konnten weiter ausgebaut werden und gehören bis heute zu den vielen Betätigungsfeldern und Sparten, in denen der Werkhof aktiv und erfolgreich ist. Dazu gehören die Zerlege- und Recyclingwerkstatt am Hauptsitz, wo Waschmaschinen, E-Herde und andere Elektrogeräte hergerichtet und wieder instandgesetzt oder ausgeschlachtet werden. In Regensburg haben sich neben den klassischen Handwerksbereichen ein Umzug- und Lieferservice, eine Fahrradwerkstatt, das große Gebrauchtwarenhaus und weitere Abteilungen fest etabliert. Seit 1988 beschäftigt der Werkhof vermehrt auch behinderte Arbeitnehmer und ist seit 2003 von der Regierung als Integrationsunternehmen anerkannt.

Der Werkhof führt Beschäftigungs- und Qualifizierungsmaßnahmen für verschiedene Personengruppen im Auftrag der Jobcenter durch. [Foto: Scheiner]

Bildungs- und Integrationsmaßnahmen

„Zudem bieten wir an allen Standorten verschiedene Bildungs- und Integrationsmaßnahmen an. „Bei »Blickpunkt Beruf« beispielsweise handelt es sich um Kurse für alleinerziehende Frauen, die meist keine Ausbildung haben. Diese wollen wir ins Arbeitsleben zurückführen. Wenn darunter Teilnehmerinnen über nur geringe Deutschkenntnisse verfügen, muss ein Sprachkurs absolviert werden. Darüber hinaus überlegen wir mit den Frauen, in welche Richtung es arbeitstechnisch gehen könnte. Daran setzen wir dann an. Während eines Kurses wird übrigens auch für eine Kinderbetreuung gesorgt." Soweit der Geschäftsführer mit seiner querschnittartigen Zusammenfassung. Die Job-Center in Amberg-Sulzbach, Schwandorf und Regensburg (Stadt und Land) beauftragen den Werkhof auch mit der Durchführung von weiteren Qualifizierungsmaßnahmen: So steht die Integration von Flüchtlingen auf der Tagesordnung, „wir fördern die Integration behinderter Menschen in den beruflichen Alltag und bieten auch Suchtkranken einen schrittweise Wiedereinstieg in den Arbeitsprozess. Daneben werden Arbeitsgelegenheiten (AGH) für Langzeitarbeitslose angeboten, die als unterster Einstieg in den beruflichen Alltag dienen." Begehrt sind Umschulungen, die besonders jüngeren Menschen eine berufliche Lebensperspektive eröffnen, die früher Ausbildungen abgebrochen haben. Diese Möglichkeit gibt es in Regensburg und Amberg-Sulzbach. Menschen in einem Kurs oder einer anderen Maßnahme (z.B. AGH) bedürfen echter Wertschätzung, auch wenn ihre Arbeitsleistung erfahrungsgemäß deutlich geringer ist und Arbeitsverhalten oft erst wieder gelernt werden muss.

Aufschlussreich ist, dass viele Teilnehmer die Maßnahme nach einiger Zeit als wichtig für sich ansehen und positiv gestimmt zur Arbeit kommen. Obwohl sich der Gegenwert, wie bei den AGHs, um einen Euro herum bewegt. Die eigentliche Bedeutung liegt darin, „als mitarbeitender Mensch wieder beteiligt und anerkannt zu sein", beruft sich Seidl auf die Erfahrungen der Meister und Anleiter der Maßnahmen. Diese urmenschlichen Werte, Anerkennung und Mitwirkung, wiegen höher als die tatsächliche Entlohnung. Dadurch können die betroffenen Menschen wieder mehr Selbstvertrauen und ein realistischeres Selbstbewusstsein aufbauen. Das wiederum erleichtert den Wiedereinstieg in den normalen, ersten Arbeitsmarkt erheblich. Bei der letzten Befragung von Mitarbeitenden 2017 schätzten mehr als die Hälfte ihre Chancen auf eine Wiedereingliederung in den Arbeitsmarkt positiver ein als vor der Maßnahme. Vorurteile oder Ressentiments gegenüber diesen Teilnehmern, unter denen auch geflüchtete Menschen sind, darf es beim Werkhof nicht geben. In allen Standorten und Bereichen arbeiten Menschen aus unterschiedlichen Herkunftsländern zusammen. Ein Team zum Beispiel besteht aus Mitarbeitern aus Polen, Bulgarien, Russland und Pakistan neben fünf Kollegen ohne Migrationshintergrund. Die betriebliche Sozialarbeit begleitet diesen Prozess mit den Bereichsleitungen und unterstützt die Integration. Die Solidarität mit Schwächeren zu fördern und deren Eingliederung als gemeinsames Ziel zu definieren ist ein Kernprozess, der fest im ideellen Anspruch der Werkhöfe verankert ist.

Übrigens feierte der Werkhof Amberg-Sulzbach, ein eigenständiges Tochterunternehmen, das mit der Diakonie in Sulzbach-Rosenberg zusammen betrieben wird, letztes Jahr sein zehnjähriges Bestehen. Die Niederlassung in Schwandorf ist nur ein Jahr jünger und feierte 2017.

Info: www.werkhof-regensburg.de

Alle drei Gebrauchtwarenhäuser (GWH) nehmen Sachspenden jeder Art entgegen. In Regensburg gibt es dafür sogar eine Bonuskarte, mit der man mit einer Anzahl von Bonuspunkten auch einkaufen kann. Wer etwas abgeben will, kann das direkt bei einem der GWHs machen. Oder er/sie ruft an und vereinbart eine Abholung. Zu finden sind sie:

Gebrauchtwarenhaus Regensburg
Auweg 22, Tel. 0941/600 939-0
geöffnet von Montag – Freitag 9 bis 17.30 Uhr, Samstag von 10 bis 14 Uhr

Gebrauchtwarenhaus der Niederlassung Schwandorf
Hertzstr. 12, Tel. 09431/3999 657
geöffnet von Montag bis Freitag von 9 bis 17 Uhr

Gebrauchtwarenhaus Sulzbach-Rosenberg
Hauptstr. 40, Tel. 09661/814 890
geöffnet von Montag bis Freitag von 9 bis 17.30 Uhr

Benno Hurt

„Alles lief nach Traum"

Schnee Elfen Herz – das Romandebüt der Regensburgerin Sanja Schwarz

„Ein Teil von mir schien sich rasend schnell zu verändern. Ich wusste nicht, was los war oder warum mein Leben seit meinem 17. Geburtstag Stück für Stück in sich zusammenfiel … Mir lief die Zeit davon." – Ein Prolog, der aufhorchen lässt. Für einen im Jugendbuchprogramm der renommierten S. Fischer Verlage erschienenen Roman. „Schnee Elfen Herz" und seine junge Verfasserin nennt sich Sanja Schwarz und ist in Regensburg geboren.

Man fühlt sich am Anfang des Buchs fast an die jugendliche Sagan erinnert, an ihr „Bonjour Tristesse": „Ich zögere, diesem fremden Gefühl, dessen sanfter Schmerz mich bedrückt, seinen schönen und ernsten Namen zu geben: Traurigkeit." – „Mit jedem Schritt entfernte ich mich weiter vom Licht … verschluckte mich die Dunkelheit ein wenig mehr, doch Angst hatte ich keine: Ich hieß sie willkommen", heißt es bei Sanja Schwarz, deren weibliche Protagonistin sich Sira nennt.

Sira war zwei Jahre alt, als ihr Vater starb, und ihre Mutter nahm sich fünf Tage nach ihrem 13. Geburtstag das Leben. Sie wächst gutbehütet bei Onkel und Tante auf. Aus dem an sie adressierten Abschiedsbrief erfährt sie, dass der Suizid ihrer Mutter eine Verzweiflungstat war;

auf merkwürdige Weise scheinen ihr Vater und sie damit verbunden …

Die ersten 50 Seiten des vom Umfang her schmalen Romans handeln von einer rätselhaften Ich-Veränderung seiner Heldin. So nehmen ihre „verwaschen schimmernden hellblauen Augen" plötzlich die „fast schwarz" wirkenden des Vaters an. Auch wenn „Schnee Elfen Herz" erkennbar ein Fantasie-Buch ist, schreibt der Leser die beunruhigend changierende Identität seiner Heldin nicht dem Genre Fantasy-Roman zu. Durch die gekonnt schlichte Schilderung alltäglicher Szenen gewinnt Sira immer wieder „sicheren Boden unter den Füßen".

Dass sie sich schließlich doch von ihren Ersatzeltern verabschiedet „… aber ich muss weg …", um halb Mensch, halb Elfe zu sein, um sich in Turak, den Sohn des Schneeelfenkönigs zu verlieben, mag ein in die Jahre gekommener und am Lakonismus der amerikanischen Literatur geschulter Rezensent bedauern. Vergessen wir nicht: Auch die junge Sagan entfernte sich aus ihrem Quartier Latin, an die Riviera, nach Cannes. Den jüngeren Leser, nein, nicht nur ihn, erwartet „eine Liebesgeschichte so zart und schön wie eine Schneeflocke", verrät der Klappentext.

Gibt es ein Buch hinter dem Buch? Eine Zweitschrift, die nur darauf wartet, geschrieben zu werden, in der sich Sira wieder zurückverwandelt? Ich hoffe es. Und wer ist diese Regensburgerin, die sich „Sanja Schwarz" nennt? Sie ist die Tochter des bekannten Journalisten Heribert Prantl, der in „Tageszeitungsartikeln" gültige Prosa schreibt.

Benno Hurt

„Regensburg ist für mich meine Oma-Stadt."

Ein Gespräch mit Anna Prantl

Ihr Vater, Heribert Prantl, der Journalist, ist täglich gegenwärtig in der SZ und im Fernsehen. Verfolgen Sie das?
Manchmal ja, manchmal nein. Ich bin ja kein Groupie. Und viel von dem, was er macht und denkt, kriege ich schon mit, bevor es in der Zeitung steht.

Überrascht Sie das, was Ihr Vater da sagt? Sind Sie als Tochter meistens seiner Meinung oder haben Sie manchmal eine andere Sicht auf die Welt?
Die Tagespolitik interessiert mich weniger. Die beschäftigt sich nicht unbedingt mit den Problemen, die die Menschen wirklich haben.

Ihr Vater war einige Jahre Staatsanwalt und Richter. Können und mögen Sie sich ihn in Robe vorstellen? Wie er als Ankläger für einen Straftäter Gefängnisstrafe fordert oder als Richter eine solche Strafe im Namen des Volkes verkündet?
Das sind Rollen, die man spielt. Wichtig ist nicht die Robe, sondern der Mensch in der Robe. Und ein politischer Publizist und Kommentator ist ja bisweilen auch so eine Art Staatsanwalt oder Richter, ganz ohne Robe.

Heribert Prantl, eine Person des öffentlichen Lebens, und Heribert Prantl privat, unter Ausschluss eben dieser Öffentlichkeit: Geht das ineinander über oder hat das eine mit dem anderen wenig zu tun?
Natürlich geht das ineinander über. Es wäre ja sehr komisch, wenn man sich zweiteilen könnte oder zerreißen müsste wie das Rumpelstilzchen.

Berufsbedingt ist Ihr Vater viel auf Reisen. Wünschen Sie sich, er hätte mehr Zeit für Sie, seine Tochter?
Jetzt ist das nicht mehr so wichtig. Als ich Kind war: Ja.

Was verbindet Sie mit Ihrem Vater am engsten?
Die Liebe zum Schreiben.

Warum nennt sich die Verfasserin von „Schnee Elfen Herz" Sanja Schwarz? Könnte es sein, dass Anna Prantl ihren wortgewaltigen Vater in diesem Zusammenhang als Belastung empfindet?
Ich muss meinen eigenen Weg gehen. Das ist mit einem Pseudonym leichter.

Ist „Schnee Elfen Herz" Ihr erstes Buch oder haben Sie bereits andere, unveröffentlichte Prosa geschrieben?
Es gibt noch eine Handvoll Texte, die Buchcharakter haben. Die ruhen im Computer. Einige davon schreibe ich gerade um.

Was sind Ihre literarischen Vorbilder?
Ich liebe Bilder mehr als Vorbilder.

„Schnee Elfen Herz" ist ein Roman, der durchaus realistisch beginnt und über eine gewisse Strecke auch so verläuft, bevor er in das Genre Fantasy-Roman flüchtet. Wollten Sie auf diese Weise verhindern, dass der Leser Ihnen, die Sie wohl die Protagonistin des Romans sind, zu nahekommt?
In jeder Figur, die man schildert, steckt was von einem selber. Man gibt etwas von sich preis, und man versteckt sich auch wieder. Man arbeitet so mit sich und an sich selbst.

Als Leser von „Schnee Elfen Herz" habe ich die Hoffnung, dass Sie das Thema des Buchs noch einmal aufnehmen werden, mit Fantasie zwar, wie es sich für ein Werk der Dichtung gehört, aber mit mehr Hinwendung zu dem, was wir Wirklichkeit nennen. Ist das für Sie vorstellbar?
Ja, es ist ein Abenteuer. Man muss sich darauf einlassen – und schauen, ob und wie man das Abenteuer besteht.

In „Schnee Elfen Herz" verliert die Heldin sehr früh ihre Eltern; zuerst stirbt der Vater, dann nimmt sich die Mutter das Leben. Von Schuld ist dabei die Rede, die irgendwie auf Vater und Tochter lastet. Später, so sehe ich es, erscheinen die Eltern wieder, verwandelt in außerirdische Wesen. Wollten Sie als Autorin bewusst hier etwas „verrätseln"? Hat das mit Ihrer Familie zu tun?
Nein. Ich habe hier versucht, eine eigene Welt zu konstruieren.

Ich glaube, dass jeder gute Roman auf die eine oder andere Weise vom Verfasser „erlitten" worden ist. Ich habe das „Selbstausbeutung" genannt. Mehr noch als das persönliche Glück scheint mir das persönliche Leid der Stoff für große Romane zu sein. Sie waren schwer krank. Können Sie sich vorstellen, dass die Erfahrungen mit Ihrer Krankheit Ihr zukünftiges Schreiben mitbestimmen?
Das gehört zu den Abenteuern, von denen ich sprach. Ich bin mir nicht sicher, was es mit einem macht, wenn man über seine Leiden schreibt – über Leiden, die auch und vor allem körperlicher Natur sind. Und manchmal frage ich mich, ob das jemanden interessiert; und ob ich selber überhaupt will, dass das jemanden interessiert. Darauf muss ich mir selber noch antworten.

Sie sind in Regensburg geboren. Haben Sie immer da gelebt? Was erwarten Sie von Regensburg? Etwas, das München nicht hat?
Nein, ich bin schon als kleines Kind mit Eltern und Schwester nach München gezogen. Regensburg ist für mich meine Oma-Stadt. Das macht für mich den Zauber der Stadt aus.

„Schnee Elfen Herz" ist in der Jugendbuchabteilung des S. Fischer Verlags erschienen. Haben Sie beim Verfassen des Romans wirklich an Jugendliche als Ihre Leser gedacht?
Ja und Nein. Vor mir sitzt beim Schreiben keine Leserin und kein Leser, kein Jugendlicher, kein Erwachsener. Ich erschaffe mir eine Welt. Und wenn sie fertig ist, bin ich gespannt, wer sie betritt.

Anna Prantl [Foto: privat]

Michael Scheiner

„Hallo, geht es Euch gut? Mir schon!"

Erinnerungen an Lu Teichmann-Schneider

Wiener Musiker haben sie besungen, Polt und die Geschwister Well gar ein ganzes Album über sie gemacht. „A scheene Leich" war auch die Trauerfeier für Lu Teichmann im letzten Februar ganz ohne Zweifel. Die Kapelle auf dem Regensburger Dreifaltigkeits-Friedhof war gesteckt voll mit Freund*innen, Bekannten und Weggefährt*innen aus vielen Jahrzehnten und Lebensabschnitten der vielseitig interessierten Menschin und kreativen Frau. Sie war schon hoch in den 70ern, als sie begonnen hat, für den Almanach zunächst über das traditionsreiche Familienunternehmen Rothdauscher zu schreiben und im vergangenen Jahr die Geschichte des Jazzclubs in Kneiting aufzuarbeiten. Den Club hat sie von 1978 bis 1983 mit ihrem Mann gemanagt, dem Musiker Uli Teichmann, neben dem Dasein als Mutter zweier Söhne.

Bei der bewegenden Feier zu ihrem Abschied spielte Uli Teichmann auf dem Saxofon Lieblingsstücke seiner Frau, mit der er auch nach ihrer Trennung immer verbunden geblieben war. Die Söhne Hannes und Andi, die Gebrüder Teichmann, gaben ihrer Mutter eine wunderbar ruhige Komposition elektronischer Musik mit auf den Weg. Von ihrer Freundin Anita Dechamps wurde ein Gedicht eingespielt, das diese zu ihrem 80. Geburtstag geschrieben hatte. Es gab der Trauerfeier einen Schubs Fröhlichkeit, der gut zu Lu Teichmann passte:

Nein, liebe Lu, Du bist nicht zwanzig.
Zwanzig sein ist langweilig.

Du, fliegst von New York nach Sankt Petersburg,
Jagst mit der Kamera die Baustellen von Regensburg,
Dank deinem Teppich schwebst du nach Israel,
Sorgst auch für die Rheumaheilung an der Havel,
Mit Kinderwagen an der Spree gehst Du spazieren,
Mit dem Fahrrad in Kreuzberg auch voltigieren.
Jungen Berlinerinnen in der Disko
Klaust Du ohne Problem die Show,
Deine Jungs am Pult sind mächtig stolz,
Ihre Mama ist kein altes Stück Holz.

Nein, liebe Lu, Du bist nicht zwanzig,
Zwanzig sein ist langweilig.

Mails schreiben ist nicht nur für Andere trendy,
Und unterwegs bist du auch mit Deinem Handy.
Deine Devise scheint: immer dabei sein,
Aber Achtung! Mittagschlaf muss sein.

Eigentlich ist der Kneitinger Keller
Doch gar nicht so lange her.
Uns Künstler mit Schmalzbrot zu versorgen,
Und gleichzeitig um deine Kinder zu sorgen,
Bleibt für mich eine der schönsten Erinnerung,
Und nicht der letzte Beweis Deiner Hingebung.

Nein, Du bist nicht zwanzig
Und bist oft witzig.

Zusammen vergleichen wir nicht nur Enkelkinderporträte
Sondern auch die Vorzüge und Nachteile unserer Hörgeräte.
Klar, tun an manchem Tag die Gelenke weh,
Auch der Blick zurück tut manchmal weh,
Aber während Andere am Rollator im Park flanieren,
Gehst Du über Berg und Tal in die Welt marschieren.

Nein, liebe Lu, Du bist nicht zwanzig,
Denn zwanzig wäre DIR langweilig.

Sekretärin, Psychologin, Germanistin, Mutter und „freischaffende Rentnerin"

In einem Nachruf, den ich kurz nach dem Tod von Lu Teichmann am 30. Dezember 2016 für die regionale Tageszeitung Mittelbayerische Zeitung schrieb, habe ich versucht ähnliche persönliche Eindrücke und Lebensdaten dieser bemerkenswerten Frau anschaulich zu verbinden: Es war am zweiten Weihnachtsfeiertag 2012 im ehemaligen Gloria-Kino, einem Club. Gemeinsam mit dem Autor trieb Lu Teichmann bei einem Auftritt ihrer Söhne, den Gebrüdern Teichmann, den Altersdurchschnitt in der Disco spürbar nach oben. Die „freischaffende Rentnerin", wie sie sich mit Humor und feiner Selbstironie selbst bezeichnete, war damals immerhin schon 77 Jahre alt. Alterstypische Erscheinungen wie frühes Zubettgehen waren ihr fremd, lediglich

Lu Schneider 1963.
[Foto: privat]

die Lautstärke machte ihr ab einem bestimmten Level zu schaffen. Luise Teichmann-Schneider war immer stolz auf ihre Söhne. Seit ihren Anfängen als rebellische Punkmusiker hatte sie an deren Entwicklung immer lebhaften Anteil genommen. Auf ihrer Facebook-Seite, die sie seit 2011 betrieb, konnte man das mitverfolgen. Ebenso anhand vieler Themen aus Philosophie, Ethik und aktueller Politik, mit denen sie sich beschäftigte. Noch im November 2016 legte sie ihren FB-Freunden eine sechsteilige Radiosendung über „Das Kapital – Aktuelle Brisanz der Marxschen Kategorie" ans Herz.

Lu Teichmann hatte selbst Philosophie und Germanistik studiert, nachdem sie 1955 mutterseelenallein aus der DDR nach Würzburg gekommen war. Gearbeitet hat sie dann allerdings als Arzt- und Redaktionssekretärin für ihren damaligen Mann, mit dem sie Mitte der 60er Jahre ins turbulente München gezogen war. Eine selbstbewusste und gescheite Frau, wie sie es war, konnte das auf Dauer nicht ausfüllen. Mit 35 begann sie deshalb erneut ein Studium, diesmal Psychologie, denn „ich wollte mein Berufsleben nicht als Sekretärin beenden!" Die Ehe ging den Bach hinunter, Luise machte ihr Diplom und heiratete den fast zehn Jahren jüngeren Diplomphysiker Ulrich Teichmann.

Mehr als nur die Wirtin vom Jazzclub Kneiting

Kurz darauf wurde ihr erster Sohn Andi geboren, Hannes folgte vier Jahre später. In München hatten es beide schwer, Arbeit zu finden. Der 68er-bewegte Ehemann Uli spielte damals schon lieber Saxofon, als mit Quarks und Co. Zudem waren sie sich einig, dass ihre Kinder mit mehr Freiraum und Bewegungsmöglichkeiten als in der Großstadt aufwachsen sollten. Bei einem Auftritt Ulis im jungen Jazzclub Kneiting erfuhren sie, dass der Club zu vergeben ist. Kurz entschlossen stiegen sie in den Pachtvertrag ein, den ihnen der junge Heinrich Prössl als Nachfolger seines eher konservativ gesonnenen Vaters angeboten hatte. Fünf Jahre lang führten sie Club und Gasthaus. Lu Teichmann als Wirtin für die Dorfleute, Uli managte oben im ersten Stock den Club im früheren Festsaal. Zusammen brachten sie mit Musikern aus den USA, aus Afrika und Japan buchstäblich die Welt ins ländlich-provinzielle Idyll vor den Toren Regensburgs. Noch bis wenige Jahre vor ihrem Tod ist Lu bei ihren Einkäufen auf dem Samstagsmarkt von Kneitinger Gemüsebauern mit „Na Wirtin, wie geht's?" begrüßt worden.

Nachdem die Teichmanns den Club in Kneiting schließen und die Pächterwohnung verlassen mussten, kamen sie nach Regensburg. Hier zogen die musikalischen Söhne bald mehr Aufmerksamkeit auf sich als der Vater. Bei den Regensburger Eltern fand Lu Teichmann eine Arbeit, die ihrer Qualifikation entsprach. Hier förderte sie Schulkinder mit Lernproblemen, löste sich aber nach einiger Zeit aus dieser Anbindung und arbeitete freiberuflich als Psychologin in eigener Verantwortung weiter. Um „endlich frei von zu viel Verantwortung" zu sein, wie sie es selbst beschrieben hat, ließ sie sich in den 90er Jahren scheiden. Der Kontakt zu Uli, ihrem dann Ex-Mann, riss dennoch zeitlebens nie ab. Aber Lu hatte noch eigene Pläne und die konnte sie alleine besser verfolgen. Seit jeher gehörten eine offene, lebensbejahende Neugierde und freundliche Entschiedenheit zu ihren hervorstechenden Eigenschaften. Bis ins 73. Lebensjahr arbeitete sie weiterhin in ihrem Beruf. Da hatte sie auch längst wieder mit dem Malen angefangen, wie sie es als Heranwachsende mit großer Leidenschaft getan hatte. Mit den Ergebnissen war sie allerdings nicht mehr zufrieden. Zitat: „Es dauerte fast 30 Jahre bis ich mir wieder erlaubte, einen Pinsel in die Hand zu nehmen. Das Aquarellmalen faszinierte mich, die Ergebnisse blieben aber bis auf geringe Ausnahmen, weit hinter dem zurück, was ich ausdrücken wollte." Lu verlegte sie sich aufs Fotografieren, belegte Kurse und begann auszustellen. Zitat: „Dabei spürte ich, dass Fotos Vergängliches festhalten können, was sonst einfach verloren geht. So fand ich Freude an der dokumentarischen Fotografie." Diese trieb sie dazu, die ortsprägende Kleingartenanlage „Walhalla" an der Frankenstraße in einer umfangreichen Serie von Bildern festzuhalten, bevor sie durch den Neubau eines Baumarktes zerstört und ausgelöscht wurde. 2012 präsentierte das Naturkunde-Museum eine Auswahl unter dem Titel „Walhalla – eine verlassene Kleingartenanlage", die anschließend vom Immobilienunternehmen Schmack jun. GmbH angekauft wurde.

Neben Bildern in Büchern und als Plattencover hat sie auch immer wieder Motive in ihrer Timeline gepostet. Über einen Beitrag zu einem Gedenkbuch für den 2007

Verschmitzt lächelnd – so kannte man Lu Teichmann. [Foto: privat]

verstorbenen Künstler und Maler Wolfgang Grimm kam sie, 75-jährig, zum Schreiben und publizierte verschiedene Beiträge, darunter die zuvor erwähnten im Regensburger Almanach. Den letzten Beitrag über „das Leben auf dem Land zwischen 1978 und 1983" in Kneiting, konnte sie nur mit großen Mühen fertigstellen. Monate zuvor war bei ihr Krebs diagnostiziert worden. Während sie sich einer Chemotherapie unterzog, recherchierte sie unermüdlich, wenn sie sich kräftig genug fühlte und verfasste den Text. Bei der Vorstellung des Buches im Oktober wirkte sie lebendig und einigermaßen zu Kräften gekommen, dabei herzlich und einnehmend, wie viele sie kannten. Noch am 23. November 2016 postete sie optimistisch bei ihrem Sohn auf dessen FB-Seite: „Hallo, geht es Euch gut? Mir schon!" Einen Tag vor Silvester dann ist die kleine Frau, die einen immer mit zurückgelegtem Kopf lachend begrüßte, im Beisein ihrer Söhne, deren Familien und ihres Ex-Mannes in Berlin aus dem Leben gegangen. Klug eingefädelt, wie so vieles, was Lu Teichmann, die es nie zuließ, dass man auf sie herabblickte, in ihrem vielschichtig bunten Leben zu Stande gebracht hat.

Harald Raab

Vor 50 Jahren marschierte der Handstand-Lucki von Regensburg nach Rom

– selbstverständlich auf den Händen

Die Spezies Originale ist in unserer durchrationalisierten Leistungswelt weitgehend ausgestorben. Früher hatte jede Stadt, ja jedes Dorf ein Original – Menschen, die sich gesellschaftlichem Normverhalten entzogen haben. Gerade deswegen erhielten sie Aufmerksamkeit und oft auch Anerkennung. Erst recht ist eine doppelte Karriere als Original so gut wie unbekannt.

Aber halt, gibt es da nicht den Lucki mit seinen Hosenträgern und grell bunten Hemden in der Kultsendung „Bares für Rares" im Zweiten Deutschen Fernsehen? Ist das nicht der Handstand-Lucki aus längst vergangenen Regensburger Tagen? Der spazierte im Handstand in schwindelnder Höhe auf den Firsten der Altstadthäuser und auf den Zinnen der Geschlechtertürme herum. In eben dieser ungewöhnlichen halsbrecherischen Position besuchte er die altehrwürdige Walhalla – auf deren morschem Dachgesims. Und ist der Lucki mit seiner nur 155 Zentimeter messenden Körpergröße vor genau 50 Jahren nicht zur ungewöhnlichsten Pilgerreise aller Zeiten aufgebrochen: 1070 Kilometer in drei Monaten vom Regensburger Dom St. Peter zum Petersdom in Rom? Auf den Händen – versteht sich.

Sein eigenes Gesamtkunstwerk

Ja, der Ludwig Hofmaier ist's: der Regensburger Handstand-Lucki und der Trödel- und Antiquitäten-Lucki sind ein und dieselbe Person, ein Mensch aus Regensburg, beziehungsweise aus Saal an der Donau, der sich zweimal als Original stilisieren konnte. Legende und reales Leben bilden bei ihm bereits ein nicht zu entwirrendes Gesamtkunstwerk, wie es sich für ein richtiges Original gehört, zumal für ein Original in doppelter Ausführung. Die Leute lieben es, Geschichten über solche seltenen Zeitgenossen zu hören und zu erzählen. Dass dabei auch einiges dazufabuliert wird – umso besser für die G'schicht'.
Heute lebt der Ex-Bundeswehrunteroffizier, bayerischer und deutscher Turnmeister, Ex-Hofnarr der Narragonia, Ex-Gaststätten- und Diskothekenbesitzer, Weltmeister im Handstandlaufen, neuerdings Fernsehstar und noch immer aktiver Sammler und Händler vornehmlich volkskundlich interessanter Antiquitäten im badischen Offenburg. Allein dieser Aspekt eines bunt-bewegten Lebens wäre eine eigene Geschichte wert.

Kleine Menschen haben die Leiter erfunden

Sie mussten schon immer etwas ganz Besonderes leisten, um von ihren Mitmenschen Respekt zu bekommen, gar

Lucki Hofmaiers Haus in Offenburg gleicht einer Wunderkammer für Antiquitäten. [Foto: Harald Raab]

Der Lucki als junger Turner an den Ringen. [Foto: privat]

Bewunderung. So erging es auch dem 1941 in Saal an der Donau geborenen Ludwig Hofmaier. Hätte er sich nicht von Kindesbeinen an vorgenommen, ein wahres Energiebündel mit außerordentlichen sportlichen Fähigkeiten zu werden, so hätte er den Beruf eines Schneiders erlernen müssen, wie sein Vater einer war. Sicher ein gefragter Schneider für Herrenanzüge, aber eben nur ein Nadel-und-Faden-Knecht mit viel Sitzfleisch. „Acht Kinder war ma. Der Vata hat gut für uns gesorgt. Er hat Anzüge gnaht. Da hat oana 150 Mark kost. Des war damals vül Geld", erinnert sich Ludwig Hofmaier heute.

Sitzfleisch, das hatte der Lucki aber nicht. Doch so ganz aus der Art geschlagen ist der kleine Junge auch nicht. Früher waren ehrbare Handwerker wie Ludwigs Vater auch gesellschaftlich engagiert. Er war im Turnverein und hielt seine Kinderschar früh zu sportlichen Aktivitäten an. In Ludwig Hofmaiers Fotoalbum befindet sich dazu ein Beleg. „Des is mei Vata und daneben, des bin i", sagt er und zeigt auf ein vergilbtes Foto. Beide haben sie einen Siegerkranz auf dem Kopf. Das war beim deutschen Turnfest 1956 in Frankfurt am Main. „Mei Vata war a guada Turner. Mei Mudda war a excelente Schwimmerin. Die is die Donau nur so rauf und runter g'schwomma."

Früh übt sich ...

… was ein Handstandgeher und tüchtiger Geschäftsmann werden will. Der Lucki führte seine Kunststücke auf der Straße vor und kassierte dafür so manches Zehnerl. Dass er dann auch auf dem Dachfirst des elterlichen Hauses einen Handstand probiert hat, zeigt, dass er hoch hinaus wollte. Doch vorerst blieb er auf dem Boden. Er holte an den Ringen, am Pferd und am Barren zwar so manche Meisterschaft. Im Bodenturnen machte ihm jedoch keiner was vor. Am Pferd ist der drahtige Lucki der erste Deutsche, der den Yamashito-Salto, benannt nach dem gleichnamigen Japaner, zustande brachte.

Zu einer Karriere als sportliches Ausnahmetalent und Original gehört neben brennendem Ehrgeiz auch Glück. Das war dem Lucki beschieden, als er bei der Regensburger Faschingsgesellschaft Narragonia als Hofnarr angeheuert hatte. So einen Spaßmacher hatten die Tollitäten wahrlich noch nicht. Er marschierte ihnen bei diversen Einzügen auf den Händen voraus und absolvierte bei Prunksitzungen und Bällen so manches turnerische Kunststückchen.

Es war bei einer Narragonensitzung im Ratskeller. Oberbürgermeister Rudolf Schlichtinger forderte den jungen Hofnarren auf: „Geh, Lucki, zoag uns mal deinen Hand-

Lucki als Hofnarr bei den Regensburger Narragonen.
[Fotos: privat]

stand." Es kam zu einem Disput darüber, wie weit der wohl auf den Händen gehen könnte. „20 Kilometer, die gang i scho", erwiderte der bei seinem sportlichen Ehrgeiz Gepackte. „Wetten, dass ..."

Lucki marschierte also von Saal nach Regensburg, auf der Landstraße. Die Autofahrer wunderten sich über den kopfüber am Straßenrand dahin laufenden Handstandgeher. In der Mittelbayerischen Zeitung stand zu lesen: „Zwei Paar Handschuhe lief der 22-jährige Bundeswehrsoldat und Hofnarr der Narragonia Lucki Hofmaier an diesem Wochenende durch. Am Donnerstag um 18 Uhr startete er in Saal, um auf Händen die 20 Kilometer zurückzulegen. Am Ziel, wo er völlig erschöpft eintraf, konnte er 500 Mark kassieren, den Lohn einer ungewöhnlichen Wanderschaft und den Preis einer gewonnenen Wette."

„vom Kelch des Ruhmes genippt"

Lucki hatte vom Kelch des Ruhmes genippt. Jetzt wollte er mehr. Vor allem deswegen, weil man ihn dazu herausforderte. Lucki Hofmaier war Tagesgespräch in Regensburg. „Beim Kneitinger samma zammgsessen", erinnert er sich an den zweiten Ansporn zu sportlichen Großtaten. Lucki hatte gerade vom Weltrekord im Handlaufen über 100 Kilometer gelesen. „Des ko i a", verkündete er. Ein Geschäftsmann versprach ihm 2000 Mark, wenn er diesen Rekord brechen könnte. Von Regensburg nach München, das würde reichen und genügend Aufmerksamkeit erregen.

Ein Regensburger in München

Gesagt, getan. In Etappen von rund 20 Kilometern pro Tag ging es kopfüber auf die Walz. „I bin so einen, zwei Kilometer am Stück gangen. Dann abgesetzt, damit der Kopf wieder frei wurde und so ging es weiter. Wir hatten einen Caravan dabei, dort hab i gschlafen. Insgesamt waren es 48 Stunden reine Gehzeit in 13 Tagen." Am 26. Oktober 1964 marschierte Lucki auf dem Münchner Marienplatz ein. Im Rathaus wurde der Handgeher von Oberbürgermeister Jochen Vogel empfangen. Der Handstand-Lucki war nun ein richtiger Weltmeister.

Wie es sich für so eine sportliche Berühmtheit gehört, wurden große Pläne geschmiedet. Die Spitze des Eiffelturms in Paris um Luckis 155 Zentimeter zu verlängern, das wäre es, oder gar das damals höchste Gebäude der Welt, das Empire State Building in New York. Doch erst musste der Handstand-Lucki Geld verdienen. Er vermietete sein attraktives Können bei Werbe-Events. Er kletterte auf Händen auf hohen Dächern und Türmen herum, machte Handstand auf Dachrinnen in schwindelerregender Höhe. Die Oberpfälzer Nachrichten schreiben über eine dieser Veranstaltungen: „Eine besondere Attraktion zur Eröffnung brachte das Schuhhaus Daxl mit der Verpflichtung des Weltmeisters im Handgehen, Ludwig Hofmaier. Schon am Vormittag zeigte Lucki den Weidenern seine Kunststücke, als er, auf den Händen auf dem Dach eines Daxlautos stehend, durch Weiden fuhr. Der Höhepunkt allerdings war, als Lucki auf das Dach des oberen Turms stieg und dort mit seinen Kunststücken die zahlreichen Zuschauer begeisterte."

Der Handstand-Lucki ist jetzt ein gefragter Mann. Die Fox-tönende-Wochenschau berichtet über ihn. Im ZDF-Sportstudio bei Harry Valérien tritt er zusammen mit dem bekannten Fußballspieler Karl Heinz Schnellinger und dem ehemaligen Europameister der Berufsboxer, Bubi Scholz, auf. In Peter Frankenfelds Fernsehshow „Und ihr Steckenpferd" läuft er eine ganze Sendung lang auf Händen durchs Studio.

Da man in Paris den Handstand auf dem Eiffelturm verweigerte, und es nach New York damals für einen wie Lucki doch zu weit war, musste eine andere Krönung der Handgeherlaufbahn her: eine Pilgerreise auf den Händen zum Papst nach Rom. Das hat noch niemand gemacht. Das ist für einen frommen Katholiken aus Regensburg schon das Höchste der Gefühle.

Andiamo a Roma!

Am 21. April 1967 war es dann so weit. Der Regensburger Domplatz war schwarz von Menschen. Polizisten mussten den Verkehr regeln. Fernsehreporter aus aller Welt waren angereist. Der Lucki streifte sich ein Paar Handschuhe über, das erste von 200, die er auf dem Handmarsch in die Ewige Stadt durchlaufen sollte. Den Handschutz hatte ihm die österreichische Handschuhfabrik Moser speziell für den langen Marsch nach Rom angefertigt, mit einer besonderen Polsterung für die Handflächen und die Fingerspitzen.

Unter dem Beifall der Menge ging es los. 1070 Kilometer in drei Monaten auf den Händen. Regensburger Geschäftsleute hatten für das außergewöhnliche Unternehmen 15 000 Mark zur Verfügung gestellt. Der Regensburger Fernsehreporter Fritz Stegerer reiste dem Lucki immer wieder hinterher, um dem Publikum daheim zu zeigen, wie weit es der ungewöhnliche Pilger geschafft hat: bei Mittenwald über die bayerisch-österreichische Grenze, über den Brenner, durch die norditalienische Ebene, über den Apennin. Auch die Illustrierte Quick und andere Blätter brachten Reportagen über den sportlichen Handstand-Pilger.

Und dann endlich Einmarsch auf dem Petersplatz in Rom. „Da bin i an den Wachen vorbei in den Vatikan nei. Da war der Papst. Um den bin i im Handstand einmal herum. Er hat mir den Segen geben und gesagt: ‚Das ist ein Wunder, was Sie da machen'." Noch heute leuchten die Augen und seine Stimme wird feierlich, wenn er davon berichtet.

Aber warum gibt es davon keine Fotos? Lucki hat eine Erklärung, in der Mythos und Realität verschmelzen und eine gute Geschichte ergeben. „Des war ganz privat. Da waren nur der Papst, ein Monsignore und i. Da hat koana dabei sein dürfen."

Es ist vieles im Leben eine Frage des Glaubens. Warum soll es beim Lucki anders sein. Jedenfalls wurde diese einmalige und wahrscheinlich nicht zu toppende Pilgerreise nicht ins Guinness-Buch der Rekorde eingetragen. Die Meisterleistung fand nicht unter den gestrengen Regeln der Guinness-Rekordwächter statt. Egal – das Unternehmen Rom-Pilgerschaft auf den Händen war ohne Frage auch eine PR-Meisterleistung.

Hals über Kopf

Ist es überhaupt physisch und aus medizinischer Sicht möglich, so lange Strecken mit dem Kopf nach unten zu bewältigen? Lucki hat auch dafür eine Erklärung: „Mit Kopf nach unten zu gehen, wird zur Gewohnheitssache. Man geht ja wieder runter, dann erholt sich der Körper. I hab scho gwusst, wann in aufhörn muaß."

Doch es gibt genügend andere Beweise, dass dem Handstand-Lucki Extremsportleistungen zuzutrauen waren. Der Lucki wurde nämlich auch Filmstar. Dabei wurden seine außerordentlichen Leistungen, sein Wagemut und seine Geschicklichkeit als Handstandgeher in großen Höhen für immer mit der Kamera festgehalten.

Da war Glück für Ludwig Hofmaier und Pech für einen Profi-Darsteller mit im Spiel. Der Regensburger Werbe- und Experimentier-Filmemacher Wendl Sorgend drehte 1966 einen Kino-Film mit dem Titel „Play Harlekin". Gezeigt wird die kulturgeschichtliche Entwicklung und Bedeutung der Harlekinfigur in der Theaterhistorie und im öffentlichen Bewusstsein. Der unangepasste Spaßmacher als Störer aller öffentlichen Ordnung. Gleich am ersten

Der Handstand-Lucki schaut sich in Florenz den David vom Michelangelo an, aber der David den Lucki nicht. [Foto: Quick]

Endlich auf dem Petersplatz in Rom. Ein Monsignore wundert sich über den seltsamen Pilger, den Handstand-Lucki aus Regensburg. [Foto: Quick]

Drehtag brach sich der Harlekin-Darsteller Werner Saladin beide Fersenbeine an. Ersatz musste her. So kam der Handstand-Lucki ins Spiel.

Regisseur Sorgend preist noch heute den Lauf des Schicksals. Lucki trug mit seiner atemberaubenden Akrobatik hoch über der Altstadt Regensburgs zum Erfolg des Filmes wesentlich bei. Und das alles ohne Netz und ohne Sicherungsseil. Lucki sagt in der für ihn typischen Mischung aus Selbstinszenierung und Bescheidenheit: „Des macht heit koana mehr. Die san alle an Seilen og'hängt. I hab des verweigert. I hab g'sagt: Des will i net. I muss alles frei macha. I hab unterschreiben müssen, dass i des da droben auf eigene Verantwortung tua. Wenn i abstürz, dann bin i tot. Da gibt's nix mehr." Professor Sigmund Entleutner hat 30 Jahre später ein „Regensburger Film-Bilder-Buch" über die Play-Harlekin-Produktion verfasst. In der Cineasten-Szene ist der Streifen mit seiner raschen Schnittfolge noch immer Kult.

Nicht ganz so erfolgreich war Ludwig Hofmaier als Gastronom. Auf diesem rutschigen Parkett war er nicht so standfest wie als Handstandakrobat. Er übernahm in Regensburg gleich drei Lokale, die Kongo-Bar am Neupfarrplatz, das Aquarium in der Pfarrergasse und die Arco-Bräu-Stuben in der Adolf-Schmetzer-Straße. Zuletzt kam noch eine Land-Diskothek in Steinberg dazu. Dort traten damals berühmte Interpreten des Musik- und Showgeschäfts auf. Doch so gut scheint dem Lucki dieser geschäftliche Drahtseilakt inklusive Höhenflug nicht bekommen zu sein. Mit den Einnahmen balancierte der Sportsmann nicht so sicher wie auf den Dächern herum. Darüber spricht der Lucki nicht gern. Er hat wohl eine veritable Pleite hingelegt.

Zeit, sich als Original neu zu erfinden.

Dabei half ihm seine Offenburger Lebensgefährtin. Ludwig Hofmaier wurde Antiquitätenhändler. Der Geschäftsmann verließ die heimischen Gefilde, übersiedelte Anfang der 70er Jahre zu seiner Freundin nach Offenburg und etablierte sich als Antiquitätenhändler. Auch da zahlte er zuerst einmal Lehrgeld, wurde mit der Zeit aber ein gewiefter Händler auf Flohmärkten und Antiquitätenmessen in Deutschland, von Garmisch bis Hamburg, in Holland und in Belgien.

Sein Haus in der Offenburger Grimmelshausenstraße ist die reinste Wunderkammer, vollgestopft mit Bierkrügeln, Heiligenfiguren, Votivbildern, geschätzten 500 Hampelmännern an den Wänden, alten Möbelstücken und Kinderspielzeug. Im ersten Stock ist sein Lieblingsplatz auf einem roten Sofa. Hinter ihm tummelt sich eine munter musizierende Engelschar auf einem Stuckfragment aus einer barocken Kirche.

Es war 2013 als das ZDF Casting-Leute ausschickte, um ein Händlerteam für die Sendung „Bares für Rares" mit Horst Lichter zusammenzustellen. Auf dem Bonner Trödelmarkt waren sie gleich begeistert von dem listigen Bayern, der mit urigen Sprüchen seine Sammelstücke anpries und mit Käufern verhandelte. Man wollte ihn zu einem Casting-Termin einladen. Lucki protestierte: „Na, des mog i net. Entweder ihr nemmts mi oder lasst es bleiben."

Zurück im Scheinwerferlicht

Die Fernsehleute konnten sich so ein Original nicht entgehen lassen. Seitdem hat Lucki in über 100 Sendungen mitgewirkt. Ins Studio nach Köln kommen Leute, die manchmal wertvollen, manchmal skurrilen Besitz loswerden möchten, vom Tretroller bis zum Familienschmuck. „Des is alles reell. Da werden echte Gschäfta gemacht", versichert der neue Liebling der Fernsehzuschauer am Nachmittag. Inzwischen hat die Sendung mit Lucki Hofmaier und seinen Händlerkollegen Susanne Steiger, Walter Lehnertz, Wolfgang Pauritsch, Fabian Kahl und Daniel Mayer ein Millionen-Publikum. „Die Leit sehn das gern und wir machen weiter, noch 100 Sendungen", ist Lucki zukunftsfroh.

Ans Aufhören denkt der Handstand-Lucki nicht. „Bei mia geht no allerweil a bisserl was." Zuhause herumzusitzen, das ist nicht sein Ding. Obwohl es, beschützt von so vielen Heiligenfiguren unter dem bayerisch-barocken Stuckhimmel, eigentlich ganz gemütlich ist. Über seine Handstand-Kunst räsoniert er und faltet die Hände vor seinem deutlich sich wölbenden Bäuchlein: „Na, des kannt i heit nimmer macha."

Andreas Meixner

Der pfeiferauchende Bibliothekar voller Musik

Ein Nachruf auf den Konzertveranstalter und Musikkritiker Ulrich Alberts

Seine kleine, untersetzte Gestalt war noch gar nicht zu sehen, da kündigte ein scharfer, beißender Tabakgeruch aus der Pfeife das Erscheinen von Ulrich Alberts an. Die Herrenhandtasche baumelte stets an seinem Handgelenk, die er auch dann nicht abnahm, wenn er wild gestikulierend von dem erzählte, was sein ganzes Leben erfüllte: der klassischen Musik.

Der aus Bamberg stammende Musikkritiker und Konzertveranstalter erkannte früh, dass es zu einer eigenen künstlerischen Karriere nicht reichen würde und erlernte den ehrenwerten Beruf des Bibliothekars, dem er bis zum Rentenalter in der Regensburger Universitätsbibliothek nachging. Das Horten und Archivieren musste schon eine früh ausgeprägte Leidenschaft gewesen sein. Jedenfalls war er ein akribischer Sammler und Archivar auch in seiner Wohnung in der Rodauer Straße. Über die vielen Jahre stopfte er sein Domizil mit Bergen von Musiklexika, Musikbüchern, Noten, Zeitschriften, Schallplatten und CDs zu, als gelte es, sich nur mit dem Guten und Schönen der Welt zu umgeben. Der Keller war eine Schatzkammer musikalischer Devotionalien aus 50 Jahren internationaler Kammermusik. Ein bisschen war es auch Schutzmauer vor der Welt da draußen, die mit ihm nicht gerade zimperlich umging.

Individualist, eigensinnig und ein wandelndes Musiklexikon

Sicherlich: Er war ein eigensinniger Individualist, dennoch steckte in ihm so viel Energie, dass er sich neben seinem Brotberuf in der Universität auch als Herausgeber von Zeitschriften, als Musikjournalist und Konzertveranstalter einen veritablen Namen machte. Bei der Fachzeitschrift „dieneueschallplatte" war er 1973 ebenso Gründungsvater wie später bei der regelmäßig erscheinenden „KuLiMu". Ende der 1970er Jahre hob er die Regensburger Gitarrenkonzerte aus der Taufe, 1982 die bis heute erfolgreich bestehende Kammermusikreihe „Pro Musica Konzerte Eichstätt" im Spiegelsaal der Residenz. Regelmäßig veröffentlichte er in der deutschsprachigen Prager Zeitung und in der Fachzeitschrift „Das Orchester" seine Konzert- und Buchkritiken. Für die Mittelbayerische Zeitung schrieb er bis zuletzt über 40 Jahre. Gerne und oft besuchte er Freunde in Prag. Die großen Pianisten Norman Shetler und Josef Bulva gehörten zu seinen engen Künstlerfreunden, mit denen er sich gerne umgab. Shetler reagierte in Wien bestürzt auf die Todesnachricht: „Ich kannte ihn seit vielen Jahrzehnten. Er war ein Original, ein treuer Mensch, der sich immer um das Wohl seiner Künstler gesorgt hat und die Musik liebte." Der Regensburger Konzertveranstalter Reinhard Söll erinnert sich gerne an einen versierten Kollegen und eine besondere Persönlichkeit: „Er war ein wandelndes Musiklexikon, der unendlich viele Künstler persönlich kannte. Mir sagte mal jemand, er sei auch ein großer Kenner von Düften und Parfums gewesen und konnte den Damen auf den Kopf zusagen, welche Marke sie gerade angelegt hatten". Sein Fachverstand war unbestritten, mit seiner kauzigen und unnachahmlichen Art war er ein selten gewordenes Original in der regionalen Musikszene. Wem die zweifelhafte Ehre zuteil wurde, von ihm in seinem Auto mitgenommen zu werden, wird die unkonventionelle Fahrweise im dichten Rauch der Tabakwolken sein Leben nicht vergessen. Er starb nach kurzer, schwerer Krankheit am ersten Tag des Februars 2017, nur 70 Jahre alt. Viel zu früh, aber das ist bei besonderen Menschen ja oft der Fall.

Ulrich Alberts, wie man ihn in Eichstätt kannte. Stets mit Plakaten unterm Arm. [Foto: Eva Chloupek]

Reiner Vogel

Als die Dult noch am Protzenweiher war

Mein Stadtamhof

Mit der Erinnerung ist das ja so eine Sache. Manchmal kommt sie leicht verklärt daher und es funktioniert das Gedächtnis dann doch nicht so gut, wie man es sich einbildet. Deswegen beginne ich den Weg durch das so anders gewordene Stadtamhof an der Hand meiner Großmutter. An sie kann ich mich besonders bildhaft erinnern – bis hin zum immer krummer gewordenen Buckel in ihren späteren Tagen.

Als das Foto auf der folgenden Seite in den 1960er Jahren gemacht wurde, war ich vielleicht acht, neun Jahre alt und die Großmutter noch eine standfeste Bauersfrau. Nicht nur weil sie als Witwe den Hof in Kager verantwortlich erhalten musste, war meine Oma eine sparsame Frau. Sie hatte es einfach nicht anders gelernt. Zur Dultzeit jedoch – im Mai und im September – ließ sich die Bäuerin nicht lumpen. Dann war das Dultgeld im Etat fest eingeplant.

Zunächst gingen wir den Berg hinunter zur Bushaltestelle auf Höhe von Kneiting. Hier hielt der aus Pettendorf kommende Hagl-Bus (später Wittl) mit einer Kassiererin, die Wally hieß und streng roch. In Ober- und Niederwinzer stiegen weitere Leute zu, die enge Bundesstraße 8 lief noch an der Alten Mauth vorbei. Gegenüber vom Lochblech Fiedler (man nannte sich „Fabrik gelochter Bleche") in Steinweg – auf der Seite vom Autohaus Prell (heute Großtankstelle) sind wir ausgestiegen. Spätestens hier konnte ein Bubenherz unruhig werden.

Eine gepflasterte Straße führte den Weg auf die Dult zu. Es gab noch keine trennende Kanalschleuse und unmittelbar nach dem ehemaligen Waisenhaus, gegenüber vom Nittenauer Hof (heute Wohnungen) begann am Protzenweiher das Dultgelände. Stadteinwärts auf der rechten Seite waren die Fahrgeschäfte und Vergnügungsbuden, links von der Straße die Haferldult, später Warendult genannt. Die Kaffeetassen, Korbwaren und das Porzellan

Der Autor und seine Oma auf dem Weg zur Dult Anfang der 1960er Jahre. [Foto: Privatarchiv Reiner Vogel]

Die Dult auf dem Protzenweiher Ende der 1960er Jahre. [Foto: Privatarchiv Richard Reil]

oder die Nähsachen konnten einen erlebnishungrigen Buben natürlich nicht interessieren.

Ich zog also die Großmutter wie selbstverständlich auf die westliche Seite, zu den sich ewig drehenden Karussells, den Schießbuden mit ihren unterschiedlichen Figuren, zur geheimnisvollen Geisterbahn, zu den scheppernden Stoßautos. Alles war bunt, fremdartig riechend, laut – zum Staunen halt.

Trügerische Erinnerung und die zeitweilige Dultfreiheit

Womit wir schon bei der trügerischen Erinnerung wären: So laut wie heute war es damals nicht. Die Verstärker der Spielgeschäfte überplärrten sich noch nicht so unanständig wie jetzt, die Menschen unterhielten sich und schrien nicht gegeneinander an. Aber es war jedenfalls lebhafter als daheim.

Bevor ich als Bub in die zeitweilige Dultfreiheit entlassen wurde, ging es erst ins Bierzelt am Rande des Volksfestes. Hier war die Oma zwei Mal im Jahr mit einem ihrer Brüder verabredet. Dieser Onkel und seine Frau mussten ordentlich begrüßt werden. Immerhin hatte es der ehemalige Bauernbub zum angesehenen Friseur in Stadtamhof und sogar zum Hausbesitzer in der Hauptstraße gebracht. „Jeden Pfennig haben wir gespart, uns nichts gegönnt." Das wurde ausgiebig betont. Mir war das unangenehm, denn ich befürchtete, dass mir die Oma deswegen gleich weniger Geld mitgeben würde.

Die ließ sich davon aber nicht sonderlich beeindrucken und zählte mir einige Geldstücke auf die Hand. Dann blieb sie mit der Verwandtschaft sitzen und ich durfte ins Freie. Nun konnte ich selbst entscheiden, wofür ich mein Geld ausgeben wollte. Besonders hatten es mir die Schießbuden angetan. Die Gewehre waren zwar für mich noch kaum zu halten – man konnte sie aber auch am Tresen ablegen und dann hinaufzielen zu den künstlichen Rosen, den Federbuschen oder zu den undefinierbaren Figuren, die an Drähten befestigt waren. Getroffen habe ich nicht viel, einen besonderen Kitzel hat es trotzdem gebracht. Hatte ich ausnahmsweise wirklich eine Blume geschossen habe ich sie der Oma ins Bierzelt gebracht um dann gleich wieder ein paar Münzen mitzubekommen.

Kettenkarussell und Vogel-Jakob

Später ging es dann ins Kettenkarussell oder ich blieb mit offenem Mund vor dem „Vogel-Jakob" stehen. Seine aus dem Gaumen hervorgezauberten Pfeiflaute sind mir unvergessen. Man musste natürlich so ein Pfeiferl auch haben. Das war's dann aber auch schon, abgesehen von einem Mandelbrot, einem Bärendreck oder einer Gummischlange für daheim. Unerschöpflich waren die Geldzuwendungen der Oma schließlich auch nicht. Und überdies: sie wollte ja noch auf der Haferldult vorbei, um das eine oder andere mitzunehmen. Da musste ich dann schließlich doch mit, sozusagen als Preis für das vorherige Vergnügen. Insgesamt war der Dultbesuch aber schon ein außergewöhnliches Kindheitserlebnis.

Danach sind wir wieder heim mit dem Hagl-Bus und mit der Billett-Verkäuferin Wally. Sie hat wirklich streng gerochen.

Nachtrag. In den vergangenen Jahren habe ich mein Auto am Morgen am Europakanal abgestellt, um über die Steinerne Brücke zur Arbeit in die Altstadt zu kommen. Wo in meiner Kindheit die Warendult war, sehen jetzt Opas mit ihren Enkeln zu, wie große Schiffe zentimetergenau durch die enge Schleuse gelotst werden. Der dazugehörige Turm beleidigt den Blick auf den nördlichen Eingangsbereich von Stadtamhof. Mit dem Kanalbau Anfang der 1970er Jahre wurde die Vorstadt von Regensburg zu einer Insel. Das ist so leicht dahin gesagt und war doch so einschneidend.

1972 zog die Dult – bedingt durch diesen Kanalbau – auf das jetzige Veranstaltungsgelände weiter westlich um. Auf dieser Betonfläche werden zwar nicht mehr, wie früher auf dem Protzenweiher, (Protzen=Kröten) die Schuhe von den Kieselsteinen staubig, es geht dafür aber schriller zu. Die jungen Leute verkleiden sich mit kitschiger Trachtenmode und tragen Bierflaschen in der Hand. Die Dult ist zu einem Event geworden mit allen Begleiterscheinungen einer vermeintlich modernen Gesellschaft.

Nein, früher war bei Gott nicht alles besser. Aber: Es durfte halt vieles selbstgestrickt sein.

Die wilden 1960er Jahre – Live im Colosseum

Es lagen nicht viele Jahre zwischen dem Buben mit der Oma und einem Jüngling, dessen Kopfhaare unschicklich lang wurden. Dem Friseur-Onkel aus Stadtamhof bin ich deswegen ziemlich aus dem Weg gegangen. Mittlerweile ging ich schon ein paar Jahre „in der Stadt" auf die Oberschule. Der Lernstoff interessierte mich höchstens mittelprächtig – was immer unangenehme Folgen hatte, auch, weil man als langhaariger Parkaträger bei den Lehrern nicht gut angesehen war – um es vorsichtig auszudrücken. Ich kam mir aber „cool" vor und fand immer mehr einschlägig denkende Schulkameraden – oder auch solche, die die Schule ganz geschmissen hatten und gam-

melten. Kurzum: das Phänomen Pubertät und die entsprechende Aufmüpfigkeit hatte mich voll erwischt. Mittags war der Treffpunkt von renitenten Schülern aus dem Goethe, dem Pindl und dem Judenstein die „Milchbar" gegenüber vom Stadttheater. Hier führte der legendäre Handstand-Lucki die Geschäfte, der in diesem Almanach auftritt. Er war, wie im Beitrag von Harald Raab zu lesen steht, einstmals auf den Händen von Regensburg nach Rom gegangen und dadurch bundesweit in die Schlagzeilen geraten. Damals führte er also die Milchbar, in der wir hauptsächlich Cola tranken und der Musikbox zuhörten. Hier traf sich die junge Szene und verbesserte die Welt. Gefährlich wurde es lediglich, wenn ein paar Möbelpacker dazukamen. Diese urwüchsigen Typen ver-

Die Hauptstraße von Stadtamhof in den 1970er Jahren. [Foto: Privatarchiv Richard Reil]

Der Brückenbasar mit Blick zur Steinernen Brücke Anfang der 1970er Jahre. [Foto: Stadtbildstelle Regensburg]

anstalteten schon mal eine kleine Jagd auf junge Burschen, und drohten ihnen die Haare abzuschneiden. Da war es besser, schnell das Feld zu räumen. Ansonsten aber drehten sich die Gespräche um die Bands, die – monatlich wechselnd – im Tanzpalast Colosseum (Kobel) in Stadtamhof spielten. Dorthin ging es dann regelmäßig – für die anderen. Ich durfte mit 16, 17 Jahren am Abend noch nicht alleine in ein Lokal – wegen der Eltern einerseits und wegen der Polizei andererseits. Laut meinen Eltern sollte ich erst mal bessere Noten heimbringen, laut Polizei und Gesetzeslage durften Jugendliche unter 18 Jahren abends nicht alleine angetroffen werden.

Es gab strenge Jugendkontrollen, geleitet von der gefürchteten Frau Schin von der Kripo. Wer sich am Abend nicht entsprechend ausweisen konnte, der flog nicht nur aus dem Colosseum, sondern er musste von den Eltern bei der Polizei abgeholt werden. Nur das nicht!

Der Tanztee als Einstieg ins Nachtleben

Am Nachmittag gab es aber im Kobel einen Tanztee. Das war der erste Einstieg ins Nachtleben. Wenn auch die Lehrer murrten und in der Schule das Verderben an die Wand malten – in den Kobel musste man. Hätte es damals den Ausdruck „Zeitgeist" in meinem Horizont schon gegeben – er hätte es getroffen.

Im Colosseum gab es die angesagteste Beatmusik der Region – und dies von Live-Bands. Ich erinnere mich noch lebhaft an die Boots, die Prinzess of Israel oder an Little Richard, der als kleinster Beatsänger Deutschlands (oder überhaupt) firmierte. Das alles waren Helden für mich

Der Brückenbasar 2016 mit Blick zur Hauptstraße. [Foto: Bianca Wohlleben-Seitz]

und meine Kumpels: sie konnten Gitarre spielen, singen, tanzen – und die Mädchen aus dem Häuschen bringen. All das wollte ich unbedingt auch können.

Das Publikum im Kobel waren in erster Linie Lehrlinge und junge Arbeiter oder Angestellte, nicht so sehr Oberschüler wie ich. Studenten gab es damals in Regensburg auch noch nicht. Beim Tanzen zu der sich überschlagenden Musik waren konkrete Schrittfolgen aufgelöst, man improvisierte einfach vor sich hin.

Die Mode folgte dem Motto: Hosen oben eng, unten weit ausgestellt, die Getränke waren abgestanden, weil man sich ein zweites oder drittes Glas nicht leisten konnte. Alkoholexzesse gab es also keine. Aber: Wir alle fühlten das Gleiche: wir wollten frei sein. Was immer das auch heißen sollte – es war ein tolles Gefühl.

Als ich dann endlich auch am Abend ohne Angst vor der Jugendkontrolle in den Kobel gedurft hätte, ging es mit dem Tanzpalast zu Ende. Zum einen war immer öfter Haschisch eingeschleppt und gefunden worden, zum anderen ebbte die Welle der Live-Rockmusik immer mehr ab. Diskotheken kamen in Mode, Disk-Jockeys und ihre Platten fanden ein anderes Publikum.

Nachtrag: In den Räumen des ehemaligen Colosseum erfreute später dann für einige Jahre das Regensburger Bauerntheater seine schenkelklopfenden Anhänger. Danach wurde das ehemalige Rückgebäude in Wohnungen umgewandelt.

Was wir damaligen Jugendlichen allerdings nicht wussten: Im Colosseum war im Jahre 1945 ein Außenlager des KZ-Flossenbürg eingerichtet. Von hier aus wurden monatelang täglich rund 400 männliche KZ-Häftlinge zur Ausbesserung von Bombenschäden im Bereich der Bahnhofsanlagen gezwungen. Auf einem Platz vor dem Brückenbasar erinnert ein Mahnmal an diese damaligen, bedrückenden Geschehnisse.

Und was ich auch damals nicht wusste: Der langjährige 1. Vorsitzende der israelitischen Kultusgemeinde von Straubing, Israel Offmann, war einer der Betreiber des Tanzpalastes Colosseum.

… eine Zeit lang: grau und uninteressant

In den weiteren Jahren wurde mir Stadtamhof etwas fremder. Man darf es ruhig sagen: der Stadtteil hatte für einen jungen Menschen von den 1970er- bis in die 90er-Jahren keine Anziehungspunkte mehr. Nicht einmal das Stali-Kino (auch hier sind heute Wohnungen) spielte Filme ab, die man sehen wollte. Vieles war grau und uninteressant.

Mehr als eine Fahrspur in die Altstadt

Die Vorstadt wurde von den Auswärtigen höchstens noch als Fahrspur in die Altstadt hinein benötigt. Als die altehrwürdige Steinerne Brücke schließlich unter der Auto- und Buslast und durch die Umweltbelastungen doch unübersehbar litt, wurde sie nach einem Bürgerentscheid 1997 (endlich!) für den privaten Verkehr gesperrt, 2008 dann auch für Busse und Taxis.

Die älteste Steinbrücke Deutschlands wird nunmehr aufwändig und mit Millionenaufwand saniert und soll noch 2017 fertig werden. Im Jahr 2016 wurden die Arbeiten an und auf den Bögen drei, vier und fünf abgeschlossen. Öfter kam ich wieder nach Stadtamhof, als die beiden Töchter die Grundschule besuchten. Diese Anstalt wurde 1977 nach Karolina Gerhardinger benannt, der wohl bekanntesten Stadtamhoferin. Das Geburtshaus der seligen Ordensfrau liegt unmittelbar neben der Schule „am Gries" (althochdeutsch: grioz – flaches, sandiges Ufer). Die Gründerin des weltweit ausgedehnten Ordens der Armen Schulschwestern unterrichtete selbst in dem ehemaligen Gebäude des bei der Säkularisation Anfang des 19. Jahrhunderts aufgelassenen Augustinerfrauen-Stifts de Notre Dame.

Wenn es die Zeit zuließ, habe ich mich gerne am Gries umgesehen. Hier war – und ist es nach wie vor – originell im besten Sinn des Wortes. Die Anwesen hinter dem mächtigen Andreasstadel sind kleinteilig und ducken sich in die engen Gassen. Beinahe ländliche Ruhe herrscht in diesem idyllischen Winkel – das stöckelschuhfeindliche Kopfsteinpflaster hält allzu Neugierige auf Distanz. Hier leben nach wie vor Individualisten, die wissen, dass an Ort und Stelle das kunstgeneigte Hafnerhandwerk ansässig war.

Weiter vorne – der Hauptstraße zu – ist die Rokokokirche St. Mang immer einen Besuch wert. Der Hochaltar mit sechs Säulen und dem Altarbild des heiligen Andreas stammt aus dem frühen 18. Jahrhundert. Dies hier alles – inklusive der heutigen Hochschule für Kirchenmusik (vormals Landratsamt) – hat in undenklichen Zeiten das Augustiner-Chorherrenstift St. Mang beherbergt. Ohne dieses Kloster hätte es Stadtamhof in seiner späteren Prosperität nicht gegeben. Dies trifft ebenso auf das Katharinenspital westlich davon zu – hierzu später noch einige Worte.

Schwere Zeiten

Jedenfalls: Stadtamhof hatte es nicht leicht in den Jahrzehnten vor der Jahrtausendwende. So ging etwa die Zahl der einstmals zahlreichen Wirtshäuser und Brauereien deutlich zurück, das Café Lang und der legendäre Zinkl bauten ab und beim Sagerer half es auch nicht, dass es hier in den 1970er Jahren die angeblich besten Gockerl der Stadt gab. Unbestätigten Gerüchten zufolge ist auch von Oben-Ohne-Bedienungen die Rede. Das Interesse bröckelte ab wie der Anstrich an den Häusern.

Ein weiterer Schicksalsschlag hat Stadtamhof im März 2008 ins Mark getroffen: Der Kranausleger eines niederländischen Frachters durchschlug an der Schleuse bei der Protzenweiherbrücke eine wichtige Gasleitung. Beim folgenden Großbrand wurde die Brücke irreparabel beschädigt. Die schließlich teure Folge war, dass dieser entscheidende Übergang von Steinweg nach Stadtamhof für Jahre nicht mehr passiert werden konnte. Die Geschäfte mit Kolonial- und sonstigen Waren in der Hauptstraße mussten jetzt also nicht nur dem dominanten Donaueinkaufszentrum in Weichs Tribut zollen.

Lange Zeit ging fast gar nichts mehr.

Auf und ab der Geschichte

Aus dem Jahre 981 nach Christus stammt die erste Erwähnung der Örtlichkeit. Gesiegelt wurde der Verkauf eines Gutes Scierstatt durch den Juden Samuel an das Kloster St. Emmeram. Scierstatt war ein Landgut, das wohl in dem Bereich lag, wo heute an der Hauptstraße eine kleine Bar gleichen Namens einlädt. Die ersten Stadtamhoferer waren also Bauern, wegen der Lage am Fluss wohl auch Fischer und Schiffer. Die weitere Entwicklung – so schrieb der ehemalige Regierungspräsident Professor Ernst Emmerig zur Feier „500 Jahre Stadterhebung eines selbstbewussten Gemeinwesens" im Jahre 1981 – wurde also durch zwei Ereignisse geprägt.

Das eine ist, dass bei der Kirche St. Mang „an der Stetten" im 12. Jahrhundert ein Augustinerchorherrenstift gegründet wurde. Der zweite Punkt war die Verlegung des Katharinenspitals von der Nähe des Domes auf die Nordseite der Donau. Damit hatte die Stadt Regensburg eine Speerspitze auf der später bayerisch-wittelsbachischen Seite der Donau.

Dies hatte im Laufe der Jahrhunderte immer wieder Folgen, bis hin zu blutigen Auseinandersetzungen. Im Einzelnen nachzulesen ist dies in Veröffentlichungen des rührigen Heimatvereins Statt am Hoff. Hier soll die Feststellung genügen, dass es bis in die jüngere Zeit hinein nicht üblich war, dass Reichsstädter „über die Brücke hinüber geheiratet" haben – und umgekehrt. Das Spital jedenfalls – mit seinem heute immer noch wunderbaren Biergarten – gehörte immer zur Stadt Regensburg und wurde einvernehmlich besucht, wenngleich die Stadtamhofer schon Wert auf ihre eigenen Brauereien und Wirtschaften legten.

Einige prägende Einschnitte seien noch kurz erwähnt: Im Dreißigjährigen Krieg erlitt Stadtamhof 1633–34 schwerste Schäden, wurde 1704 während des Spanischen Erbfolgekrieges besetzt; zehn Jahre später wütete eine verheerende Pest unter der Bevölkerung, 1893 wurde das Löwenwirtshaus am Franziskanerplatz zur Kaserne umgebaut und schließlich wurde die kleine Stadt bei blutigen Kämpfen zwischen Franzosen und Österreichern weitgehend niedergebrannt. Auch der Brückenkopf an der Steinernen Brücke wurde dabei zerstört. Aber man hat es wieder aufgebaut.

Der Magnet Brückenbasar

Wie sehr sich Stadtamhof in der jüngsten Vergangenheit verändert hat, wird am augenfälligsten am Brückenbasar deutlich. Bevor es in die Stadt hineingeht, kommen Einheimische und immer mehr Touristen hier vorbei. Der Brückenbasar, ein klassizistisches Kleinod, bereitet den weiteren Weg für das italienische Flair, das der nahen Altstadt so gerne nachgesagt wird. Die beiden eingeschossigen Ladenzeilen sind nach oben hin mit einem Walmdach

Der Brückenbasar Anfang der 1970er Jahre. [Foto: Stadtbildstelle Regensburg]

abgeschlossen. Mit ihrer winkelartigen Form umrahmen sie einen rechteckigen Platz und leiten auch die langgezogene Stadtamhofer Hauptstraße ein.

Entstanden ist der Brückenbasar anstelle des Stadtamhofer Brückenkopfs in den Jahren 1824/25, nur einige Jahre nachdem die mittelalterlichen Vorbauten bei heftigen Auseinandersetzungen im Napoleonischen Krieg zerstört worden waren. Über zwanzig Geschäfte für den täglichen Gebrauch waren hier angesiedelt – von der Seilerei bis hin zu Gemüsegeschäften. Auch die erste Tankstelle stand hier später.

Heute lädt der Brückenbasar von den ersten Frühlingsstrahlen bis in den Herbst hinein mit Straßencafés, Eisbars, Vinotheken und italienischen Speisen. Viele Besucher trinken hier ihren Morgenkaffee und beobachten die immer zahlreicher werdenden Touristen aus aller Herren Länder, die am Busterminal beim Walhallabockerl „angeliefert" werden, um dann einen Tag im Welterbe Regensburg zu verbringen. Fußkranke Amerikaner sind dabei, vermehrt schnelllippige Italiener, Japanerinnen mit Sonnenschirm und Kamera, Österreicher mit charmantem Tonfall oder auch Schülergruppen aus Frankreich oder Tschechien.

Abgeholt werden sie am Busterminal meist von Gästeführerinnen und Gästeführern, früher, zu Zeiten als es noch nicht politisch korrekt zuging, nannte man sie einfach Fremdenführer, einige von ihnen gehören fest zum gewohnten Stadtbild. Sie sind ein – positives – Ausrufezeichen von Regensburg und sollten immer wieder gelobt werden. Nicht zuletzt an dieser Zunft entscheidet sich, was die Touristen für ein Bild der Stadt mit nachhause nehmen.

*Der Brückenbasar 2016.
[Foto: Bianca Wohlleben-Seitz]*

Was bleibt heute aber als Bild von Stadtamhof?

Stadtamhof ist in den letzten Jahren farbiger geworden, ohne bunt zu sein. Die Häuser an der Hauptstraße blicken freundlich auf das modernere Leben, sie biedern sich aber nicht an. Sicherlich: die alten Stadtamhofer werden weniger und mancher, der hier wurzeln möchte, kann sich die Mieten nicht leisten. Viele großzügige Bürgerhäuser wurden im Inneren in Parzellen zerlegt, um den Ertrag zu steigern. Junge Leute beherrschen am Abend das Bild – unter Tags verdienen sie in den Büros der Stadt das teure Wohngeld.

Ein paar Einheimische hocken noch vor der ehemaligen Schmid-Bäckerei oder quer gegenüber auf Höhe der (wunderschönen) Apotheke. Vorne am Brückenbasar sieht man kaum einen der alten Stadtamhoferer. Und wohl auch diejenigen nicht, die noch in den vielen Gassen hinter dem (herrlichen) Franziskanerplatz oder auf Höhe des ehemaligen Krankenhauses (Feuerwehrschule, heute Polizei) wohnen. Hier ist Stadtamhof ruhig, eindringlich, eigen. Man bekommt wieder eine Ahnung davon, dass der Ort ein eigenes Rechtswesen war mit eigenem Kopf und eigenen Gliedern.

Seit 1924 ist Stadtamhof der kleinste Stadtteil von Regensburg und seit dem neuen Jahrtausend auch Teil des Welterbes „Altstadt und Stadtamhof". Das ist auch gut so. Trotzdem darf man sich wünschen, dass die Eigenständigkeit nicht so geräuschlos verschwindet wie die Dult meiner Jugend.

Drum darf ich noch einmal sagen: Nein, früher war bei Gott nicht alles besser: Aber: es durfte halt vieles selbstgestrickt sein.

Katharina Lenz

Eine Bühne für Regensburg – Regensburg als Bühne

40 Jahre Orphée – Ein Schauspiel in fünf Akten

Eines der bekanntesten Lokale Regensburgs feiert 2017 seinen 40. Geburtstag. Das ist in der Geschichte der Regensburger Wirtshäuser zwar kein so langer Zeitraum, doch wenn wir einen Blick auf die zahllosen gastronomischen Eintagsfliegen werfen, die nicht unbedingt immer Bereicherungen der Altstadt sind, so hat sich das Konzept, das Cornelius Färber mit Gleichgesinnten 1977 erarbeitet hat, bestens bewährt. Grund genug für Katharina Lenz, sich des Themas aus ihrer Sicht anzunehmen.

Wenn man von den geistlichen Spielen des Mittelalters absieht, den Weihnachts- und Osterspielen, bei denen auch Gesänge eine Rolle spielten, so ist mit den Schultheatern des reichsstädtisch-evangelischen Gymnasium Poeticum und des bischöflich-katholischen Jesuitengymnasiums St. Paul jedenfalls eine über vierhundertjährige Tradition des Musiktheaters in Regensburg zu verzeichnen …*

* aus: Sigfrid Färber, Schultheater, Hofoper Stadttheater, in: Ders., Geschichte und Geschichte, Regensburg, 1993

Erster Akt. Exposition. Regensburg im Oktober 1977. Das Orphée eröffnet

Neli Färber und seine Freunde planen etwas Neues. Nicht mehr namenlos studentisch, sondern französisch. Jeanette, Baguette, Jean Paul, Albert Camus. Sehen und Gesehenwerden für die Jungen Etablierten, die Nicht-Mehr-Studenten und die Neue Bourgeoisie Regensburgs, der alten Stadt, die sich gerade zu mausern beginnt. Und die alten Räume des Bollandschen Brauereigasthofs in der Unteren Bachgasse entfalten mit ihrer dunklen Täfelung, mit umgedrehten alten Gaslaternen und wurfsicheren Bistrotischen aus einem Army-Kasino einen Charme, den die Studentenkneipen, gutbürgerlichen Restaurants und Boazn niemals hatten und haben werden.

Was damals niemand ahnt: Die Eröffnung des Orphée als Caféhaus und Restaurant begründet eine vierzigjährige

Von den alten Getreuen des Orphée (hier v.l. Konrad Färber, Cornelius Färber und Reinhard Wagner) sind neben den beiden letztgenannten bis heute Michael Laib und Johanna Rudolph Gesellschafter der Namenlos GmbH. [Foto: Färber]

Das Orphée ist ein Ort für alle Tages- und Jahreszeiten, für alle gesellschaftlichen Schichten und Genüsse. Der gemütliche Blick hinaus an einem nebligen Wintertag, die Freisitze in der Unteren Bachgasse an einem Frühlingsmorgen oder der Hinterhof an einem lauschigen Sommerabend – alles ist nach und nach organisch zu einem Kosmos der Gastlichkeit zusammengewachsen. [Fotos: Katharina Lenz]

Tradition in Regensburgs Gastronomie-Szene, immer mit dem Anspruch, dass es hier französischen Wein und andere Leckereien gibt, die es sonst in der Donaustadt nirgendwo zu speisen gibt – seien es Escalopes forestières oder der (besonders süffige) französische Landwein „Kiravi" für fünf Francs alias elf Mark die Flasche.

Das städtische Ballhaus am Ägidienplatz wurde zunächst auf fünfzehn Jahre „zum Nutzen des französischen Spectacle" gemietet. Das Gefüge des Theaterbetriebs war ziemlich verwickelt. Direktor war der fürstliche Leibarzt F.X. Mayer, dann der Reihe nach französische Schauspieler; wesentlich war, dass der Fürst das meiste bezahlte ...*

Zweiter Akt. Komplikation. Trubel in den Aufbaujahren

Neli Färber feiert die Feste, wie sie fallen, und das Orphée ist nicht genug. Nicht genug damit, zeitweise einen französischen Koch namens Jacques Paul Vidocq – alias sein älterer Bruder Konrad (nachzulesen in Orphée. Bilder und Geschichten aus dem Restaurant, Regensburg 1997) – zu engagieren, um seinen Gästen auch in der Urlaubszeit des eigentlichen Küchenmeisters original französisches Essen zu bieten, veranstaltet er rauschende Spektakel und Theateraufführungen. Oper im Herzogspark, Galerie- und Künstlerbälle, Open Air Sessions im Schwalbennest. Voilà, das Orphée dient nicht nur dem Sehen und Gesehenwerden der Regensburger, sondern auch der Lust am Ausprobieren, Improvisieren und Spielen seines Impresarios.

Wer zahlt die Zeche? Neli Färber entscheidet sich, dass dies genau sein Leben ist, nämlich sich und seine Gäste immer aufs Neue zu unterhalten, auch wenn er selbst morgens um vier, wenn schon der neue Tag graut, als Letzter die Lichter löscht. Und viele neue Kneipenideen für Regensburg entstehen im Team der Namenlos GmbH: Sudhaus, Paletti, Museumscafé, Bodega ...

Der Wiederaufbau des Theaters auf dem Grundriss von Herigoyen war einer Bürgerinitiative zu danken, die eine Aktiengesellschaft gründete – und nachdem einige Zeit ein Interimstheater gespielt hatte – den Neubau ermöglichte, der am 12. Oktober 1852 unter Direktor Eduard Gerlach mit Giacomo Meyerbeers Oper „Die Hugenotten" eröffnet wurde ...*

Dritter Akt. Peripetie. Das Orphée wird Hotel

Es beginnt ein neues wirtschaftliches Wagnis, das seine Früchte trägt. Viel mehr noch als den Regensburgern in den 1980ern den ersten Cappuccino mit Milchschaum statt Schlagsahne zu bieten, eröffnet 1994 nach maßgeblichem Konzept von Michael Laib ausgestattet das Hotel Orphée in der Wahlenstraße. Das „kleine Haus" mit 15 Zimmern, mit Frühstück im Restaurant mausert sich bis heute zum Mehr-Sparten-Übernachtungsort für Verliebte und Künstler, für Geschäftsreisende, kleine und große Berühmtheiten, die den individuellen Charme der Zimmer lieben und sich mittlerweile auch von der Bachgasse oder dem Andreasstadel aus in Regensburgs Trubel hinaustreiben lassen. Natürlich verändern sich auch die Gäste und ihre Wünsche. So zieht mit einem temperierten Weinschrank im Restaurant (statt des alten Aufbewahrungsorts über dem Wärmestrahler fürs Baguette) ein Stück bürgerlicher Chic ein, der der sich verändernden Klientel des Lokals entspricht.

Im Ersten Weltkrieg schloss das Regensburger Theater nicht ganz seine Pforten, aber 1917 klagte eine Pressestimme, dass nun doch die Motten die roten Samtpolster zerfressen.

Im Großen Haus in der Bachgasse warten 34 Zimmer mit prachtvollen Stuckdecken, antiken Dielenböden und individueller Einrichtung auf ihre Gäste. Auch so manche Regensburger sollen sich hier schon eine Nacht gegönnt haben …
[Foto: Katharina Lenz]

… erlebte das Theater trotz der Einschränkungen der 20er und frühen 30er Jahre eine glückliche Zeit mit hervorragendem modern und literarisch ausgerichteten Spielplan, und mit wienerischer Operette, wobei der allseits umschwärmte Bonvivant Fritz Valenta und auch das einmalig zu nennende Komikerpaar Willy Stadler und Domy Czap das Publikum begeisterten.*

Pause. Renovierung 2003

25 Jahre nach Eröffnung schließt das Orphée erstmals für ganze vier Wochen seine Pforten. Renovierung ist angesagt. Die roten Samtpolster aus den Sesseln des alten Café Schürnbrand sind in die Jahre gekommen. Und die Patina, die zum Orphée gehört wie seine zweite Haut, war erstmal verschwunden – so erinnert sich Neli Färber noch heute. Jedoch Gutes bleibt, Besseres kommt.

Vierter Akt. Retardation. Das Orphée ist das Orphée ist das Orphée

Das Café-Bistro-Restaurant-Bar mit Freisitzen und Hinterhof ist nach 30 Jahren aus Regensburgs Gesellschaft nicht mehr wegzudenken. Es erlebt viele ungewöhnliche Feste – und auch die Gedenkfeiern an die Stammgäste der ersten Jahre. Das Orpée bleibt sich dennoch generationenübergreifend treu. Auch wenn Neli Färber mit einem lachenden und einem weinenden Auge anerkennen muss, dass sein Lokal mittlerweile so etwas wie der „neue Ratskeller" geworden ist. Trotzdem sollen die Regensburger innerhalb des Welterbe-Tourismus-Booms hier immer noch Vorrang und Zuhause haben.

Fotos: Katharina Lenz

Fünfter Akt. Lysis. Das Orphée wird 40 Jahre alt – und selbst zur Kulisse.

Zünftiger geht es in Plutos Höllenreich zu, wo man im Getümmel des bunt kostümierten Personals ein paar Anspielungen an Hieronymus Boschs fantastische Bilderwelt entdeckt. Eine freilich durchs Höllenfeuer arg angekokelte Kopie des Regensburger Szene-Lokals „Orphée" fungiert dort als Bühnenbild: eine Reverenz zu dessen vierzigstem Jubiläum. (Wenn es der Göttermutter zu bunt wird, Gerhard Dietel, Mittelbayerische Zeitung 12.03.2017)

Ist das nun ein zünftiges Geburtstagsgeschenk zum Vierzigsten? Neli Färber stapelt tief und sagt, er wollte nicht so sehr ins Theater, sondern vielmehr ausprobieren, ob es funktioniert, so viele Gäste in einer kurzen Theaterpause à la minute mit frischen Speisen, mit Ziegenkäsetarte, Krabbencocktail und Mousse au chocolat, als Tischlein-Deck-Dich zu verköstigen. Es hat funktioniert und den jahrzehntelang erworbenen gastronomischen Ruf mit hervorragender Organisation zusammengebracht. Damit es bleibt, wie es ist – gemäß dem alten Wahlspruch aus dem Pariser Stadtwappen: Fluctuat nec mergitur. Ad multos annos!

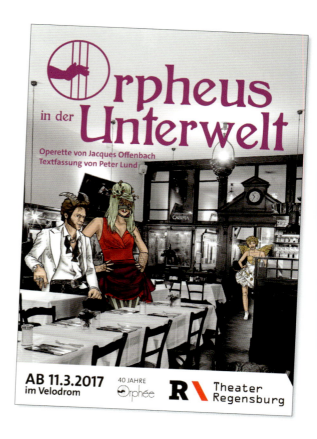

Muss man gleich tot sein für ein Gläschen Rotwein? Sicher nicht, selbst wenn das Orphée in Jacques Offenbachs Operette zur Kulisse für die Hölle mutiert, um das Lotterleben der Gesellschaft des 19. Jahrhunderts zu persiflieren. [Fotos: Stadttheater Regensburg, Clara Fischer]

Silvia Codreanu-Windauer

Das „Große Gräberfeld"

Der Zentralfriedhof des römischen Regensburgs

Für die Erforschung der Zeitenwende von der Spätantike zum frühen Mittelalter bieten modern gegrabene Grabfunde eine unschätzbare Quelle. Für Regensburg trifft das aufgrund der faktischen Realität einer vollständig überbauten Römerstadt im Besonderen zu, denn die Gräberfelder lagen extra muros – also außerhalb der Stadtmauern – in Bereichen, die durch die nachrömische Nutzung bis in die Moderne unbebaut und für die archäologischen Forschung zugänglich blieben.

Mit der Errichtung des Lagers der III. Italischen Legion 175–179 n. Chr. und der anschließenden Zivilsiedlungen wurde auch der Bestattungsplatz dieser Neugründung festgelegt: Er sollte sich ganz nach römischem Recht und Gepflogenheit entlang der damals bereits bestehenden Straße erstrecken, die aus den westlichen Canabae in Richtung Provinzhauptstadt Augsburg führt. Letztere entspricht heute noch in etwa der Trasse der Kumpfmühler Straße (Abb. 1,1).

Die Ausgrabungen im „Großen Gräberfeld"

Spätestens seit 1872/74 ist bekannt, dass dort der Zentralfriedhof des römischen Regensburgs lag, denn beim Bahnbau wurden über Hunderte von Brand- und Körpergräbern entdeckt. Abgesehen von dem mittelalterlichen „Steinraub" der dort befindlichen Grabmonumente, begann die gezielte Suche nach römischen Funden an jenem Platz bereits im 18. Jahrhundert. Anlässlich des Bahnbaus konnte Pfarrer J. Dahlem knapp 1000 Gräber, meist Brandbestattungen, bergen und dokumentieren. Dabei gab er zu, nur diejenigen mit „erhebbarem Fund", also mit Bronzegegenständen, ganz erhaltenen Gefäßen, Terra Sigillata, Münzen usw. berücksichtigt zu haben, d.h. von den Brandbestattungen nur jedes dritte bis vierte und von den Köperbestattungen nur jedes achte bis zehnte Grab. Die Gesamtzahl der damals vom Bahnbau erfassten Befunde muss daher bei mindestens 3000 Brand- und 2000 Körpergräbern gelegen haben. Mit der wissenschaftlichen Publikation dieser Grabung durch Siegmar von Schnurbein 1977 war der Name dieser Nekropole als „Großes Gräberfeld" endgültig in der Fachwelt etabliert!

In den letzten Jahrzehnten kamen durch Neubauten noch einige Hundert Bestattungen hinzu, davon modern gegraben 1999 etwa 100 Brand- und 40 Körpergräber in der Kumpfmühler Straße 30/32, wo offensichtlich das südliche Ende des Friedhofes erreicht wurde. 2011 standen dann zwei große Neubauten östlich der Kumpfmüh-

Abb. 1: Lage der spätantiken (rot) und frühmittelalterlichen (blau) Nekropolen im Umfeld des Regensburger Legionslagers (rot):
1: „Großes Gräberfeld"
2: Albertstraße
3: St. Emmeram
4: Altes Rathaus-Kohlenmarkt
5: Donaumarkt
6: Trothengasse
[Grafik: BLfD]

ler Brücke an, die zur Auffindung von weiteren 200 Brand- und 250 Körpergräbern führten. Durch diese Baumaßnahmen ist gewiss, dass unweit davon die Ostgrenze des Friedhofs gelegen hat. Entgegen älterer Kartierungen steht zwischenzeitlich fest, dass die heutige Margaretenstraße die nördliche Begrenzung bildete, denn südlich der Straße lagen bereits Zivilbauten der Canabae legionis – der Legionslagervorstadt.

Ab Frühjahr 2015 bis Ende 2016 liefen in Regensburgs Westen, auf dem ehemaligen Gelände der Bundesbahn, dem so genannten Schenker-Areal, die Ausgrabungen wieder auf Hochtouren, denn ein Investorenkonsortium plant untersuchten bzw. unbeobachtet zerstörten Bereiche berücksichtigt, kann man bei einer Fläche von knapp 10 ha die Gesamtzahl der Personen, die dort ihre letzte Ruhestätte gefunden haben, vorsichtig auf 30.000 bis 40.000 schätzen – ein wahrlich „Großes Gräberfeld" und mit Sicherheit die umfangreichste Nekropole Bayerns!

Die Entwicklung des „Großen Gräberfeldes"

Das Einzigartige an der aktuellen Ausgrabung ist, dass dort nicht nur römische Bestattungen zutage kamen, sondern auch eine größere Anzahl frühmittelalterlicher Körpergräber, die darauf hindeuten, dass dieser Friedhof etwa sechs Jahrhunderte lang kontinuierlich genutzt wurde. Die Bevölkerungsdichte muss aber im Laufe der Jahrhunderte erheblich geschwankt haben: Wie bereits S. von Schnurbein festgestellte, dürfte die Hälfte dieser Gräber in die ersten 80 Jahre der Belegung zwischen 175/180 – 250/60 gehören, in denen die Sitte der Brandbestattung geübt wurde. Die wenigen zeitgleichen Körpergräber lagen überwiegend entlang der römischen Ausfallstraße und zeigten unterschiedliche Orientierungen (Abb. 2, grün). Westlich des Gräberfeldes hatte man damals eine große Kiesgrube angelegt, da die rasch hochgezogenen Massivbauten des Legionslagers und der Zivilstadt Baumaterial dringend benötigten. Diverse teils unterkellerte Steinbauten und eine große Lagerhalle standen am westlichen Kiesgrubenrand und gehörten wohl im weitesten Sinne zu diesem Betrieb (Abb. 4).

Wohl im Laufe des 3. Jahrhunderts wurde die Kiesgrube aufgegeben und die Steingebäude verfielen. Dadurch war das Gelände frei, um das Friedhofsareal weiter nach Westen auszudehnen, allerdings unter Umgehung der metertiefen Kiesgrube (Abb. 2, rot). Die dort in Reihen angelegten Körpergräber waren durchwegs west-ost-orien-

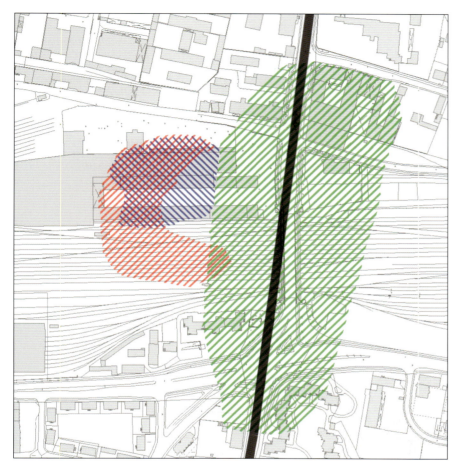

Abb. 2: Plan des „Großen Gräberfeldes" mit schematischer Eintragung der Belegungsphasen:
grün: Brandgräberfeld 175-260 n. Chr.
rot: spätantikes Körpergräberfeld 260-450 n. Chr.
blau: frühmittelalterliches Gräberfeld 450-650 n. Chr.
[Grafik: BLfD]

dort auf 23 ha Fläche ca. 900 hochpreisige Wohnungen, Hotel, Büros – ein eigenes Stadtviertel also, das unter dem irritierenden Namen „Das Dörnberg" inzwischen allen Regensburgern bekannt ist. Trotz der intensiven modernen Nutzung dieses Geländes durch die Deutsche Bahn und gewerbliche Betriebe kamen wider Erwarten ca. 1500 Körpergräber ans Tageslicht. Damit erhöht sich die Anzahl der bekannten Gräber auf ca. 3200 Brand- und 3500 Körperbestattungen. Wenn man die bislang archäologisch nicht

Abb. 3: Blick auf die Grabungsfläche Sommer 2015. [Foto: BLfD]

tiert, jedoch vorwiegend beigabenlos oder -arm. Abgesehen von einigen Ziegelgräbern, wurden die Toten in Holzsärgen bestattet. Gut ausgestattete Frauengräber mit den typischen spätantiken Perlen- oder Armschmuckensembles, manchmal auch mit Spiegelbeigabe oder Männergräber mit den zeittypischen Zwiebelknopffibeln (Abb. 5) wurden eher selten angetroffen.

Zu den Highlights der Ausgrabung in jenem Areal gehört die Entdeckung von drei Steinsarkophagen, von denen allerdings nur einer (fast) intakt war: Der Sarkophagdeckel war durch den Erddruck des darüberstehenden Bahngebäudes eingedrückt, der steinerne Unterteil jedoch intakt (Abb. 6, 7). In der west-ost-ausgerichteten Steinkiste lag eine 30- bis 40-jährige Frau in gestreckter Rückenlage. Ihr Skelett war hervorragend erhalten und wurde sofort vor Ort anthropologisch untersucht. Die Dame wies einen grazilen Körperbau auf. Schwach ausgebildete Muskelmarker legen nahe, dass sie zu Lebzeiten nicht körperlich arbeiten musste. Leider besaß sie keine Beigabe, die ihren Status unterstrich. Trotz größter Sorgfalt bei der Freile-

Abb. 4: Römische Gebäudereste während der Ausgrabung. [Foto: BLfD]

gung konnten nicht die geringsten organischen Reste der einstigen Kleidung oder der Sarkophagausstattung gefunden werden.

Quer unter einer modernen Leitung kam ein weiterer Sarkophag zum Vorschein, in dem ein groß gewachsener, junger Mann bestattet war. Besonders anrührend war die Entdeckung eines ganz kleinen Sarkophags, in dem ein Neugeborenes lag. Welch Fürsorge und Trauer verbirgt sich hinter solch einem Fund!

Dass diese Verstorbenen von ihrer Familie hoch geschätzt waren, belegt an sich schon die Bestattung im Sarkophag: Die Familie hatte keine Kosten gescheut, um ihnen ein würdevolles Grab zu schaffen. Mit Sicherheit standen über den Grabstellen auch Inschriftensteine mit dem Namen und dem Sterbealter der dort bestatteten Person, sowie in der Regel auch derjenigen Person(en), die die würdevolle Bestattung bereitet hatte(n). Anhand dieser Sarkophagfunde kann man sicher sein, dass im „Großen Gräberfeld" auch Mitglieder der sozial höheren Schichten von Castra Regina ihre letzte Ruhestätte fanden. Zu ihnen gehörte auch die berühmte „Sarmanna", deren Grabstein unweit der aktuellen Grabungsfläche im 19. Jahrhundert gefunden wurde. Er stellt eines der ältesten Zeugnisse des Christentums auf bayerischem Boden dar.

Wie viele der beigabenlos in West-Ost-Ausrichtung bestatteten Personen möglicherweise Christen waren, ist eine archäologisch unlösbare Frage. Nicht weniger diffizil ist die Frage nach dem Ethnikum der Bestatteten in dieser Zeit: Germanen oder Romanen? Eine diesbezügliche Deutung der archäologischen Hinterlassenschaften ist problematisch. Wie sind Grabbeigaben, z. B. ein „typisch römisches" Öllämpchen oder ein „typisch germanischer" Kamm zu interpretieren? Hinter jedem leblosen Skelett steht eine Person mit ihrer individuellen Geschichte – hinter jeder Bestattung der Familien- oder Freundeskreis, der diese Person würdevoll der Erde übergeben hat in seiner kulturellen Verflechtung.

Historisch und archäologisch belegt ist sehr wohl, dass es in der Spätantike zu einer immer stärkeren Durchdringung der Provinzbevölkerung mit Germanen aus dem barbaricum kam – sei es durch solche, die im römischen Militär dienten, sei es durch Händler und Handwerker oder die ins Römische Reich drängenden foederati, die eine geregelte Zuwanderung und Ansiedlung in größeren Gruppen darstellten. Da die Umsiedlung auf römisches Reichsgebiet ihnen und ihren Familien Sicherheit und ein besseres Leben ermöglichen sollte, kann man mit einer raschen Akkulturation der neuen Provinzbewohner rechnen. Vor dem Hintergrund schleichender Migration ins

Römische Reich und kontinuierlicher Integration in die provinzialrömische Kultur sind Fragen zum Ethnikum archäologisch anhand der Grabbeigaben nicht zu beantworten. Vielmehr ist zu hinterfragen, ob germanische Elemente einer Bestattung nicht dahingehend Rückschlüsse ermöglichen, wann diese Person/Gruppe auf römisches Territorium gekommen ist, bzw. wie niedrig/hoch der Grad ihrer Integration zu bewerten ist.

Wo die rein fundorientierte Archäologie versagt, bietet die Anthropologie neue Ansatzpunkte, die Herkunft einzelner Individuen zu bestimmen. Vielversprechend sind dabei Untersuchungen der Strontium-Isotopen zum Nachweis von Mobilität. Die Interpretation der Strontiumwerte ist jedoch noch nicht so präzise, dass genaue Herkunftsregionen innerhalb oder außerhalb des Imperium Romanum eingegrenzt werden können.

Im Vergleich zu dem Friedhofsareal der Mittelkaiserzeit wirkt die ca. 1 ha große spätantike Nekropole stark verkleinert (Abb. 2, rot). Das muss mit einem Bevölkerungsrückgang nach den kriegerischen Ereignissen der 270/280er Jahre zusammenhängen. Trotzdem wurden im 3./4. Jahrhundert n. Chr. auch andere zeitgleiche Friedhöfe weiter belegt, so der nur 800 m östlich des „Großen Gräberfeldes" an der Ausfallstraße der Via decumana befindliche römische Friedhof in der Albertstraße (Abb. 1,2). Nach der Aufgabe der Zivilsiedlung im Westen und Osten des Legionslagers im späten 3. Jahrhundert n. Chr. entstanden neue Friedhöfe auf einst besiedeltem Gelände: Ein spätantiker Bestattungsplatz lag an der Straße, die außen entlang der nördlichen Lagermauer verlief. Davon sind einige Gräber bei Bauarbeiten unter dem Alten Rathaus zum Vorschein gekommen (Abb. 1,4). Spiegelbildlich dazu lag an der Ostseite des Lagers eine weitere Grablege des 4. Jahrhunderts, die bei der Grabung am Donaumarkt 2014/15 erfasst wurde

Abb. 5: Spätrömische Zwiebelknopffibel. [Foto: BLfD]

Abb. 6: Untersuchung des Sarkophaginnenraums durch Restauratoren des bayer. Landesamtes für Denkmalpflege vor der Öffnung. [Foto: BLfD]

Abb. 7: Sarkophagdeckel, durch den Erddruck beschädigt. [Foto: Kant]

(Abb. 1,5), während etwa zeitgleich nur 100 m südlich davon, in der Trothengasse, weitere Personen in einer aufgelassenen römischen Sandgrube bestattet wurden (Abb. 1,6).

Das „Große Gräberfeld" im Frühmittelalter

Trotz dieser unterschiedlichen Bestattungsplätze blieb das „Große Gräberfeld" der Zentralfriedhof Regensburgs. Wie tief in der Tradition des Ortes dieser Bestattungsplatz verwurzelt war, zeigte seine Entwicklung im 5. bis 7. Jahrhundert: Obwohl er damals schon weit außerhalb des damals besiedelten Areals – dem Legionslager – lag, wurde dort kontinuierlich weiter bestattet!

Im „Großen Gräberfeld" hatte bereits Dahlem einige wenige Bestattungen des Frühmittelalters bergen können. Durch die aktuellen Grabungen im „Dörnberg" sind es zahlenmäßig weit über hundert geworden. Die frühmittelalterlichen Gräber liegen sowohl im spätantiken Friedhofsareal als auch in der aufgelassenen Kiesgrube, die in den vorherigen Jahrhunderten als Bestattungsplatz gemieden wurde (Abb. 2, blau). Nach einer ersten Durchsicht der noch unrestaurierten Funde kann man sicher davon ausgehen, dass die Nekropole durchgehend bis in das zweite Drittel des 7. Jahrhunderts belegt worden ist. Dies bezeugt u. a. ein Männergrab mit einem schweren Breitsax und einer flechtbandtauschierten Gürtelgarnitur (Abb. 8) bzw. ein Frauengrab mit silbernen Körbchenohrringen. Dem so umstrittenen 5. Jahrhundert sind Frauengräber mit Miniaturperlen oder schlicht ausgestattete Männergräber mit zu Füßen deponierten einfachen Gürtelschließen zuzuweisen. Die bislang bekannten Vogel- und Bügelfibeln (Abb. 9) belegen den Zeithorizont des späten 5. und frühen 6. Jahrhunderts. Zahlreiche Gräber stammen aus dem mittleren 6. bis frühen 7. Jahrhundert, als Regensburg Residenz des bajuwarischen Herzogs wurde.

Unter letzteren sind zwei besonders hervorzuheben: ein Männer- und ein nebenan liegendes Frauengrab, die jeweils mit einem bronzenen Perlrandbecken ausgestattet waren (Abb. 10). Diese kostbaren Gefäße sind nur in Gräbern sozial herausragender Personen anzutreffen. Dieser Status wird im ungestörten Männergrab durch Reste eines goldgewirkten Gewebes unterstrichen: Ein Besatz mit Goldstickerei zog sich um den Ausschnitt des Gewandes und entlang der Arme. Die Goldfäden bestanden aus 0,2 mm (!) breiten Goldblechstreifen, die um einen textilen

Abb. 8: Einschneidiges Hiebschwert (Sax) aus dem 7. Jahrhundert in Fundlage. [Foto: Kant]

Faden gewickelt wurden (Abb. 11). Aufgrund der besonderen Feinheit dieses Textils dürfte das kostbare Gewand aus dem mediterranen Raum stammen. Dort sind goldgewirkte Textilien zum Beispiel auf den Mosaiken von San Vitale in Ravenna (Mitte 6. Jahrhundert) zu sehen. Sie stellen den byzantinischen Kaiser Justinian mit seiner Gattin Theodora dar, umgeben von ihrem Hofstaat. In Byzanz war das Tragen goldbestickter Gewänder nur der Kaiserfamilie und ihren Amtsträgern vorbehalten. Mit gutem Recht darf man daher in dem Männergrab aus dem „Großen Gräberfeld" eine Person aus der obersten Führungsschicht Regensburgs des fortgeschrittenen 6. Jahrhundert sehen.

Die kontinuierliche Belegung des „Großen Gräberfelds" über ca. 500 Jahre hinweg und der Nachweis von Bestattungen der frühmittelalterlichen Eliten werfen ein neues Licht auf die politische Situation in Regensburg. Bislang ist aus dem Areal innerhalb der Legionslagermauern
(= Stadtmauern) kein einziges gesichertes frühmittelalterliches Grab aus der Zeit vor 700 bekannt. Außer dem „Großen Gräberfeld" (Abb. 1,1) könnte die Nekropole an der Nordwestecke des Lagers ebenfalls kontinuierlich genutzt worden sein, denn frühmittelalterliche Gräber streuen vom Kohlenmarkt bis hin zum Haidplatz (Abb. 1, 4). Der frühmittelalterliche Friedhof bei St. Em-

links:
Abb. 9: Vogelfibel aus dem Frauengrab, um 500.
[Foto: BLfD]

rechts:
Abb. 10: Reich ausgestattetes Männergrab, zu Füßen mit 2 Glasbechern und einer Bronzeschale.
[Foto: Kant]

meram (Abb. 1,3) entstand hingegen auf den Resten der zerstörten Zivilsiedlung, ohne römische Wurzel. Bemerkenswert bei diesen Bestattungsplätzen ist, dass alle extra muros lagen. Demnach fand bis in die Zeit um 700 das römischen Recht weiterhin Beachtung. Das impliziert indirekt eine kontinuierliche Präsenz einer durchsetzungsfähigen politisch-administrativen Instanz in Regensburg. Welche rechtliche und ideelle Bedeutung das in der Spätantike und im Frühmittelalter so abseits gelegene „Große Gräberfeld" für die Bevölkerung Regensburgs und ihre Führungsschicht hatte, lässt sich zum jetzigen Zeitpunkt nur erahnen.

Abb. 11: Detail des Männergrabes mit den Resten des goldbestickten Gewandes. [Foto: BLfD]

Literatur

S. Codreanu-Windauer, L.-M. Dallmeier, Archäologie am Regensburger Donaumarkt. Denkmalpflege in Regensburg 14, 2013/14 (2015), 7–25.

S. Codreanu-Windauer, - Regensburg – Deine Toten. Bestattungsplätze rund um Regensburg in der Spätantike und dem frühen Mittelalter. Bayer. Archäologie 2, 2017, 28–35.

L.-M. Dallmeier, Fundort Regensburg. Archäologische Topographie der Stadt Regensburg: Vorgeschichte, römische Kaiserzeit und frühes Mittelalter innerhalb der zweiten Stadterweiterung. Regensburger Studien und Quellen zur Kulturgeschichte 10 (Regensburg 2000)

M. Hümmer, Vom Güterbahnhof westwärts: die nächsten 600 Gräber im Großen Gräberfeld von Regensburg. Arch. Jahr Bayern 2015, 88–91.

M. Hümmer, St. Zäuner, Plus 900: Weitere Gräber auf dem Großen Gräberfeld in Regensburg, Arch. Jahr Bayern 2016, 90–93.

F. Loré, Gräber und kein Ende? – Neue Grabungen im Großen Gräberfeld von Regensburg. Arch. Jahr Bayern 2011, 92–95.

G. Meixner, Neue Ausgrabungen im „Großen Gräberfeld" in Regensburg – Befunde der Linearbandkeramik und der römischen Kaiserzeit. Beitr. Arch. Oberpfalz 4, 2000, 235–278

S. von Schnurbein, Das römische Gräberfeld von Regensburg. Materialhefte Bayer. Vorgesch. A 31 (Kallmünz 1977)

Maria Baumann

Er überbrachte die Botschaft der Kunst

Ein Nachruf auf Dr. Friedrich Fuchs (1952–2016)

„Der lachende Engel. Auf den Spuren der Steine am Dom zu Regensburg" heißt das letzte Buch von Dr. Friedrich Fuchs. Bei der Vorstellung konnte er schon nicht mehr dabei sein. Er starb am 16. November 2016. Viele hundert Trauergäste schauten beim Requiem in der Kathedrale St. Peter zum lachenden Engel hinauf und nahmen dabei Abschied von dem Kunsthistoriker, der in seinem Forscherleben den steinernen Bewohnern des Doms ganz eng verbunden war und unzähligen Menschen die Geschichte des Bauwerks einfühlsam nahe gebracht hat.

Eines der Lieblingsstücke von Friedrich Fuchs ist 2,5 cm groß: ein Kieselstein, in den ein florales Muster, die Jahreszahl 1487 und ein typisches spätgotisches Steinmetzzeichen eingeritzt ist. Er fand sich bei der Archivoltengruppe mit der Darstellung der Wurzel Jesse am Westportal des Doms – an der Schulterrückseite Mariens in einer natürlichen Aushöhlung des Steins, eingebettet in altem Mörtel. Diese kleinen Geheimnisse, die bei der Restaurierung der Kathedrale immer wieder zu Tage treten, konnten den Kunsthistoriker und ausgebildeten Restaurator tief begeistern. „Wenn es stimmt, was aber die Auswertung der Steinmetzzeichensammlung des Regensburger Domes immer mehr bestätigt, dass hinter jedem Steinmetzzeichen wirklich ein Individuum steckt, dann könnte dieser Kiesel den Stoff für eine anrührende Geschichte enthalten. Ein Steinmetz findet einen besonderen Kiesel und fertigt daraus ein Amulett. Mühevoll ritzt er sein Zeichen und eine Jahrzahl ein und verbindet das Zeichen über die Öse hinweg organisch mit dem Hauptzweig einer Blüte auf der anderen Seite. Vielleicht sollte das Amulett ein Geschenk werden, an eine geliebte „irdische" Person oder als Weihegabe an die Gottesmutter Maria. Die Einritzungen sind jedoch wie von unzähligen Berührungen weich verschliffen. Auch bei der Öse zeigen sich Schleifspuren. Es scheint also, das Amulett wurde lange getragen. Hinzu kommt der besondere Ort seiner Verwahrung. Wer diesen gravierten Kieselstein – verbunden mit welchem Anliegen auch immer – der jugendlich schönen Maria am Hauptportal aufgeschultert hat, wird wohl auf ewig ein Rätsel bleiben müssen", referierte er über das besondere Fundstück bei der Dombaumeistertagung 2011.

Auf den Spuren der Domsteine

Der kleine Kieselstein verband vieles, was Dr. Friedrich Fuchs in seiner Arbeit wichtig war: die Kunst der Steinmetzen, die damit ihren Lebensunterhalt verdienten, aber in der Überzeugung des Mittelalters ihre skulpturalen

Dr. Friedrich Fuchs erzählte mit großem Fachwissen und Begeisterung aus der Geschichte, hier im reich ausgemalten gotischen Kirchlein Gronsdorf bei Kelheim. [Foto: Archiv Diözesanmuseum Regensburg / Karl Mandl]

Werke vor allem zu Ehren Gottes und der Heiligen aus tiefem Glauben schufen, die reiche Geschichte des Regensburger Doms und ihre zutiefst menschlichen Aspekte. Der Kunsthistoriker war stets neugierig, widmete sich einem breiten Feld seines Fachs, doch die Kathedrale St. Peter ließ ihn nie los.

Nach dem Abitur am Max-Reger-Gymnasium in Amberg studierte er an der Universität Regensburg Kunstgeschichte und Klassische Archäologie. Daneben absolvierte er von 1975 bis 1977 ein Lehramtsstudium für Grund- und Hauptschulen. Für seine abschließende Magisterarbeit 1979 wählte er bereits ein Thema, das Ausgangspunkt für viele weitere Publikationen werden sollte: „Das Westportal des Regensburger Domes – Eine Studie zur Bau- und Funktionsgeschichte". Forschergeist und Handwerk waren zwei Pfeiler, auf denen er seine wissenschaftlichen Werke baute. Von 1979 bis 1982 absolvierte Friedrich Fuchs eine Lehre in den Restaurierungswerkstätten Rappenegger. Mit dem Gesellenbrief in der Tasche schloss er von 1982 bis 1986 ein Promotionsstudium bei Prof. Jörg Traeger und Prof. Werner Gauer an. Seine Passion war geweckt und die Doktorarbeit „Die Skulptur am mittleren und nördlichen Westportal des Regensburger Domes" bot ihm die Gelegenheit, die steinernen Zeugen der Geschichte intensiv zu erkunden.

Als Restaurator und Kunstgeschichtler war Friedrich Fuchs in seinem Element, als Mitarbeiter eines vierjährigen Forschungsprojekts der Universität Bamberg zur Bau-, Funktions- und Kunstgeschichte des Regensburger Doms konnte er sich mit seinem sorgfältigen Eifer ganz dem komplexen Bauwerk widmen. Von seinem Fachwissen und seinem pädagogischen Gespür profitierten zahlreiche Studenten, die bei ihm an der Uni Bamberg zu Theorie und Praxis der Restaurierung und Denkmalpflege hörten. Fritz Fuchs war kein Wissenschaftler des Elfenbeinturms, sondern ein Forscher, der seine Begeisterung teilte und damit die Menschen bei Seminaren, Vorträgen und Führungen mitnahm durch die Jahrhunderte. Als Mitautor der mehrbändigen Forschungsreihe „Der Dom zu Regensburg – Baugeschichte und Ausstattung", als Ausbilder der Domführerinnen und Domführer, als Führer bei den Tagen des offenen Denkmals – die Leser und Zuhörer konnten von ihm immer wieder historische Neuigkeiten erfahren. Vor ihren Augen wurden die Steine lebendig. Die farbintensiven Glasfenster ebenso wie die Steinbildwerke, deren einst prächtige Farbfassungen er eindrucksvoll darstellen und interpretieren konnte, wurden bei seinen Erkundungen der Kathedrale wieder zu Lapides viventes.

Ein Aspekt der Bauhistorie faszinierte Fuchs besonders: die Steinmetzzeichen. Seit jeher gelten sie als geheimnisumwittert und nähren allzu romantische Vorstellungen von den mittelalterlichen Dombauhütten. Die Marken, die von den Steinmetzen kantenscharf in das fertige Werkstück eingeschlagen wurden, waren personengebundene Rechtszeichen und spielten bei der Lohnabrechnung eine Rolle. Die frühen Zeichen sind einfache Bilder von Werkzeugen oder sonstigen Dingen, die späteren werden immer mehr zu phantasievollen geometrischen Figurationen. Erst in der ausklingenden Gotik bekommen manche Zeichen den Charakter einer Künstlersignatur. Rund 10 000 Steinmetzzeichen hat Dr. Fuchs am Dom erfasst und an anderen Kirchenbauten, wie der Pfarrkirche St. Jakob in Straubing, viele weitere entdeckt, die er im Ruhestand weiter auswerten wollte.

Zwischen Mittelalter und heute

Die sakrale Kunst quer durch die Jahrhunderte war sein Beruf. Als Inventarisator begann er 1991 bei den Kunstsammlungen des Bistums Regensburg die Mammutaufgabe, das Kunstgut der Kirchen der Diözese zu verzeichnen. Maßgeblich entwickelte er ein Computerprogramm mit, das Text- und Bilddaten zu Gemälden, Skulpturen, Altären und Vasa sacra gut recherchierbar zusammenführt. In Sakristeien, auf Dachböden, in weiten Kirchenschiffen war sein Arbeitsplatz, mit dem Laptop auf dem Schoß begutachtete er Heilige, deutete er das Bildprogramm von Deckenfresken aus, suchte er an Kelchen und Monstranzen nach Goldschmiedestempeln. Er freute sich über erstaunlich qualitätvolle Werke, widmete sich aber ebenso intensiv den einfachen künstlerischen Zeugnissen der Epochen. Dr. Fuchs war ein akribischer Wissenschaftler, den die Geschichte der Stücke reizte. Davon konnte er leidenschaftlich erzählen, quer durch das Bistum, ob im gelehrten Kreis oder einfach jedem, der mehr über die Kirche vor Ort wissen wollte.

So sehr ihn das Mittelalter faszinierte, so aufgeschlossen war er der zeitgenössischen Kunst. Er publizierte über moderne Kirchenbauten und öffnete bei Exkursionen die Türen zu Gotteshäusern, die eine aus der Architekturhistorie gewachsene Formensprache ins Heute übersetzen. Mit Empathie und sensiblem Interesse für das Schaffen der Künstler ebenso wie für die kontroversen Sichtweisen der Betrachter trug er ganz entscheidend zum Erfolg des Projekts „Da-Sein in Kunst und Kirche" bei. Seit 2011 bringt das Diözesanmuseum dabei neue Kunst in die Kirchen des Bistums. Bei zahlreichen Kunstbetrachtungen erschloss er dabei die spannenden Aspekte der für viele ungewohnten Werke und kam erfüllt zurück, wenn er die Kraft eines abstrakten Gemäldes neben der barocken Madonna vermitteln konnte. Mit einem stillen Lächeln, beredter Rhetorik und großem Fachwissen überbrachte Friedrich Fuchs die Botschaft der Kunst.

In Nachtschichten arbeitete Fritz an seinen vielen Veröffentlichungen. Wenn er die langen Abende bei einem

Ein kleiner Kieselstein und sein Rätsel: Das heute im Domschatzmuseum ausgestellte Stück faszinierte Friedrich Fuchs. [Foto: Diözesanmuseum Regensburg, mit frdl. Genehmigung des Staatlichen Bauamtes Regensburg]

Western und einem Glas Wein ausklingen lassen konnte, war das seine Erholung. Ganz fix stand am Montag das Reiten in seinem Terminkalender. Eine abendliche Laufrunde im Universitätsviertel, ein gutes Buch – von Thomas Bernhard bis Christoph Ransmayr –, Garteln in seinem idyllischen Grundstück in Kumpfmühl, Ausstellungsbesuche in München und mit seiner Frau Irene in den Urlauben an nahen und fernen Zielen Land und Leute kennenlernen, für Friedrich Fuchs gehörten Natur, Kunst und Genießen stets zusammen. All das prägte seine Lebenskultur, mit der er wertvoller Partner, Freund und Kollege war. Er fehlt an vielen Orten und in vielen Beziehungen. Der lachende Engel im Regensburger Dom ist aber nicht nur das Cover seines letzten Buches, ein klein wenig trägt er die Gesichtszüge von Friedrich Fuchs, der ihm mit seinem Forschergeist so oft ganz nahe war, und damit die Erinnerung.

Volker Wappmann

Evangelische Pfarrersfamilien in Regensburg

Ein Blick in ein verklärtes Familienleben

Universitätskirchen sind von der Aura der Neuerung umgeben. Nicht nur heute, auch in der Zeit der Reformation traf man sich in den akademischen Hallen, um Neues auszuprobieren. Das Abendmahl unter beiderlei Gestalt zum Beispiel. Am 5. Juli 1523 durfte ein Laie erstmals aus einem Kelch trinken. Oder die Pfarrerehe. Am darauffolgenden Sonntag wagte es der Priester Johannes Lang, Seelsorger in der christlichen Studentengemeinde in Erfurt, vor den Traualtar zu treten. Der Ärger auf der Seite der Altgläubigen war groß. Priesterehen hatte es seit 400 Jahren nicht mehr gegeben. Man wagte es, eine alte Tradition umzuwerfen. Rom war entsetzt.

Martin Luther folgte zwei Jahre später. Bis zu seiner Eheschließung mit der Nonne Katharina von Bora hatte er sich zurückgehalten, was Beziehungen zum weiblichen Geschlecht betrifft. Ihm stehe nun einmal nicht der Sinn nach einer Ehe, bekannte er noch im Spätjahr 1524 seinem Vertrauten Spalatin. Noch immer wohnte er mit dem Prior im „Schwarzen Kloster" zu Wittenberg, ohne Frau und ohne Ehestand. Bis Oktober 1524 trug Luther auch noch das traditionelle Mönchsgewand und wechselte erst dann zum Professorentalar. Luther wurde zum zivilen Familienvater, der nicht nur mit Frau und Kindern zusammenlebte, sondern auch mit Studenten, Hausmädchen und -lehrern sowie entfernten Verwandten.

Die Pfarrersfamilie als Idealbild?

Neben dem Kelch wurde die Pfarrerehe zu einem Kennzeichen der Reformation. Nachdem im Jahre 1542 Pfalzgraf Ottheinrich I. die Reformation in seinem Fürstentum Pfalz-Neuburg eingeführt hatte, machte er auch die Pfarrerehe verbindlich. Der Pfarrer sollte nicht mehr mit Haushälterin und Köchin zusammenleben und auf diese Weise für Gerüchte sorgen, sondern eine ordentliche Ehe führen. Die wilden Ehen bisheriger Priester waren kein Vorbild für das einfache Volk. Ab 1542 wurde die Heirat des Pfarrers auch in Regensburg erwartet. Die Pfarrfamilie war geboren.

Trotz Gudrun Ensslin besitzt noch heute die evangelische Pfarrfamilie einen guten Ruf. Mit ihr verbindet sich der Gedanke an eine intakte, vorbildhafte Familie, an hohen Bildungsstand, überdurchschnittlichen Kindersegen, Hausmusik. All das konnte der römische Katholizismus mit seinem Verbot der Priesterehe nicht bieten.

Es stellt sich allerdings die Frage, ob das Idealbild der evangelischen Pfarrfamilie, Jahrhunderte durch die Kirchengeschichte transportiert, tatsächlich mit den Fakten übereinstimmt. Hat es dieses Vorbildhafte Luthers tatsächlich gegeben – der Meister, mit der Laute in der Hand unter dem Weihnachtsbaum sitzend und angehimmelt von seiner Familie? Oder hat es eigene Entwicklungen gegeben, unabhängig von dem großen Theologen? Am Beispiel der Regensburger Pfarrfamilien möchte ich prüfen, ob wir es mit einem Ideal zu tun haben oder mit Realität. Nachdem in diesem Jahr das Regensburger Pfarrerbuch veröffentlicht wurde, steht Material zur Verfügung, das uns den Zustand der evangelischen Pfarrersfamilie im Laufe der Jahrhunderte zeigt. Wir beschränken uns auf die Zeit zwischen 1542, dem Jahr der Einführung der Reformation in Regensburg, und dem Jahr 1810, dem Jahr der Übernahme des Dalberg'schen Fürstentums Regensburg durch das Königreich Bayern.

Herkunft

Die Herkunft der ersten reformatorisch gesinnten Pfarrer in Regensburg ist klar. Sie stammen meistens vom Land und sind irgendwann einmal in Regensburg eingewandert. Erst in der zweiten Hälfte des 16. Jahrhunderts bilden sich „Pfarrersdynastien", die nicht nur in Regensburg über Jahrhunderte hinweg Bestand haben. Die bedeutendste Familie ist die Familie Grimm, die sich über drei Generationen hin durch das 18. Jahrhundert zieht. Sie beginnt mit Johann Melchior Grimm (1682–1749), dem Sohn eines Soldaten aus Kaltennordheim in der Grafschaft Henneberg. Mehrere Pfarrer stellen die Familien Donauer, Pfaffreuter und Eckenberger, die alle aus der Oberpfalz stammen und nach Regensburg eingewandert sind.

Ausbildung

Im späten Mittelalter entsteht durch fürstlichen Wink die klassische Landesuniversität. Die pfälzischen Kurfürsten gründen die Universität Heidelberg, die Mainzer Erzbischöfe die Universität Erfurt und die Herzöge von Bayern-Landshut die Universität Ingolstadt. Der sich neu herausbildende Kleinstaat braucht Juristen und Theologen. Die Geistlichen der Freien Reichsstadt haben bis tief in das 16. Jahrhundert hinein keine akademische Ausbildung. Leopold Moser, ein Österreicher und Hausprediger der Freiherren Stauffer von Ehrenfels, feiert 1542 das Hl. Abendmahl in Regensburg unter beiderlei Gestalt, kann aber auf keine akademische Ausbildung verweisen. Neben ihm gibt es noch weitere Prediger, die nicht studiert haben. Nach der Einführung der Reformation gibt es nur vier Priester in Regensburg, die eine universitäre Ausbildung genossen haben, und zwar an der Universität Ingolstadt. Theologische Bildung ist bei katholischen Priestern des Mittelalters kaum verlangt.

Mit der Einführung der Reformation wächst das landesherrliche Interesse an akademisch ausgebildeten Predigern. Der Rat der Stadt Regensburg holt sich seine Beamten aus der Universität Wittenberg. Hier lehrt Luther zusammen mit anderen bekannten Reformatoren. Auch

Erträumtes Idyll: Martin Luther im weihnachtlichen Familienkreis. Holzstich nach C. A. Schwerdgeburth. [Abbildung: Slg. Peter Morsbach]

Der Regensburger Prediger und Chronist Christian Gottlieb Dimpfl (1709–1781), verheiratet mit Katharina Maria Elisabeth Ströhlin (1718–1788), mit der er sechs Kinder hatte. [Foto: Evangelisches Kirchenbucharchiv Regensburg]

nach dem Tod des Meisters und dem Zusammenbruch evangelischer Großmachtpläne im Schmalkaldischen Krieg 1546 bleibt Wittenberg als Ausbildungsort weiterhin aktuell. Insgesamt 40 Studenten wandern aus Wittenberg nach Regensburg und sichern den Ruf der Reichsstadt als ein Zentrum lutherischer Theologie.

Nach dem Übergang der Wittenberger Universität an das albertinische Sachsen gründen die Ernestiner in Jena eine neue Universität. 57 Theologiestudenten ziehen nach Regensburg und machen Jena zur Hauptquelle lutherischer Theologie für Regensburg. Aus Leipzig kommen 23 Studenten, aus Tübingen 21, um in Regensburg ordiniert zu werden und den Pfarrersberuf zu ergreifen. Damit schließt sich der Kreis der Universitäten, die Regensburg mit lutherischer Theologie versorgen. Andere theologische Fakultäten, wie Altdorf, Straßburg und Halle, fallen als Quelle einer „Regensburger Theologie" kaum ins Gewicht.

Werke

Im Vergleich zu anderen Geistlichen fällt auf, dass die Regensburger Pfarrer fleißig Literatur produzieren. Endlos lassen Nikolaus Gallus, Salomon Lentz, Johann Heinrich Ursinus und Jakob Christian Schäffer drucken, sowohl als Schreiber theologischer Werke wie auch apologetischer Literatur. Bei Schäffer fällt auf, dass er sich kaum der Theologie widmet, sondern mehr den Naturwissenschaften und technischen Erfindungen. Als Erfinder des holzfreien Papiers und der Waschmaschine ist er besonders bekannt geworden. Hauptproduktion aller Pfarrer sind die Leichenpredigten, die zur geistlichen Erbauung unter das Publikum gestreut werden.

Familie

Die Regensburger Pfarrfamilie scheint zu funktionieren. Der neu angehende Pfarrer nimmt sich seine Ehefrau aus einer Pfarrfamilie oder einer Handwerks- und Kaufmannsfamilie. Im Regelfall geht die Ehe gut. Von 160 Pfarrern lassen sich zwei Pfarrer scheiden bzw. geht die Familie auseinander (Jakob Fischer, Johann Georg Frendel). Die anderen halten ihre Ehen durch. Ob sich die Pfarrersleute immer vertragen haben, ist zu fragen. Möglicherweise hat der soziale Druck für ein Zusammenhalten der Ehen und Familien gesorgt. Wer wollte sein Leben als einfacher Hauslehrer beenden? Auffällig ist, dass aus den Regensburger Pfarrfamilien keine national oder internation bekannten Persönlichkeiten hervorgegangen sind.

Abgesehen von Regensburg: Der Pfarrernachwuchs war bedeutend nicht nur nach der Zahl, sondern auch nach der Größe. Ich verweise auf die Literaten Christian Knorr von Rosenroth, Gotthold Ephraim Lessing und Christoph Martin Wieland oder auf die Philosophen Friedrich Wilhelm Schelling, Friedrich Schlegel und Friedrich Nietzsche. Wie es zu dieser Häufung kam? Zum einen pflegte das evangelische Pfarrhaus Bildung und geistige Weite, zum anderen kannte das evangelische Pfarrhaus keine geistigen Verluste wie im Katholizismus, der durch die Ablehnung der Pfarrfamilie seine geistige Zukunft beschnitt.

Das Phänomen der evangelischen Pfarrfamilie ist evident. Auch in einer Stadt wie Regensburg, die trotz Einführung der Reformation 1542 eine katholisch „beherrschte" Stadt blieb, gelang es einer evangelischen Führungselite, sich Bedeutung und einen guten Ruf zu sichern. Ursache dafür war ohne Zweifel ein Privatleben, das dem katholischen Partner Respekt abnötigte.

Lit.: Volker Wappmann, Regensburger Pfarrerbuch. Die evangelischen Geistlichen der Reichsstadt 1542 bis 1810 (= Arbeiten zur Kirchengeschichte Bayerns 96), Nürnberg 2017

Bürgermeisterin Getrud Maltz-Schwarzfischer, die derzeit bekannteste und am meisten bewunderte Pfarrerstochter in Regensburg.
[Foto: Stadt Regensburg / Bilddokumentation]

Hubert H. Wartner

Das Kumpfmühler Gartensalettl

Lohn der Geduld – das Schmuckkästchen im Kumpfmühler Karl-Bauer-Park

Im Oktober 2016 wurde der gelungene Abschluss der Sanierungsarbeiten des barocken Gartensalettls im Karl-Bauer-Park in Kumpfmühl gefeiert. Dass es so weit kam und aus einer Ruine ein Schmuckstück des im Laufe der Jahrzehnte baulich so gebeutelten Stadtteils wurde, ist auch engagiertem Bürgerwillen zu verdanken. Der 1. Vorsitzende des Geschichts- und Kulturvereins Regensburg-Kumpfmühl e. V. (GKVR), der die Entscheidungsträger lange Zeit hartnäckig und schließlich erfolgreich bedrängte, berichtet von der schönen Erfolgsgeschichte.

Im Herzen Altkumpfmühls

Wie der Regensburger Stadtheimatpfleger Dr. Werner Chrobak in seinem Vortrag im Mai 2015 anlässlich des Beginns der Sanierungsarbeiten bemerkte, so könnte man in Kumpfmühl, das vor allem wegen des durch Grabungen nachgewiesenen römischen Kohortenkastells (um 80 n. Chr.) sowie der dazu gehörenden Zivilsiedlung und bedeutender Funde aus vorchristlicher Zeit (rund 5000 Jahre v. Chr.) bekannt ist, nahezu keine bemerkenswerten Bauten aus späterer Zeit – bis hinein ins 18. Jahrhundert – finden. In der Zeit nach dem Zweiten Weltkrieg wurde alte Bausubstanz aus dem 19. Jahrhundert unüberlegt und ohne triftigen Grund abgerissen, offensichtlich nur, um vermeintlich „modernen" Bauten Platz zu machen; nicht nur die Eigentümer sind verantwortlich dafür, Unwiederbringliches beseitigt zu haben. Der Zweite Weltkrieg hatte ohnehin seine Spuren hinterlassen; so ist zum Beispiel der heutige Kumpfmühler Marktplatz, vormals Standort des stattlichen Zacheranwesens, eine solche Folge des Bombenkrieges. Mit dem verhinderten Abriss des „Salettl" genannten Gartenhäuschens aus dem 18. Jahrhundert konnte nun das einzige Beispiel des ohnehin seltenen barocken Bauens im Stadtteil vor dem gänzlichen Verfall bewahrt werden und sogar zum Schmuckkästchen avancieren.

Der unvergessene Lehrer und Autor Karl Bauer hat bereits in der ersten Auflage seines einzigartigen Regensburg-Klassikers von 1962 das Gartenhaus als „das gefällige Salettchen" erwähnt, das „hinter dem jetzigen Altersheim" östlich der Bischof-Wittmann-Straße im letzten Drittel des 18. Jahrhunderts entstanden ist. Als vermutlicher Architekt wird der Stadtamhofer Maurermeister Christoph Thomas Wolf genannt, der das schlichte Gartenhaus mit seiner typischen, überdachten, hölzernen Außentreppe in der Südwestecke des Klostergartens des fürstlichen Reichsstifts Obermünster plante, dessen Stiftsgebäude am Obermünsterplatz er auch errichtete; ein entsprechender Grundriss befindet sich in einer Darstellung der Burgfriedensgrenzen von 1768, wie Hermann Reidel in seinem Festschrift-Beitrag „Kumpfmühl im Spiegel der Graphik" anlässlich des Stadtteiljubiläums 2009 berichtet. Als Titelbild wählten die Herausgeber der Festschrift damals eine im Historischen Museum Regensburg aufbewahrte kolorierte Federzeichnung aus dem 16. Jahrhundert, die – allerdings auf den Kopf gestellt – das Gelände südlich der alten Reichsstadt zeigt. Westlich der ehemaligen Via Augusta, Nord-Süd-Magistrale des Römerreiches, der heutigen Kumpfmühler Straße, ungefähr in der Mitte zwischen der vom mittelalterlichen Mauerring umgebenen Altstadt im Norden und dem Kartäuserkloster St. Vitus im Süden, zeichnete der unbekannte Künstler mit geradezu kindlicher Naivität und Darstellungskraft ein baumbestandenes Geviert, das in etwa dem heutigen Karl-Bauer-Park entspricht, in dem nicht ganz zweihundert Jahre später das Gartensalettl erbaut wurde, das Herz Altkumpfmühls.

Kultureller Treffpunkt

Ursprünglich im Besitz des Klosters St. Emmeram, erwarb im 18. Jahrhundert das Damenstift Obermünster diesen Garten. Auf Wunsch und Initiative der Äbtissin Anna Magdalena Franziska von Dondorf (1719–1765) oder ihrer Nachfolgerin Maria Franziska von Freudenberg (1765–1775) entstand in dessen gemauerter Umfriedung schließlich das Gebäude, das sich – allen Zeitläuften zum Trotz – bis in unsere Tage erhalten hat. Gerade in einer Zeit globaler Beziehungen ist es, so wichtig internationaler Austausch auch ist, ein wahrliches Geschenk, anhand eines solchen Baudenkmals Geschichte nahezu ablesen zu können, hat es doch, eingebettet in die exklusive, klösterliche Gartenidylle im Dorf Kumpfmühl, manch bedeutende historische Geschehnisse erlebt, man könnte sagen, an sich vorbeiziehen sehen. Vom Ende des Hl. Römischen Reiches Deutscher Nation, dessen Immerwäh-

Das Salettl vor und nach der Sanierung. [Foto oben: P. Morsbach, Foto unten: H. Wartner]

render Reichstag bis 1806 in der nahen Freien Reichsstadt tagte, über die Zeit Napoleons, das Bayerische Königreich, bis hin zur Weimarer Republik und NS-Zeit, das Salettl hat immer Menschen innerhalb seiner massiven Mauern und unter seinem barocken, Biberschwanz gedeckten Zeltdach beherbergt; es war stilvoller Rahmen für den gehobenen Diskurs des geistlichen und weltlichen Adels, aber auch Notunterkunft in der Zeit nach dem Zweiten Weltkrieg. Noch bis in die Zwanzigerjahre des vorigen Jahrhunderts wurde die anspruchsvolle Unterhaltung, der geistige Austausch im kleinen Festsaal im freskengeschmückten Obergeschoss gepflegt, buchstäblich abgehoben und außerhalb der reichsstädtischen Enge und doch schon dem vormals Herzoglich-Kurbayerischen Hoheitsgebiet ganz nah. Eine, unweit davon, noch am originalen Standort in der heutigen Simmernstraße befindliche Burgfriedenssäule repräsentierte die Grenze der reichsstädtischen Gerichtsbarkeit.

Aber auch die Bürgerschaft nutzte seit dem Ende des 18. Jahrhunderts – die alten Befestigungsanlagen hatten ihre Funktion verloren – vor allem im Sommer die zahlreichen in der Nähe des Salettls gelegenen Bierkeller der Brauereien, die sich am südlichen Stadtrand angesiedelt hatten, als erbauliches Familienausflugsziel. Man entfloh den en-

Liebevoll gestaltete Details im Außenbereich.
[Fotos: Stadt Regensburg / Bilddokumentation]

gen, verwinkelten Gassen der Altstadt und ließ mit Unrat und schlechter Luft sicher oft auch die Sorgen des Alltags hinter sich, um dort, über der Stadt, bei Speis und Trank gemütlich zu verweilen oder auch Feste zu feiern; Karl Bauer nennt „drei bekannte und gerne besuchte Sommerkeller" allein entlang der heutigen Bischof-Wittmann-Straße: Behner-, Stadler- und Schmauskeller. Keiner davon ist mehr erhalten; letzterer fiel den Bomben des Zweiten Weltkrieges zum Opfer. Allein das Salettl steht heute noch, ganz in der Nähe des Schmauskellers, an seinem ursprünglichen Platz und spricht, nun in neuem Glanz, zu uns über die Vergangenheit dieses besonderen Ortes …

Bürgerschaftliches Engagement

Nach vielen Jahren des Engagements und intensiver Öffentlichkeitsarbeit durch den Geschichts- und Kulturverein Regensburg-Kumpfmühl wurde im Oktober 2016 das restaurierte, denkmalgeschützte Barockgebäude von städtischer Seite der Öffentlichkeit präsentiert. Im Rahmen eines gesonderten Festakts brachte der GKVR seine Freude über den Abschluss der Arbeiten zum Ausdruck. Über 200 Gäste waren in den Pfarrsaal von St. Wolfgang, die „gute Stube" Kumpfmühls, gekommen, um sich zusammen mit den Veranstaltern darüber zu freuen, dass nach jahrelangem, hartnäckigem Bemühen endlich das

Der Innenraum im Obergeschoss nach vollendeter Sanierung. Der Putz wurde mit aufwendiger Technik im Originalzustand erhalten. [Fotos: Stadt Regensburg / Bilddokumentation]

Regisseur und Autor Dieter Wieland am 14. Oktober 2016 bei seinem Festvortrag im Pfarrsaal von St. Wolfgang. [Foto: H. Wartner]

ersehnte Ziel einer denkmalgerechten Sanierung und sinnvollen Nutzung des unter dem Namen „Salettl" im Stadtteil bekannten und beliebten Gartenhauses erreicht worden war. Seit Vereinsgründung 2007 habe man, so der 1. Vorsitzende des GKVR, das Ziel vor Augen gehabt, das stark verfallene und vom Vandalismus gezeichnete Gebäude aus dem 18. Jahrhundert nicht nur vor dem drohenden Abriss zu bewahren, sondern sich auch um eine denkmalgerechte Sanierung zu sorgen und einer denkmalverträglichen Nachnutzung zuzuführen. Der Dank des Vorsitzenden galt den Verantwortlichen in Politik und Verwaltung dafür, dass man am lange ersehnten Ziel endlich angekommen war: „Wir sind glücklich, dass die Sanierungsarbeiten am historischen Gebäude im Kumpfmühler Karl-Bauer-Park nun einen Abschluss gefunden haben. Das barocke Gartenhaus ist ein Schmuckstück nicht nur in Regensburgs ältestem Stadtteil, Kumpfmühl, sondern auch für die gesamte Welterbestadt!"

Im Mittelpunkt des Festakts, der von Musik aus drei Jahrhunderten umrahmt wurde, stand kein Geringerer als der Regisseur und Autor Dieter Wieland, den man für das Festreferat gewonnen hatte. Mit seinem engagierten Vortrag „Bayern ist ein Kulturstaat – Artikel 3 der Bayerischen Verfassung" gelang es dem weit über die Grenzen

Bayerns hinaus bekannten Denkmalschützer, mit Anekdoten und lokalen Bezügen gewürzt, die gebannte Aufmerksamkeit der vielen Anwesenden aus Bürgerschaft, Politik und Denkmalpflege zu erreichen. Dem GKVR dankte er ausdrücklich für sein hartnäckiges Engagement. Grußworte sprachen unter anderem Dr. Wolfgang Illert vom Vorstand der Deutschen Stiftung Denkmalschutz und, im Auftrag des Bayerischen Landesamtes für Denkmalpflege, Hauptkonservator Dr. Michael Schmidt. Beide Redner dankten darin ebenso vor allem dem engagierten Verein und seinem 1. Vorsitzenden, Hubert H. Wartner, für das jahrelange Engagement und die unermüdliche Öffentlichkeitsarbeit, die maßgeblich dazu beigetragen habe, dass das nun von allen so gelobte Ergebnis erreicht worden sei. Die eigentlichen Sanierungsarbeiten waren unter Leitung der zuständigen Stellen der Stadt Regensburg im Sommer 2015 begonnen worden. Unter fachlicher Begleitung des Bayerischen Landesamtes für Denkmalpflege sowie der städtischen Denkmalbehörde, konnte ein wahrlich gelungenes Ergebnis erzielt werden. Die Restaurierung der Freskenreste im Obergeschoss war zum Zeitpunkt des Festakts noch nicht vollständig abgeschlossen.

Besonders herausgestellt wurde von den anwesenden Fachleuten die Tatsache, dass die Sanierung von Anfang an fotografisch dokumentiert worden war. Eine kleine Ausstellung am Rande des Festakts bot Gelegenheit, Einblick in die verschiedenen Arbeitsschritte der Sanierungsmaßnahme zu nehmen; eine ausführliche Filmdokumentation entstand in Zusammenarbeit von Albert Schettl (AS Filmproduktion), der auch fotografiert hatte, und Hubert H. Wartner (GKVR). Finanziell unterstützten das städtische Projekt das Bayerische Landesamt für Denkmalpflege, die Bayerische Landesstiftung, die Deutsche Stiftung Denkmalschutz und der Bezirk Oberpfalz mit insgesamt 200 000 Euro. 1,2 Millionen wurden in die gesamte Maßnahme investiert, wovon je ca. die Hälfte für die eigentliche Sanierung bzw. die Errichtung eines Funktionsgebäudes für das städtische Gartenamt aufgewendet wurden. Das Erdgeschoss des Gebäudes, dessen Außenbereich landschaftsplanerisch neu gestaltet wurde, dient nun Mitarbeitern des städtischen Gartenamtes als Aufenthaltsraum. Im Obergeschoss fand bereits die erste Veranstaltung des Geschichts- und Kulturvereins Regensburg-Kumpfmühl in Zusammenarbeit mit dem Ortskuratorium für Regensburg und die Oberpfalz in der Deutschen Stiftung Denkmalschutz (DSD) und dem Kulturreferat der Stadt Regensburg statt. Stilvoll musikalisch umrahmt referierte Dr. Thomas Barth vom Archiv der Stadt Burglengenfeld zum Thema „Graf Alexander von Westerholt (1763–1827) und seine Familie". Graf von Westerholt, Thurn & Taxisscher Geheimrat und Bibliotheksdirektor, war vormals Besitzer des barocken Gartenhäuschens.

Werner Ludwig Sturm

Eine Persönlichkeit ohne Gleichen

Carl Heinrich Freiherr von Gleichen: Diplomat, Philosoph, Essayist, Geheimwissenschaftler, Wohltäter der Stadt Regensburg

„Eingedenk mancher mir erwiesenen Gefälligkeiten … habe ich die Idee gefasst, eine Allee von Bäumen … zur Zierde der Stadt und zur Gesundung der Einwohnerschaft anlegen zu lassen." Mit diesem Schreiben machte Fürst Anselm von Thurn und Taxis 1779 der Stadt Regensburg das Angebot, einen baumbestandenen Spazierweg um die Stadt anzulegen. Noch im selben Jahr wurde mit den Arbeiten begonnen. Fürstprimas Carl Theodor von Dalberg, seit 1803 Herr der ehemals Freien Reichsstadt Regensburg, erweiterte und verschönerte die Allee um die Altstadt und trug aus seiner Privatkasse zum Schmuck und Unterhalt der Anlagen bei. Um den Spazierweg mit ihren zahlreichen Baumpflanzungen noch anziehender zu machen und für die Bevölkerung aufzuwerten, wurden nicht zuletzt auf Dalbergs Veranlassung im frühen 19. Jahrhundert in bestimmten Abständen künstlerisch gestaltete Denkmäler bekannter und um die Stadt verdienter Persönlichkeiten errichtet.

Wie das Denkmal für Johannes Kepler wurde das klassizistische Monument für den Freiherrn Heinrich Carl von Gleichen nach 1807, nach Plänen von Emanuel Joseph von Herigoyen, dem Architekten Dalbergs, verwirklicht. Die Ausführung lag in den Händen der Werkstatt des führenden Regensburger Bildhauers jener Jahre, Christoph Ittelsberger.

Ein vornehm-feingeistiges Denkmal

Das Monument in der Allee in der Nähe des fürstlichen Schlosses zur Erinnerung an Heinrich Carl von Gleichen ist, wie viele andere aus der Zeit des Klassizismus, entsprechend künstlerisch vornehm und feinsinnig gestaltet. Im Gegensatz sind auf den Denkmälern des späten 19. Jahrhunderts meist lebens- oder überlebensgroß dargestellte, meist in Bronze gegossene Personen zu sehen. Sie sollen fotografisch genau in heraldischer Pose auf den Betrachter wirken. In Regensburg kennen wir die Standbilder von König Ludwig I. auf dem Domplatz, Bischof Michael Sailer auf dem Emmeramsplatz und Don Juan d'Austria, den Sieger der Seeschlacht von Lepanto, auf dem Zieroldsplatz beim Alten Rathaus.

Nur wenige Spaziergänger, die auf den gepflegten Wegen durch die Alleen flanieren, können sich unter dem Denkmal mit der oben abschließenden Sphinx einen persönlichen Bezug herstellen. Ihm, dem besonderen Wohltäter der Stadt Regensburg, war es nicht in die Wiege gelegt, dass ihm dieses Denkmal gesetzt würde, er, der die letzten Jahrzehnte seines Lebens von 1779 bis zu seinem Tode 1807 in der Stadt des Immerwährenden Reichstages im Ruhestand verbrachte und als Ehrenmann in die Geschichte der Stadt einging.

Stationen seines Lebens

Der spätere Diplomat Carl Heinrich von Gleichen stammte aus Nemmersdorf in Franken, wo er 1733 als einziger Sohn des markgräflich-bayreuthischen Oberjägermeisters Ernst von Gleichen und dessen Gemahlin Cordula zur Welt kam. Über seine Kindheit und Jugend gibt es keine genaueren Aufzeichnungen. Um 1750 studierte er an der Universität Leipzig, wo er u. a. Vorlesungen des Dichters Christian Fürchtegott Gellert belegte. Seine weitere Ausbildung vervollständigte er, durch seinen Vater finanziell ermöglicht, in Italien und Frankreich. Bald darauf wurde er Kammerjunker in markgräflichen Diensten zu Bayreuth.

Im Alter von 20 Jahren unternahm er mit dem befreundeten Dichter Johann Friedrich von Cronegk (1731 bis 1758) eine Reise nach Frankreich und verband dies mit einem Besuch in Paris.

Im Jahre 1755 begleitete er das Markgrafenpaar von Bayreuth nach Italien. Noch in diesem Jahr ernannte ihn der Markgraf zum Kammerherrn seiner Gemahlin. 1758 vermittelte der französische Botschafter den Einstieg in den diplomatischen Dienst beim dänischen König.

In verschiedenen Tätigkeiten zwischen 1760 und 1771 war er auch als Gesandter des Königs von Dänemark in Rom, Paris, Neapel und Madrid diplomatisch tätig. 1771 beendeten die Dänen ihre diplomatische Tätigkeit in Neapel, was den Freiherrn von Gleichen bewog, sich mehr in das Privatleben zurückzuziehen.

1779 siedelte er nach Regensburg über. Hier genoss er die gepflegte Gesellschaft mit den zahlreichen Reichstagsgesandten bei wöchentlichen Zusammenkünften. Er stand

Das Denkmal mit der Sphinx. Errichtet 1807 nach einem Entwurf von Emanuel Joseph von Herigoyen. [Foto: Peter Morsbach]

in Kontakt mit vielen Schriftstellern und Dichtern aus Deutschland und vor allem Frankreich. Hier konnte er seinen literarischen und wissenschaftlichen Interessen nachgehen. Er pflegte die Verbindungen zu zeitgenössischen Aufklärern, Enzyklopädisten und Philosophen wie Jean-Jacques Rousseau und Voltaire.

1781 hielt sich Kaiser Franz II. von Österreich für kurze Zeit in Regensburg auf. Beim Besuch des Theaters kam es zu einem überraschenden Zusammentreffen zwischen Kaiser und Freiherrn von Gleichen. Der Monarch zeigt sich erfreut, den weitgereisten Diplomaten, den er von Paris bereits kannte, hier zu treffen. In Regensburg hatte von Gleichen im Laufe der Jahre eine Gruppe von Freunden und Gleichgesinnten um sich geschart, die sich der Geselligkeit, der Literatur und des Okkultismus widmete.

Im Alter zog sich von Gleichen mehr und mehr in die Rolle des freigebigen und leutseligen Ruheständlers zurück. Dies konnte er sich finanziell leisten, da er von seinem 1761 verstorbenen Vater als einziger Erbe in den Genuss eines beträchtlichen Vermögens gekommen war, das er seinem Haushofmeister zur Verwaltung anvertraute. Von Gleichen war zu diesem Mann zu vertrauensselig, denn es stellte sich heraus, dass der Verwalter mehr in die eigene Tasche wirtschaftete und einen Teil des Vermögens verschleuderte, als mit den Gütern des Freiherrn gut zu wirtschaften. Die Aufdeckung erschütterte den ungetreuen Verwalter so sehr, dass er Hand an sich legte und Selbstmord beging. Darüber grämte sich Freiherr von Gleichen so sehr, dass er gesundheitlich stark angeschlagen bald darauf, am 5. April 1807 starb.

Geizig? Nichts dergleichen!
Bereits zu Lebzeiten war Freiherr von Gleichen bei den Armen der Stadt Regensburg wegen seiner Freigebigkeit geschätzt und hoch angesehen. In seinem Testament verteilte der Freiherr einen großen Teil seines noch immer beträchtlichen Vermögens an die Bedienten seines Haushaltes. An die Armen der Stadt Regensburg ließ er ohne Unterschied der Konfession zahlreiche Spenden verteilen. Selbst seine treuen Hunde bedachte er im Testament und ließ ihnen eine lebenslange Versorgung zukommen.

In seiner Regensburger Zeit setzte sich von Gleichen auch ein literarisches Denkmal. In den seiner Feder entflossenen „Denkwürdigkeiten des Barons Heinrich Carl von Gleichen", fertigte er Aufsätze über Personen und die Lebensverhältnisse der zweiten Hälfte seines Jahrhunderts. Diese Veröffentlichungen wurden bereits zu seiner Zeit als große literarische Leistung anerkannt, als Quellenwerk über die Menschen und Zustände des ausgehenden 18. Jahrhunderts.

Mit spitzer Feder charakterisiert er berühmte, aber auch merkwürdige Persönlichkeiten, mit denen er, der weit gereiste Diplomat, zusammengetroffen war. Er schreibt am liebsten, wie er die Menschen selbst erlebte. In seinen „Metaphysische Kezereien oder Versuche über die verborgenen Gegenstände der Weltweisheit und seine Grundursachen" berichtet er über Magie und geheime Gesellschaften (veröffentlicht im Jahre 1791).

In Regensburg, der Stadt des Immerwährenden Reichstages, wo er die Möglichkeit zur „Freiheit des Denkens, des Sprechens und der Lektüre" in vielen Facetten ausgiebig genoss, pflegte er die Geselligkeiten in schöngeistigen Gesprächen, meist in französischer Sprache. Dort kam er auch mit den okkultistischen Studien und Abhandlungen in Kontakt.

Dies dürfte mit beigetragen haben, dass auf der Krone seines Erinnerungsdenkmals eine Sphinx dargestellt wurde, die seine Neigung und seine gedankliche Nähe zu den Geheimwissenschaften zum Ausdruck brachten.

Noch heute den meisten Betrachtern ein Rätsel: die Sphinx mit dem Rad. [Foto: Peter Morsbach]

Das Geheimnis der Sphinx

In seinen Schriften „Metaphysische Kezereien oder Versuche über die verborgensten Gegenstände der Weltweisheit und ihre Grundursachen" leitet von Gleichen das Körperliche und Materielle auf besondere Kräfte zurück. Er stellte diese Aussage mit zwei konzentrischen Kreisen dar. Vom größeren Außenkreis spannen sich vier radiale Kraftlinien, dargestellt wie Radspeichen, zum kleineren

Die Widmungsinschrift in einer schönen klassizistischen Kapitalis-Schrift. [Foto: Peter Morsbach]

Innenkreis. Dieses, in Stein geschlagene Radsymbol, hält die Sphinx mit ihrer rechten Pranke in Beschlag. Das rätselhafte Wesen aus Löwenleib, Menschenkopf und zwei Flügeln soll die okkultistischen Spekulationen des Freiherrn von Gleichen unterstreichen.

Ein Denkmal sondergleichen

In der Fürstenallee, unweit der Helenenbrücke und des Emmeramstores, steht das 1807 aus Kalkstein gearbeitete Denkmal. Auf einem mehrstufigen Sandsteinsockel mit mehreren Stufen thront eine Sphinx. Auf der zur Allee gewandten Langseite des Sockels steht die schlichte, unpathetische Widmungsinschrift: ZUR ERINNERUNG / AN / HEINRICH CARL / FREIHERRN / VON GLEICHEN / MDCCCVII.

In dem oberen Stufenteil des Sockels hängt ein (einstmals vergoldeter) Eichenkranz eingefügt.

Von Gleichen war als Spaziergänger viel in den Alleen unterwegs. Er saß gerne auf einer Bank, stützte sich auf den Spazierstock mit dem goldenen Knauf und betrachtete und begutachtete die an ihm vorbeiflanierenden Spaziergänger. Für viele seiner Bekannten hatte er ein freundliches Wort. Seine leutselige Art wurde gerne in Anspruch genommen. Immer hatte er sein Notizbuch in der Jackentasche, um festzuhalten und aufzuschreiben, was an städtischen Neuigkeiten und bemerkenswerten Geschichten ihm zugetragen wurden.

Der Handstreich auf der Alleebank

Von seinem Wohnhaus in der Bachgasse hatte er nur einen kurzen Weg zum Alleegürtel.

Der bayerische Regierungsassistent Georg Alois Resch berichtet über eine Begebenheit, die sich in der Allee zutrug (Fürst von Thurn und Taxis, Hofbibliothek, Graphische Sammlung):

Freiherr von Gleichen saß wie so oft in der Allee auf einer Gartenbank in der Nähe des Emmeramer Stadttores. Mit den Spaziergängern kamen wohl nicht ganz zufällig auch zwei Handwerksburschen des Wegs und baten ihn höflich um ein kleines Almosen, möglichst ein paar Münzen. Von Gleichen griff wie gewohnt in die Tasche und zog seine Geldbörse heraus. Einer der beiden entriss ihm jedoch blitzschnell die Börse und eilte durch die Allee davon. Der andere erklärte, dem Dieb nachlaufen zu wollen, um die Börse wieder zurückzubringen.

Er erbat von Gleichen dessen Spazierstock, um den Dieb handgreiflich und mit Schlägen zur Strecke bringen zu können. Sicher hatte er es auf den Stock mit dem wertvollen goldenen Knauf als weitere Beute abgesehen. Keiner der beiden Diebe kehrte zurück. Sie wurden auch nicht erwischt. Für den Freiherrn war dies kein finanzieller Verlust. Von Gleichen brachte die Geschichte zu Papier und erzählte sie amüsant immer wieder. Denn auf die Idee für einen solchen dreisten Überfall in aller Öffentlichkeit musste man erst mal kommen.

Bis zu seinem Tode verband den Freiherrn Heinrich von Gleichen und Fürstprimas Carl Dalberg eine freundschaftliche Verbindung. Vor allem das Testament, das den Armen der Stadt Regensburg große Wohltaten zukommen ließ, veranlassten Carl von Dalberg, bereits im Todesjahr des Freiherrn das geheimnisvolle Denkmal zu errichten und zwar an der Stelle, an der die Gartenbank gestanden haben soll, auf der von Gleichen so oft gesessen und seine Parkerlebnisse zu Papier gebracht hat.

Mit dem Denkmal hat Carl von Dalberg den Freiherrn Heinrich Carl von Gleichen im Alleegürtel vor dem Vergessen bewahrt. Um die Sphinx vor Verwitterung zu schützen, wird sie vom Stadtgartenamt Regensburg in den Wintermonaten mit einem Holzkasten abgedeckt; wenn dieser abgenommen wird, kehrt der Frühling in die Allee zurück.

Literatur
Karl Bauer: Regensburg, Regensburg Aus Kunst Kultur und Alltagsgeschichte, 6. Auflage, Regensburg 2014, S. 493.
ADG: Gleichen – Russwurm, Karl Heinrich Freiherr von Gleichen (Internet)
Peter Heigl, Regensburg privat, Von Albertus Magnus bis Oskar Schindler, Regensburg 1997, Seite 94 ff
Sigfrid Färber, Regensburger Miniaturen, Regensburg 1986, Seite 94 ff

Thomas Muggenthaler

"Unermüdlicher Fleiß und großes Geschick"

Zur Rolle der Gestapo Regensburg bei den Hinrichtungen polnischer Zwangsarbeiter

Am 18. April 1941 wurde Julian Majka in Michelsneukirchen im Landkreis Cham, damals Landkreis Roding, hingerichtet. Sein "Verbrechen": Der polnische Zwangsarbeiter hatte gegen das Verbot des NS-Staates verstoßen, Liebesbeziehungen mit deutschen Frauen einzugehen. Eine junge Frau aus dem Dorf wurde von ihm schwanger. Von Liebe und Heiratsabsichten war die Rede. Doch Julian Majka wurde verhaftet und ein halbes Jahr später wieder nach Michelsneukirchen gebracht, um zu sterben. Es war die erste von 22 Hinrichtungen dieser Art in Niederbayern und der Oberpfalz. Von einer dieser Hinrichtungen gibt es eine Serie von fünf Fotos, die ein amerikanischer Soldat bei der Befreiung des KZ Flossenbürg als Souvenir mitgenommen hatte. Inzwischen ist klar: Die Fotos zeigen die Hinrichtung von Julian Majka.

Sie sind ein eindrucksvolles Zeugnis der Mordaktionen, die hier von der Gestapo inszeniert wurden. Die Gestapo bestellte sich jeweils ein Hinrichtungskommando aus dem KZ Dachau oder dem KZ Flossenbürg, um die Exekution vor Ort durchzuführen. Geleitet hat die Hinrichtung in Michelsneukirchen Kriminalsekretär Luitpold Kuhn von der Gestapo Regensburg.

*Abb. 1: Julian Majka – Opfer der "Sonderbehandlung"
[Foto: Archiv Muggenthaler]*

„Minoritenweg 1“ lautete die Anschrift der Polizeidirektion Regensburg, und auch der Gestapo. Leiter der Staatspolizeistelle war in Regensburg in Personalunion Polizeidirektor Fritz Popp. Die Gestapo hatte drei Abteilungen, die im „Gestapoflügel“ des Gebäudes residierten. Die Hinrichtungen mit dem Tarnbegriff „Sonderbehandlung“ fielen in die Abteilung II, die von Sebastian Ranner und Luitpold Kuhn geleitet wurde. Der Zuständigkeitsbereich der Gestapo deckte sich mit dem damaligen Regierungsbezirk Niederbayern/Oberpfalz. Anders als die Gestapoleitstellen München und Nürnberg, die mit Augsburg und Würzburg zumindest zeitweise Außenstellen hatten, unterhielt Regensburg keine Außenstelle. Die Gestapo war ein zentraler Faktor des NS-Systems, gilt als das Repressionsorgan schlechthin, aber eine umfassende Analyse des Wirkens der Staatspolizeistelle Regensburg steht aus, auch der Tatort ist kein Thema.

Dienststelle: Polizeidirektion Regensburg
Bezirksamt:
Name: P o p p Fritz
Dienststellung: Amtsvorstand
Dienstbezeichnung: Polizeidirektor
Geburtszeit:
Geburtsort:
Konf. (auch frühere):
Familienstand:
verh. seit wann?
mit wem?
Konf. der Ehefrau: (auch frühere)
Nachweisung der arischen Abstammung: a) des Beamten:
b) der Ehefrau:
Kinder:
Vorname:
Geburtszeit:
Vorname:
Geburtszeit:
Angehörige der HJ. etc.:
Dienstliche Beurteilung:
Politische Beurteilung:

Abb. 2: Personalakte Fritz Popp [Foto: Bundesarchiv Berlin]

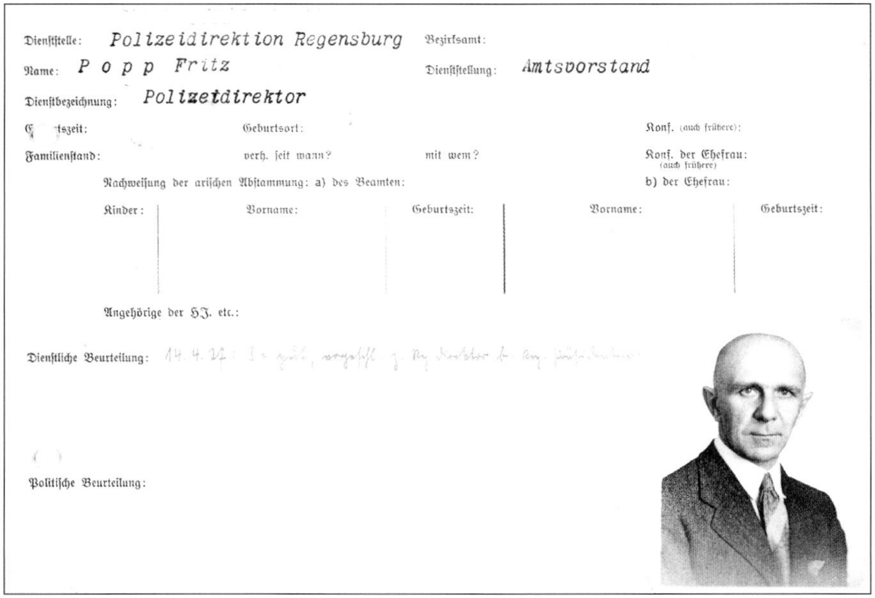

Terror gegen die Kriegsgefangenen

Die Gestapo war für die Verfolgung der politischen Gegner zuständig, sie organisierte auch die Deportationen der jüdischen Bevölkerung in die Vernichtungslager. Auch in diesem Kontext sind die Arbeitsweise und die Akteure der Gestapo Regensburg nicht erforscht. Der Wirkungsradius der Gestapo, die gemeinhin mit diesen Tatkomplexen assoziiert wird, war zudem weit größer.

Die Gestapo war für den Terror gegen die Kriegsgefangenen verantwortlich. Auch in Niederbayern und der Oberpfalz hat sie die Ermordung sowjetischer Kriegsgefangener organisiert. Fritz Popp beauftragte Kriminalsekretär Luitpold Kuhn damit, die Lager zu sichten und „unbrauchbare Elemente auszusondern“, die dann umgehend in Flossenbürg oder Dachau liquidiert wurden, wie Johannes Ibel, Archivar der KZ-Gedenkstätte Flossenbürg, minutiös nachgewiesen hat. Nach der so genannten „Kuhn-Liste“ wurden allein in Regensburg aus dem Lager Nockerkeller von 40 Gefangenen einer ausgesondert, vom Heereszeugnebenamt von 499 Männern 52 herausgefiltert und von den Hermann-Göring-Werken von 150 Sowjets 13 als „unbrauchbar“ eingestuft. Alle wurden in Flossenbürg erschossen.

Kontrolle der Zwangsarbeiter

Die Gestapo war auch für die Kontrolle der Zwangsarbeiter und damit für die Verfolgung der so genannten GV-Verbrechen zuständig, der Verstöße gegen das Verbot des Geschlechtsverkehrs mit deutschen Frauen. Zwangsarbeiter wurden nach dem Überfall Deutschlands auf Polen im Jahre 1939, dem Beginn des Zweiten Weltkrieges, in der Landwirtschaft und in der Industrie eingesetzt. Doch Slawen galten im NS-Staat als rassisch minderwertig, Geschlechtsverkehr mit ihnen als „Rassenschande“. Den pol-

Abb. 3: Fritz Popp, Leiter der Staatspolizeidienststelle [Foto: Bundesarchiv Berlin]

der damaligen Justiz. Die Gestapo berichtete diese Fälle nach Berlin zum Reichssicherheitshauptamt (RSHA), an dessen Spitze der „Reichsführer SS" Heinrich Himmler stand. Sollte der Mann hingerichtet werden, ordnete das Amt in einem rot umrandeten Eilbrief „Sonderbehandlung" an, das war der Tarnbegriff für Exekution.

Diese Hinrichtungen gab es in ganz Deutschland. Das Ziel des NS-Staates war die Abschreckung und Einschüchterung der Zwangsarbeiter. Bei den Hinrichtungen, die stets außerhalb der Ortschaften stattfanden, hatten sich die polnischen Zwangsarbeiter aus der Umgebung zu versammeln. Sie wurden nach der Exekution zum Richtplatz geführt, um zu sehen, was ihnen droht, wenn sie sich nicht an die Vorgaben der Deutschen halten.

Die drei führenden Männer der Regensburger Gestapo Fritz Popp, Sebastian Ranner und Luitpold Kuhn hatten sich wegen dieser Hinrichtungen zu verantworten. Die Staatsanwaltschaft Regensburg ermittelte „wegen Beihilfe zum Mord", ließ Zeugen vernehmen und Dokumente sichten. Wer waren die Beschuldigten?

Fritz Popp, Leiter der Staatspolizeistelle

Fritz Popp wurde am 20. Juni 1882 in Nürnberg geboren, besuchte ein humanistisches Gymnasium, studierte in München und Erlangen Rechtswissenschaften, wurde Verwaltungsbeamter und nahm vier Jahre lang am Ersten Weltkrieg teil. Seine Beamtenlaufbahn, die er in Franken begann, führte ihn nach Vohenstrauß in die Oberpfalz. Dort wurde er Bezirksamtmann. Der Akademiker schreibt 1939 in seinem Lebenslauf, dass er ab 1922 Nationalsozialist war. Popp gründete in Vohenstrauß eine NSDAP-Ortsgruppe. Der Jurist war ab 1933 Polizeidirektor in Regensburg und ab 1937 auch Gestapochef, zudem brachte er es bis zum SS-Obersturmbannführer.

nischen Zwangsarbeitern drohte gemäß der so genannten Polen-Erlasse des Jahres 1940 bei Geschlechtsverkehr mit deutschen Frauen die Hinrichtung. Die Geheime Staatspolizei zog diese Verfahren an sich und entzog sie

Fritz Popp war selbst bei keiner dieser Hinrichtungen polnischer Zwangsarbeiter anwesend. Er machte für sich geltend, dass er gegen die erste Hinrichtung von Julian Majka in Berlin erfolglos interveniert hatte, dann aber auch noch „zusammengestaucht" worden sei und sich eben dem „Führerbefehl" gefügt habe.

Popp wurde, wie andere ältere Gestapochefs, noch im März 1945, in dieser Radikalisierungsphase des Kriegsendes, als Leiter der Staatspolizeistelle abgesetzt, weil er als zu weich galt. Er blieb aber Polizeichef. In die kurze Ära seines Nachfolgers Sowa fiel die Hinrichtung von Domprediger Dr. Johann Maier.

Popp war „nach dem Zusammenbruch" vom 7. Mai 1945 bis zum September 1948 in Internierungslagern. Der ledige Mann wohnte danach bei der ehemaligen Kriminaloberskretärin Berta Rathsam, die sich mit ihrer Schwester eine Wohnung teilte und Popp ein Zimmer vermietete. Fritz Popp starb vor Abschluss der gerichtlichen Voruntersuchung am 15. März 1954.

Sebastian Ranner.
Spezialgebiet: Sonderbehandlungen

Sebastian Ranner wurde am 18. Juni 1905 in München geboren, gelernter Buchbinder, ab 1924 im Polizeidienst, kam im Mai 1933 zur politischen Abteilung der Polizeidirektion München und 1940 zur Staatspolizeistelle Regensburg. Ranner wurde 1941 zum Einsatzkommando der Sicherheitspolizei nach Luxemburg versetzt, kehrte aber wieder zurück. Ranner war nach eigenen Angaben vom 1. März 1942 bis zur Umorganisation der Gestapo am 1. April 1944 Leiter der Abteilung II (Innenpolitik) mit 18 bis 25 Vollzugsbeamten. Sebastian Ranner leitete die meisten Hinrichtungen und gab das bei seinen Vernehmungen auch unumwunden zu: „Ich habe allen Exekutionen, die an Polen im Regierungsbezirk Oberpfalz/Niederbayern in der Öffentlichkeit vollstreckt wurden, in der Zeit zwischen dem 1. März 1942 bis zum Ende 1943 beigewohnt." Neben einem Kraftfahrer waren meist einer oder zwei Beamte seiner Behörde dabei, erklärt er. Diese Beamten hatten dafür zu sorgen, „dass die Absperrung durch die Gendarmerie durchgeführt wurde und dass zweitens nach der Hinrichtung die versammelten Polen zur Warnung vorgeführt wurden."

Nach der Befreiung wurde er zunächst interniert. Die Polizei Regensburg teilt am 20. August 1951 mit: „Am 27.5.1945 wurde Ranner in Automatik-Arrest genommen und befand sich in verschiedenen Internierungslagern. Auf Grund eines Haftbefehls befand sich R. vom 14.7.46 bis 24.3.50 in Luxemburg in Haft, wurde anschließend beurlaubt und am 27.2.51 freigesprochen." Gegenüber angesehenen Persönlichkeiten verhielt sich Ranner offenbar zurückhaltend, weshalb sich in seinem Spruchkammerverfahren der Abt von Metten, Prinz Karl August von Thurn und Taxis und der Schriftsteller Siegfried von Vegesack positiv über ihn äußerten. Ranner lebte zum Zeitpunkt des Ermittlungsverfahrens in Regensburg. Anfang der 1960er Jahre war er zeitweise beim Bundesnachrichtendienst (BND) beschäftigt. Das geht aus einer von der Frankfurter Allgemeinen Zeitung in ihrem Onlinearchiv veröffentlichten Liste von belasteten BND-Mitarbeitern hervor.

Luitpold Kuhn.
Ebenfalls „Sonderbehandlungen"

Luitpold Kuhn wurde am 28. Dezember 1900 in Günzburg geboren. Kuhn besuchte in Nördlingen vier Jahre die Volksschule, dann sechs Jahre die Realschule, wurde Angestellter beim Bezirksamt, kam als Soldat 1918 „in Frankreich zum Einsatz" und arbeitete schließlich wieder beim Bezirksamt als Angestellter. Er kämpfte im rechtsradikalen Freicorps Epp gegen die Münchner Räterepublik. Ab 1923 war er im Polizeidienst, zunächst bei der Polizei Nürnberg-Fürth. Kuhn wurde dort 1937 in die Gestapo übernommen, war ab 1939 bei der Staatspolizeistelle Regensburg und leitete zeitweise die Abteilung II. Kuhn wurde 1942 nach Norwegen versetzt, erhielt das Kriegsverdienstkreuz 2. Klasse mit Schwertern und wurde am 1. September 1942 zum SS-Hauptsturmführer ernannt. Von Anfang 1944 an war er bis Kriegsende wieder bei der Gestapo Regensburg tätig. Er leitete mehrere Hinrichtungen und gab das auch zu: „Da der Angeschuldigte Popp aber eine Teilnahme an den Exekutionen ablehnte und sein Vertreter Hartl infolge hohen Alters und weil er mit diesen Verfahren nichts zu tun hatte, gleichfalls nicht an den Hinrichtungen teilnehmen wollte, wurde ich von Popp dazu bestimmt."

Kuhn hieß eigentlich Kohn. Er gehörte zu den Deutschen, die in der Zeit des Nationalsozialismus ihre Namen ändern ließen, weil sie ihnen zu jüdisch klangen.

Aus den Ermittlungen des Landgerichts Regensburg geht hervor, dass fast immer Luitpold Kuhn oder Sebastian Ranner die Hinrichtungen leiteten, dass aber auch andere Gestapoleute vor Ort waren. Einige Wochen vor den Hinrichtungen fuhren Gestapoleute in die Dörfern, und suchten einen Platz aus, der ihnen für die Hinrichtung geeignet erschien. Für die Hinrichtungen war eine Abteilung zuständig, die zunächst „Sachgebiet II e 3" hieß, und später als „Sachgebiet IV 5 a 2" aktenkundig wird. Ehemalige Gestapomänner, die dort tätig waren und in diesen Fällen auch ermittelten, sagten in dem Verfahren gegen Popp, Ranner und Kuhn aus, nicht als Beschuldigte, sondern als Zeugen. Ihre Aussagen erhellen die Arbeitsweise der Gestapo.

Georg Graf: *„Zur Exekution freigegeben"*

Georg Graf trat am 1. Januar 1942 bei der Gestapo Regensburg eine Stelle als Kriminalsekretär an. 1939 kam er zu dem Grenzpolizeikommissariat, das in Markt Eisenstein „nach dem Anschluss des Sudetenlandes" gebildet worden war. Dort hatte Graf bereits in einem Fall ermittelt, der mit der Hinrichtung des polnischen Zwangsarbeiters Jakub Janek endete. Bei der Gestapo Regensburg kam er zur Abteilung II in das „Sachgebiet Sonderbehandlung", unter der Leitung von Kuhn und Ranner. Später wird er als „Leiter des Sachgebietes IV 5 a 2 (Sonderbehandlung, Exekutionen)" genannt. Zunächst gab Graf bei seiner Vernehmung an, bei vier Hinrichtungen dabei gewesen zu sein. (Schafberg bei Furth im Wald, Neuern, Schweinbach im Landkreis Kelheim, Winnberg bei Neumarkt). Auf Vorhalt der Ermittler fallen ihm noch einige Exekutionen mehr ein, an denen er beteiligt war.

Graf gibt zu, dass er in einigen Fällen ermittelt habe, er habe aber selbst „keinen Antrag auf Sonderbehandlung gestellt". Auch geleitet hat er die Hinrichtungen nicht, so Graf. „Ranner hat stets das Schriftstück, das von uns als Urteil bezeichnet wurde, in deutscher Sprache verlesen. Dann ließ er das Urteil durch einen Dolmetscher in polnischer Sprache verlesen (…) Mit Sicherheit weiß ich jedoch, dass Ranner dann den Polen zur Hinrichtung freigab, etwa mit den Worten ‚Zur Exekution freigegeben.' Danach wurde das Urteil vom KZ-Kommando vollstreckt."

Eduard Stadler: „das erforderte strenges Durchgreifen"

Eduard Stadler kam 1940 von der Schutzpolizei München als Kriminaloberassistent zur Gestapo Regensburg und war hier, zuletzt als Kriminalsekretär, bis Kriegsende tätig. Da die Verfehlungen von Polen zugenommen hätten, sei ein eigenes Sachgebiet II e 4, gebildet worden, gibt er in seiner Vernehmung an. In dieser Abteilung hat er auch einige Fälle bearbeitet, die zu Hinrichtungen geführt haben, und er war bei einigen Exekutionen anwesend. Stadler betonte, dass „uns allen die Teilnahme sehr unangenehm war, aber wir hatten keine Möglichkeit, die Sache von uns abzuwälzen." Man habe bei diesen Fällen sehr genau auf Entlastungsmomente geachtet, aber die Grundlage der Verfahren sei ein „Führerbefehl" gewesen. „Abschließend möchte ich nur noch sagen, dass damals niemand von uns auf die Idee gekommen ist, diese Exekutionen als Mord oder auch nur als gesetzeswidrig anzusehen. Wir befanden uns im Krieg und das erforderte strenges Durchgreifen."

Allerdings verweigerte Stadler auf die Frage, ob er bei den Berichten nach Berlin Empfehlungen oder Anträge zur Sonderbehandlung unterbreitet habe, die Antwort. Als der zuständige Landgerichtsrat, der „es gut mit ihm meinte", noch einmal in ihn drang, „hat der Zeuge lange ersichtlich erregt geschwiegen." Letztlich verweigerte er die Aussage. „Zum Schluss konnte er kaum die Unterschrift leisten Es kamen ihm sogar die Tränen."

Emil Roth: schlechtes Gedächtnis

Emil Roth, Jahrgang 1907, Sudetendeutscher, gelernter Buchhalter, zunächst Hilfsgendarm in Prachatitz, kam 1939 als Dolmetscher zur Staatspolizei. Er sprach tschechisch und war früher schon in der tschechischen Polizei. Roth machte sich offenbar gut, wurde angestellt und kam in die Abteilung II. Roth hatte ein bei den Vernehmungen in diesem Verfahren schlechtes Gedächtnis, glaubte sich aber dann doch daran erinnern zu können, an den Ermittlungen gegen einen Polen beteiligt gewesen zu sein, der etwas mit der Tochter seines Dienstherren zu tun hatte. „Ich glaube auch, dass ich in diesem Fall bei der Hinrichtung war." Es war die Hinrichtung von Wladyslaw Jarek, der in Eschlbach bei Straubing erhängt wurde, wegen eines Liebesverhältnisses mit einer Bauerntochter.

Johann Möger: „Genickbruch"

Johann Möger. „Ich war von 1939 bis Kriegsende Ermittlungsbeamter bei der Staatspolizeistelle Regensburg", erklärte Möger, der die Todesurkunde für Wladyslaw Jarek unterzeichnete, der am 15. August 1941 bei Eschlbach bei Straubing hingerichtet wurde.

Meist war es Sebastian Ranner, der mit seiner markanten Unterschrift die obligatorische Todesurkunde bei der Gemeinde unterzeichnet hatte. Aber in diesem Fall war es Möger, der bei der Gemeinde Leiblfing den Tod von Jarek bekannt gab. „Todesursache: Genickbruch", „Todeszeitpunkt: 11 Uhr 40 Minuten". Jarek, der in Polen verheiratet war, hatte gegen das GV-Verbot verstoßen. Seine deutsche Geliebte wurde mit vollem Namen in der Tageszeitung gebrandmarkt. Unter der Überschrift „Ehrloses Verhalten" stand zu lesen, dass sie „auf längere Zeit in ein Konzentrationslager überführt" worden ist. Der Grund: „Sie hat sich in ehrvergessener Weise mit einem Polen eingelassen." Die Hinrichtung habe er nicht gesehen, weil er sich „aus grundsätzlicher Abscheu" ein Stück entfernt hatte. Möger verwies darauf, dass er kurz darauf versetzt worden ist, vielleicht auch, weil er seinen Unwillen geäußert habe, zu solchen Aufgaben herangezogen zu werden.

„Mit unermüdlichem Fleiß und großem Geschick"

Zeigten sich die Gestapobeamten bei ihren Vernehmungen geknickt und wollten ein Missverhältnis zwischen Delikt und Strafe erkannt haben, wurde die Arbeit von drei

Abb. 4: Sebastian Ranner – Ausfertiger der Todesurkunden [Foto: Bundesarchiv Berlin]

Beamten in einem Dokument aus der NS-Zeit in höchsten Tönen gelobt, schließlich ging es offenbar darum, dass sie nicht an die Front mussten, sondern zu Hause am Schreibtisch weiter GV-Verbrechen aufklären konnten. In einer beglaubigten Abschrift, die sich ebenfalls in dem Akt Staatsanwaltschaft 147 im Staatsarchiv Amberg findet, heißt es über den Leiter des „Sachgebietes IV 5 a 2 (Sonderbehandlung, Exekutionen)": „Mit unermüdlichem Fleiß und großem Geschick hat er sich in der Vorbereitung und Erledigung von Sonderbehandlungsfällen, die zu Exekutionen führten, besondere Verdienste erworben. Graf hat mehrmals nur an Hand von wenigen Anhaltspunkten eine Reihe von Tätern überführt, die später auf Grunde des Beweismaterials ebenfalls zur Exekution gelangten. Die Bearbeitung seiner Aufgabe ist vordringlich kriegswichtig." Fast gleichlautend waren die Beurteilungen der Kriminalsekretäre Kastenmeier und Stadler.

Nicht verurteilt

Die Regensburger Gestapoleute wurden weder wegen der Liquidierung von sowjetischen Kriegsgefangenen noch wegen der Judendeportationen verurteilt, auch nicht wegen der Hinrichtungen polnischer Zwangsarbeiter. Das Verfahren gegen Popp, Ranner und Kuhn wurde am 19. April 1955 eingestellt. Das Landgericht München 1 hatte in einem Parallelverfahren die Münchner Gestapochefs Oswald Schäfer und Dr. Wilhelm Lebküchner freigesprochen, weil die Entscheidung zur Hinrichtung jeweils in Berlin gefallen sei und demnach die Mitarbeiter des Reichssicherheitshauptamtes die Täter seien. Auch die Täter in Berlin wurden nicht bestraft. Bernhard Baatz, einer der Verantwortlichen im Reichssicherheitshauptamt, wurde erst 1967 verhaftet. In dem nach ihm benannten Baatz-Verfahren kam das Gericht 1969 zu dem Ergebnis, dass die Taten bereits verjährt waren.

Die Gestapo Regensburg steckte aber nicht nur die beteiligten Männer ins KZ oder organisierte ihre Hinrichtung. Sie zeichnete auch für die Verfolgung der Frauen verantwortlich. Beamte ließen die Frauen von Polizisten zum Verhör nach Regensburg bringen oder verhafteten sie selbst. Helene Wimmer, die im Landkreis Rottal/Inn verhaftet wurde, empörte sich noch im hohen Alter in dem Film „Verbrechen Liebe" über entwürdigende Fragen bei der Gestapo in Regensburg („Wie ham Sie es gmacht und wo ham Sie es gmacht?"). Karolina Geier erklärte bei ihrer Vernehmung am 8. Juni 1954, dass ihr Partner Wladyslaw Jarek, der den Verkehr nicht gestanden hatte, bei der Gestapo bei der Gegenüberstellung mit ihr mit der Faust geschlagen worden ist. Wenn die Gestapo die Frauen für schuldig hielt, wurden sie in der Regel ohne Prozess und ohne Urteil in das Konzentrationslager Ravensbrück verschleppt, sei es einzeln oder im „Sammelschub." Nicht alle Frauen haben das KZ überlebt. So gab Paula Blindzellner, die ihren Freund Jan Gorka heiraten wollte, den Verkehr offen zu. Jan Gorka wurde am 30. September 1941 in Bruck in der Gemeinde Kirchdorf im Wald im Landkreis Regen erhängt. Die Dienstmagd wurde aus unbekannten Gründen vom KZ Ravensbrück nach Auschwitz verlegt. Dort starb sie am 19. Oktober. Paula Blindzellner war 22 Jahre alt.

Quellen und Literatur:
Der Text basiert vor allem auf dem Akt Staatarchiv Amberg, Staatsanwaltschaft Regensburg 147 und dem Buch des Verfassers „Verbrechen Liebe" (Viechtach 2010). Für die Biografien der Gestapobeamten wurden noch hinzugezogen
Fritz Popp: BArch PK Fritz Popp, BArch SSO Fritz Popp, BArch R 9361III/154114
Sebastian Ranner: BArch R 9361-III/158093, Staatsarchiv München SpkA K1374
Luitpold Kuhn: BArch VBS1 1060071215, VBS 286 6400024688
Georg Graf: BARch R 9361-III/ 57593
Emil Roth: BArch R 9361-III/167723
Robert Gellately, Die Gestapo und die deutsche Gesellschaft. Die Durchsetzung der Rassenpolitik 1933-1945, Paderborn 1993.
Ulrich Herbert, Fremdarbeiter, Politik und Praxis des „Ausländer-Einsatzes in der Kriegswirtschaft des Dritten Reiches, Berlin-Bonn 1985.
Gerhard Paul/ Klaus-Michael Mallmann (Hrsg.) Die Gestapo. Mythos und Realität, Darmstadt 1995.
Gerhard Paul/Klaus-Michael Mallmann (Hrsg.), Die Gestapo im Zweiten Weltkrieg, Darmstadt 2000.
Johannes Ibel (Hrsg.), Einvernehmliche Zusammenarbeit? Wehrmacht, Gestapo SS und sowjetische Kriegsgefangene, Berlin 2008.
Albert Eichermüller, Regensburger NS-Prominenz vor dem Strafrichter, in: Regensburger Almanach 2005.
Helmut Halter, Stadt unterm Hakenkreuz, Kommunalpolitik in Regensburg während der NS-Zeit, Regensburg 1994.
Wilhelm Kick, Sag es unseren Kindern Widerstand 1933-1945, Beispiel Regensburg, Berlin/Vilseck 1985.

Eginhard König

Kinderjahre einer Universität

*Ein Zeitzeugenbericht**

Im Wintersemester 1967/68 nimmt die neugegründete Universität Regensburg ihren Studienbetrieb auf. Ich, Eginhard König, gelte noch, obwohl inzwischen 74-jährig, als „Kind der ersten Stunde" (M. Geier). Ich studierte Geschichte, Deutsch und Sozialkunde für das Lehramt an Gymnasien, nebenbei noch Kunstgeschichte und wechselte nach dem fünften Semester Anfang März 1968 von der Münchner LMU an die brandneue Uni Regensburg. Meine Matrikelnummer ist dreistellig.

Ein Zufall mit Konsequenzen

Der Umzug war nicht geplant, sondern ein Zufall mit Konsequenzen. Ich musste für meinen Vater im Februar 1968 in Regensburg etwas erledigen und besuchte bei der Gelegenheit einen ehemaligen Schulfreund, der hier wohnte und der mich voller Lokalstolz spontan einlud: „Gäih, hock de ins Auto eine, i zoich da unser neie Uni." Dort erlebte ich eine Überraschung nach der anderen: Man wurde sofort zum Professor vorgelassen und der

---

* Der Text ist die überarbeitete Fassung eines Interviews, das ich der Studierendenzeitschrift der Universität Regensburg „LAUTSCHRIFT" (Ausgabe 14. Januar 2013) gegeben habe. Dort finden sich auch Quellenangaben für die verwendeten Zitate. Verantwortlicher Chefredakteur und Gesprächspartner war Moritz Geier.

Professor hatte Zeit. Mir fehlte noch ein Hauptseminar in mittelalterlicher Geschichte. Professor Kurt Reindel sagte: „Wissen Sie, wir haben ja fast nur Erstsemester; mein laufendes Seminar hat zwei Teilnehmer; wir machen das bei mir zuhause im Wohnzimmer bei einem Glas Rotwein." Bei Professor Hans Joachim Mähl (Neuere deutsche Literatur) kam ich kaum zu Wort. Er richtete an mich die dringende Aufforderung, die Universität zu wechseln: „Wir können im Sommer nicht nur mit Zweitsemestern arbeiten. Wir brauchen dringend höhere Semester." Nachdem ich noch am selben Tag ein billiges, großes Zimmer mit Ausblick ins Grüne gefunden hatte, nahm ich gleich den Schlüssel mit und zog nach etwa drei Wochen um. Alle meine Münchner Freunde und Freundinnen hielten mich für verrückt. „Eginhard, du hast einen Vogel, du spinnst total, gehst aus München weg, in die Provinz, des wirst noch bereuen."

An der Reformuniversität

Ich habe es nicht bereut! Die Studienbedingungen waren – ich verwende das Hochwertwort – paradiesisch. Als einer der wenigen „Höhersemestrigen" genoss man durchaus Achtung, bei den niedersemestrigen Kommiliton(inn)en und – für mich überraschend – auch beim Lehrpersonal.

links:
Die Universität entsteht. Postkarte von Max Wissner. [Foto: Sammlung Reichmann]

rechts:
Ersttagsbrief zur Eröffnung der Universität vom 6. November 1967 [Foto: Sammlung Reichmann]

Ich hatte mich in München immer über die Zustände im „Zusatz"-Fach Sozialkunde geärgert. Es war, wie ein Kommilitone formulierte, „a zamgschtohlns Fach" aus Politikwissenschaft, Soziologie, Recht und Wirtschaft; manche Mitglieder des Lehrpersonals wussten gar nicht, dass sie auch Lehrer ausbildeten.

Die Uni Regensburg schmückte sich damals mit der Bezeichnung Reformuniversität. Ich machte meinen Ärger produktiv und ließ mich als studentisches Mitglied in die „Studienreformkommission Sozialkunde" wählen. Dort erarbeitete ich zusammen mit dem Soziologie-Assistenten Dr. Peter Schöber, der einige Zeit später als Professor an die Universität Bielefeld berufen wurde, die Denkschrift „Betrifft: Sozialkunde", die wir auf einer Tagung der Politischen Akademie Tutzing unter großem Beifall der Anwesenden vorstellten.

Als ich meine Zulassungsarbeit schrieb, gehörte mir die Bibliothek allein (in München haben sie sich gegenseitig die Bücher versteckt).

Bei Professor Klaus Matzel (Deutsche Sprachwissenschaft) war ich in meiner Fächergruppe der erste und einzige Examenskandidat. Er kommentierte trocken: „Sie brauchen sich keine Sorgen machen. Wenn Sie durchfallen, habe ich bei meinem ersten Examen eine Quote von 100 %; das kann ich mir eigentlich nicht leisten."

Nach meinem Staatsexamen wurde mir eine Assistentenstelle für das Fach Sozialkunde angeboten, die ich 10 Semester innehatte. Dann kündigte ich und meldete mich 1975 zum Referendariat für das Lehramt an Gymnasien. Danach unterrichtete ich am Gymnasium Parsberg und am Albertus-Magnus-Gymnasium in Regensburg.

Die Achtundsechziger

Die (inzwischen legendär gewordenen) 68er trafen an der Uni Regensburg auf besondere Bedingungen. Es herrschte Aufbruchsstimmung, nicht bei allen, aber bei vielen. Die 50er Jahre, in denen wir unsere Schulzeit verlebt hatten, waren reichlich verbohrt. Wir hatten die rigide Sexualmoral und die kirchlich-konservativen Einstellungen satt, die ich in einem katholischen Internat „erleben" durfte. Wir waren scharf darauf zu erfahren, was in der Nazi-Zeit los gewesen war. Unsere Geschichtslehrer haben sich geweigert, darauf genauer einzugehen. Wir hätten ja vielleicht unangenehme Fragen gestellt.

Protestbewegung an der Regensburger Uni: war von Anfang an eher liebevoll, lustig, kreativ, manchmal verbal-

Die ersten Studenten schreiben sich ein. [Foto: Stadt Regensburg / Bilddokumentation]

radikal und frech und gelegentlich handfest-bayerwälderisch. Selten, aber wirkungsvoll: ironisch. Zum Beispiel: Einem Germanistik-Professor huldigten die Regensburger Studenten in einer satirischen Zeremonie: Als er in seine Vorlesung einzieht, streuen weißgekleidete Ehrenjungfrauen Blumen auf den Gang, eine Jubelgruppe preist den völlig überforderten Ordinarius.

Eine Demo für Martin Luther King

Im eher verschlafenen Regensburg erregen die Demonstrationen der jungen Leute anfangs noch großes Aufsehen. „Jetz fanga de bei uns aa scho o", jammert ein Wachtmeister, als bei ihm eine Demo angemeldet wird. Eine Solidaritätskundgebung für Martin Luther King nach dessen Tod geht als eine der ersten Großdemonstrationen in die Stadtgeschichte ein. Es folgen Proteste gegen die Notstandsgesetze, den damaligen Entwurf des bayerischen Hochschulgesetzes oder gegen die Fahrpreis-Erhöhungen im Nahverkehr. Von einer einheitlichen Studentenbewegung kann man allerdings nicht sprechen. Es gab einen harten Kern von Theoretikern, Organisatoren, Rednern und dann noch eine Sympathisantenszene mit abnehmendem Begeisterungsgrad bis hin zu den Mitläufern.

Zersplitterung der Vielfalt

Ab den frühen 70ern gab es eine Zersplitterung in verschiedene linksdogmatische Gruppen, darunter maoistische, sowjetkommunistische oder trotzkistische Stränge. Daneben bestanden mitgliederstarke Jugendverbände wie die Jusos oder die (links)liberalen Jungen Demokraten, jeweils mit Ablegern an der Uni. Auch die Fachgruppe Hochschule im Kreisverband Regensburg der Gewerkschaft und Wissenschaft gehört zum Erbe der Studentenbewegung.

Nicht für alle Studenten spielte die 68er-Bewegung eine bedeutende Rolle. Es gab auch solche, die das Aufbegehren der Linken kritisch sahen oder einfach „unpolitisch" waren.

Gustav Obermair oder „Karl Marx im Bayerischen Wald"

Die Universität Regensburg machte im Juni 1971 bundesweit Schlagzeilen. Gustav Obermair, Professor für Theoretische Physik, ein linksliberaler Sozialdemokrat, wird mit einer Stimme Mehrheit zum Rektor gewählt. Die Wochenzeitung „Die Zeit" bringt die sachlich doppelfehlerbehaftete, vielleicht ironisch gemeinte Schlagzeile: „Karl Marx im Bayerischen Wald". Die „Frankfurter Allgemeine Zeitung" schreibt von einer „Linksdrift" und ernennt die Regensburger Universität „zur am stärksten linksgefährdeten Uni im ganzen Bundesland". Und der „Bayernkurier", das Hausblaadl der CSU, befürchtet die „Umfunktionierung der UR in eine sozialistische Kaderschule" und kritisiert ein angebliches Plakat eines Black-Panther-Führers in Obermairs Arbeitszimmer. Obermair kommentiert:

„Der Bayernkurier irrte sich wie so oft. Das weltberühmte Plakat in meinem Arbeitszimmer zeigte nicht einen Black-Panther-Führer, sondern Jimi Hendrix – von diesem früh verglühten Weltstern konnte man natürlich im Hofbräuhaus nichts wissen."

1973 enden Obermairs Rektorjahre, das neue Bayerische Hochschulgesetz pulverisiert in ebenjenem Jahr das bisher geltende progressive Mitbestimmungsmodell der „Viertelparität". „Die Gunst der Stunde war vorbei." (G. Obermair)

Einiges Aufsehen erregte der Plan, sozialwissenschaftliche Grundkurse für alle Lehramtsstudenten einzuführen. In Seminaren wie „Politische Ökonomie" oder „Sozialisation" sollten unter anderen auch marxistische Theoriekonzepte diskutiert werden. Das war im Grunde genommen ein *Studium generale*, gesellschaftswissenschaftliche Kenntnisse hätten den Lehren wahrlich nicht geschadet. Die Inhalte waren gar nicht so fürchterlich; was abschreckend wirkte, waren die Etiketten, die ihnen aufgeprägt wurden. Der Plan scheiterte.

Rektor Gustav Obermair (ausnahmsweise rechts) mit Kanzler Dietmar Eberth [Foto: Archiv der Mittelbayerischen Zeitung]

Damals wie heute: Das Forum der Universität als Treffpunkt. [Foto: Stadt Regensburg / Bilddokumentation]

Fabienne-Angela Englbrechtsmüller

Die 68er-Studentenproteste in Regensburg

Oder: „Jetz fanga die bei uns a scho o" [1]

Die 68er-Bewegung verbreitete sich von den USA aus über ganz Europa. Protestiert wurde gegen den von den USA geführten Vietnamkrieg, gegen die rigide Sexualmoral, die Notstandsgesetze, die starren Strukturen und die unzureichende Aufarbeitung des Nationalsozialismus in der Adenauerzeit. Seit 1967 kam es in größeren deutschen Universitätsstädten zu Protesten. Die Studentenbewegung wurde immer größer und forderte an den Hochschulen schließlich zeitgemäße Lerninhalte, bessere Lernbedingungen und soziale Chancengleichheit im Bildungswesen. Kritisiert wurden die veralteten und verkrusteten Strukturen der Hochschulen und die Lehrerlaubnis für Lehrkräfte mit nationalsozialistischer Vergangenheit. Durch den gewaltsamen Tod des Studenten Benno Ohnesorg am 2. Juni 1967 eskalierte die Situation schließlich und die Proteste entluden sich in Gewalttakten.

Während sich im Dezember 1967 in mehreren Großstädten die angespannte Situation in offensive Aktionen gewandelt hatte, war im beschaulichen Regensburg noch alles ruhig. Studentische Proteste formierten sich hier vergleichsweise spät, nachdem die neu errichtete Universität den Vorlesungsbeginn mit lediglich drei Fakultäten erst zum Wintersemester 1967/68 begonnen hatte. Der Generationskonflikt entlud sich aber auch hier in unzähligen Flugblattaktionen, Sitzblockaden und Demonstrationen, der Organisation von politischen Informations- und Diskussionsveranstaltungen, Streikaktionen und der „Sprengung" so mancher Veranstaltungen und Seminare. Für Regensburg werden die damaligen Zustände beispielhaft an drei Spannungsfeldern behandelt: der Konflikt mit Rektor Franz Mayer, das Hochschulgesetz von 1973 und die Wahl Gustav Obermairs zum Rektor.

„Die Großen erscheinen uns nur groß, weil wir auf den Knien liegen" [2]

In Regensburg bildete sich zu Beginn des Wintersemesters 1967/68 eine erste studentische Interessensvertretung. Der erste kommissarische Vorsitzende war der später als Theologe und Diplomat des Heiligen Stuhls bekannt gewordene Hans Schwemmer (1945–2001). Mit einer Wahlbeteiligung von 72,47 Prozent aller eingeschriebenen Studenten wurde erstmals ein Studentenparlament gewählt, das wiederum den ersten Allgemeinen Studentenausschuss (AStA) wählte. Der AStA, bestehend aus einem oder mehreren Vorsitzenden, ist auch heute noch ein Verband von Studenten verschiedener Lager. Ihm obliegt die Ausführung der Beschlüsse des Parlaments und die Vertretung nach außen.

Demonstration auf dem Neupfarrplatz gegen die Notstandsgesetze. [Foto: Mittelbayerische Zeitung, 30. Mai 1968]

Neben vielen kleinen Studentenverbindungen waren folgende am stärksten vertreten: Die Demokratische Mitte (DM), der RCDS (Ring christlich demokratischer Studenten), der Liberale Studentenbund (LSD), die Schmuddelkinder, die Linke Liste des sozialistisch deutschen Studentenbunds (SDS) und der Sozialdemokratische Hochschulbund (SHB).

Die Proteste in Regensburg richteten sich gegen den Vietnamkrieg, den Medienkonzern Springer, den Besuch des Persischen Schahs, Fahrpreiserhöhungen im Nahverkehr, gegen die Notstandsgesetze und bald gegen das neue Hochschulgesetz. Die Demonstranten überschritten jedoch selten eine Zahl von 200 Personen, stattdessen wurde durch unzählige Flugblattaktionen, sarkastische Huldigungen, Sit-ins, Teach-ins und Go-ins an der Universität selbst diskutiert und demonstriert. Im Mai 1968 löste einer dieser geplanten Protestaktionen den Konflikt mit Franz Mayer aus, dem Gründungsprorektor der Universität, der 1967/68 zum Rektor gewählt worden war.

„Polizei im Hörsaal"[3]

In allen bayerischen Städten sollten am 29. Mai 1968 Demonstrationen gegen die geplante Verabschiedung der Notstandsgesetze stattfinden. Hierfür richteten die Studentengruppen (SHB, LSD, SDS) der Universität Regensburg am 25. Mai im Namen des Verbands deutscher Studentenschaften, die deutschlandweit zu einem Streik aufgerufen hatten, einen Appell an den Rektor. Darin baten

> Antrag des Asta auf Beschlußfassung durch die Vollversammlung der Studentenschaft der Universität Regensburg v. 23.7.1968
>
> Die Studentenschaft der Universität Regensburg ist empört über das Verhalten des Rektors im Zusammenhang mit der Verleihung der Konrad-Adenauer-Preise der Deutschland-Stiftung.
>
> Rektor Mayer war bei der geheimen Preisverleihung auf Herrenchiemsee anwesend. Während andere Vertreter des öffentlichen Lebens, unter anderen der bayerische Ministerpräsident, sich aus dem Kuratorium wegen der Zuerkennung der Preise an Emil Franzel und Frank Thiess zurückzogen, hielt es der Rektor der vierten bayerischen Landesuniversität für notwendig und richtig, nicht nur an der Preisverleihung teilzunehmen, sondern auch dem Kuratorium beizutreten. Da Franzels Ansichten über die Studentenschaft und seine extrem nationalistische, jeglicher Toleranz entbehrende journalistische Produktion allgemein bekannt sind, muß die Teilnahme von Rektor Mayer als einzigem Rektor einer deutschen Hochschule an der Preisverleihung als demonstrative Sympathieerklärung für Franzels Äußerungen gewertet werden.
>
> Unter Hinweis auf die Mitarbeit Rektor Mayers wird in einem Brief des Vorstandsmitgliedes der Deutschland-Stiftung, Kurt Ziesel, für die Deutschland-Stiftung geworben. Somit ist die Behauptung des Rektors entkräftet, er gehöre dem Kuratorium lediglich als Privatperson an.
>
> Damit hat Prof. Mayer als erster Repräsentant der Universität Regensburg zum wiederholten Male die Studentenschaft diskriminiert und das Ansehen der Universität Regensburg geschädigt.
>
> Die Studentenschaft der Universität Regensburg mißbilligt aufs schärfste das Verhalten Rektor Mayers und spricht ihm ihr Mißtrauen aus.
> Prof. Mayer würde als Prorektor auch künftig die Universität in der Öffentlichkeit vertreten. Dies ist für die Studenten untragbar. Daher fordert die Studentenschaft der Universität Regensburg Rektor Mayers sofortigen Rücktritt von den Ämtern des Rektors und des Prorektors.
>
> Die Resolution wurde angenommen. Dafür stimmten 175, dagegen 11, es enthielten sich der Stimme 19

Rücktrittsforderung des AStA an Rektor Franz Mayer, 23. Juli 1968. [Foto: Universitätsarchiv Regensburg, FlgSlg 3]

sie darum, am folgenden Mittwoch, dem 29. Mai, den Vorlesungsbetrieb einzustellen, „um akademischen Bürgern der Universität die Möglichkeit zu geben, Inhalt und Folgen der Notstandsgesetze zu diskutieren".[5] Am Dienstag antwortete der Rektor, dass der Vorlesungsbetrieb nicht eingestellt werden würde, es aber jedem freigestellt sei, an der Diskussion teilzunehmen.[5]

Im Regensburger Tagesanzeiger erschien bereits am Montag, dem 27. Mai, ein Artikel, der die Bildung eines Notstands-Komitees aus Schülern, Studenten und Arbeitern bekannt gab und eine öffentliche Kundgebung gegen die Notstandsgesetze am 29. Mai um 17 Uhr auf dem Neupfarrplatz ankündigte. Am selben Tag sollte um 14 Uhr an der Universität gestreikt werden.

Für den bevorstehenden Streik wurden am Montag Hinweisplakate aufgehängt und im Büro eines Professors, der dies freiwillig zur Verfügung gestellt hatte, eine Streikzentrale eingerichtet. Der AStA organisierte am selben Abend eine Podiumsdiskussion, bei der mit überwältigender Mehrheit für einen Vorlesungsstreik am Mittwoch gestimmt wurde.[6]

Einen Tag vor Beginn des Streikes riss der Kanzler dann eigenhändig die Plakate des Aktionskomitees vom Wegweiserbrett im Sammelgebäude und ordnete die Räumung der Streikzentrale an. Trotz der Räumung wollte er am Mittwoch jedoch alle Aktionen zulassen.[7]

Am Streiktag, dem 29. Mai selbst, hielten sich zirka 150 bis 200 Streikende im Sammelgebäude der Universität auf. Aufgrund der hohen Beteiligung, 1968 waren insgesamt nur 661 Studenten[8] eingeschrieben, fielen manche Veranstaltungen aus. Da man den Rektor dazu bringen wollte, über die Notstandsgesetze zu diskutieren, war die normalerweise wenig besuchte Vorlesung „Verwaltungsrecht, Allgemeiner Teil" bei Rektor Mayer am Streiktag stark frequentiert. Dieser erklärte sich dazu bereit, seine Vorlesung um eine halbe Stunde zu verkürzen, um mit den Studenten zu diskutieren. Die Studenten verließen daraufhin den Hörsaal, um zu gegebener Zeit wieder zurückzukehren. Sie beschlossen das tags zuvor vom Rektor verbotene Plakat „Dieser Staat ist ab heute keine Demokratie mehr" in die Vorlesung mitzubringen. Nach Ablauf der Zeit kehrten die Studenten mit zahlreichen Plakaten in den Hörsaal zurück, um der versprochenen Diskussion beizuwohnen. Als Mayer diese Plakate sah, forderte er die Streikenden auf, den Hörsaal zu verlassen. Wegen deren Weigerung verließ er selbst den Saal. Das bereits angespannte Verhältnis kippte schließlich, als eine Liste mit Streikunterstützern, die auch Namen von Universitätsangestellten und Assistenten enthielt, von Rektor Mayer beschlagnahmt wurde. Man befürchtete negative Folgen für die Personen und warf dem Rektor Diebstahl vor, dieser nannte es „Sicherstellung". Da er die Herausgabe und eine juristische Erklärung verweigerte, kam es zu Unruhen. Daraufhin benachrichtigte der Rektor die Polizei, ließ den Hörsaal räumen und ein zweitägiges Streik- und Hausverbot erteilen, was ihm den Namen „Polizei-Mayer" einbrachte. Es folgte ein Schlagabtausch in diversen Flugblättern, Erklärungen und Zeitungsinterviews, in denen sich Studenten und Rektor die Schuld gegenseitig zuwiesen.[9] Das Verhältnis der Studenten zu ihrem Rektor besserte sich nicht und weiteren Grund zum Ärgernis gab es, weil eine angebliche Aussage Mayers kursierte, dass „Freimaurer, Liberale und Sozialdemokraten (…) an seiner Uni nicht[s] zu suchen" hätten.[10] Die wissenschaftlichen Assistenten soll er als „Gesindel", das Verwaltungspersonal als „Gesinde"[11] bezeichnet haben, auch wenn er diese Aussagen zeitlebens öffentlich bestritt.

Für die Studenten war Mayers Verhalten das eines „professoralen Autokraten" und am 23. Juli 1968 folgte eine erste Rücktrittsforderung des AStAs an Rektor Mayer, mit welcher die Studentenschaft öffentlich ihr Misstrauen gegen ihren Rektor aussprach.[12]

„HAUT DEN HUBER IN DEN ZUBER"

In der turnusmäßigen Wahl 1968 wurde dann Karl-Heinz Pollok (1968–1971) zum neuen Rektor gewählt. Mit ihm hatte die Universität einen Rektor, der einerseits als Mittler darauf bedacht war, Ruhe in die von Protesten geplagte Junguniversität zu bringen, anderseits jedoch als jemand wahrgenommen wurde, der „durch Nichtstun die Geschäfte des bayerischen Ministeriums [besorgte]".[13] Vor allem die Studenten warfen ihm Untätigkeit in Bezug auf das bevorstehende Hochschulgesetz vor. Man war jedoch zuallererst erleichtert darüber, nicht mehr Mayer an der Spitze der Universität zu sehen.

Während der Regierungszeit Polloks richteten sich die Proteste hauptsächlich gegen den Entwurf des neuen Bayerischen Hochschulgesetzes von Kultusminister Ludwig Huber (1964–1970), das einen erheblich verstärkten staatlichen Einfluss auf die Hochschulen vorsah. Zu den geplanten Maßnahmen zählten die Abschaffung der Studentenschaft als eigene Körperschaft sowie deren Selbstfinanzierung, der Hochschulausschluss der Proteststudenten für bis zu vier Jahre und die Änderung der Parität im Beteiligungsverhältnis.

Durch das Hochschulgesetz wollte man mitunter gewalttätigen Studentenprotesten, wie man sie im Gegensatz zu Regensburg aus anderen Großstädten kannte, vorbeugen. Das von den Studenten geforderte Beteiligungsverhältnis einer Drittelparität war in Regensburg in abgeschwächter Form zustande gekommen und wurde in ei-

Demonstrationszug durch Regensburg. Der Große rechts: unser Almanach-Autor Eginhard König! [Foto: Bild von Berger, Mittelbayerische Zeitung, erschienen in der Lautschrift: Moritz Geier, In grauer Vorzeit, in: Lautschrift Ausgabe 14 (Winter 2013)]

Streikaufruf des AStA 1968. [Foto: Universitätsarchiv Regensburg]

nem Kompromiss als Viertelparität eingeführt. So gab es im Reformmodell Regensburg eine Stimmverteilung von 2:1:1. In maßgeblichen Gremien kamen auf je zwei Professoren ein Assistent und ein Student, was 1971 die Wahl des linken Physik-Professors Gustav Obermair zum Rektor ermöglichte.

Was die Studenten jedoch am Schlimmsten traf, war daher die geplante Abschaffung des bisherigen Mitbestimmungsrechtes von 2:1:1. Kultusminister Hans Maier sah die erprobte Parität mit stärkerer Beteiligung von Assistenten und Studenten als illegal an, da diese vor allem in Berufungsangelegenheiten kein Stimmrecht haben sollten. Sie sollte durch den Paritätenschlüssel 6:2:1 (Professoren : Studenten : nicht-wissenschaftliches Personal) ersetzt werden.

Bei den Studenten hinterließ das Gesetz einen autoritären Nachgeschmack, es wurde als Einschränkung der Autonomie gesehen und man sah sich mithilfe eines Streiks zur Gegenwehr genötigt. Nach einem ersten Streik im Mai 1968 gegen die Notstandsgesetze folgte im Februar 1969 ein dreitägiger Warnstreik.

Der AStA sah den Streik als „die jetzt wirksamste Methode, gegen Huber anzutreten und dem bayerischen Landtag Feuer untern Hintern zu legen".[14]

Nachdem man im Juni bei einer Abstimmung unter Leitung des AStAs mehrheitlich für einen Streik gestimmt hatte, stürmten am 03. Juli 1969 die Streikenden den Hörsaal einer Geschichtsvorlesung im Alumneum, um eine sachliche Diskussion zu erzwingen. Der dozierende Professor hatte aber eine Art „Saalschutz" abgestellt, die aus streikbrechenden, zumeist konservativen Studenten bestand, sodass es zu gewalttätigen Auseinandersetzungen zwischen Streikbefürwortern und -gegnern kam und man sich in den folgenden Tagen gegenseitig die Schuld an der Eskalation gab. Nach dem Eklat an der Universität

organisierte der AStA bereits für den folgenden Tag einen Streik gegen das „Huber-Gesetz". Die Demonstration zog vom Hauptbahnhof über die Maximilianstraße und die Schwarze-Bären-Straße zum Neupfarrplatz. „Haut den Huber in den Zuber" lautete damals der Leitspruch. Trotzdem schaffte es Pollok, ein labiles Gleichgewicht zwischen dem linken und dem rechten Flügel zu halten. Er bildete buchstäblich das Zwischenglied zwischen dem vormaligen konservativen Rektor Franz Mayer und dem folgenden linken Rektor Gustav Obermair.

Alle Hochschulgruppen lehnten das Gesetz ab, aber wegen Uneinigkeiten und Streitigkeiten beim Vorgehen bildeten sich zwei Lager, die gegeneinander arbeiteten. Aufgrund unterschiedlichster Vorstellungen löste sich diese „Miniatur-Studentenbewegung", die in Regensburg im Vergleich zu anderen Großstädten eine wesentlich geringere Rolle spielte und zum größten Teil aus Sympathisanten und Mitläufern als wirklichen Fanatikern bestand, Anfang der 70er Jahre auf. Am 28. November 1973 wurde das Hochschulgesetz unter Kultusminister Hans Maier verabschiedet.

Rededuell zwischen Rektor Gustav Obermair und Kultusminister Hans Maier ca. 1972.
[Foto: Mittelbayerische Zeitung, 15. Juli 1990]

„Zu rot für schwarz": Obermair

Die im Reformmodell von Regensburg verankerte Viertelparität ermöglichte 1971 mit einer Stimme Mehrheit die Wahl des Physikprofessors Gustav Obermair (1971–1973). Mit ihm wurde ein linksliberaler Sozialdemokrat Rektor: Ein Mann, der auch durch sein Äußeres, seine Barttracht und lässige Jeans, so gar nicht mehr dem Bild der aristokratischen Magnifizenz alten Stils entsprach und selbst mit den Namen seiner beiden Kater „Marx" und „Lenin" von sich reden machte.

Doch nicht nur seine überraschende Wahl, sondern auch die geplante Einführung von sozialwissenschaftlichen Grundkursen für alle Lehramtsstudenten sorgte für einigen Wirbel während seiner Amtszeit. In diesen obligatorischen Grundkursen sollten auch marxistische Theoriekonzepte diskutiert werden. Das stieß auf Widerstand und ließ hitzige Zeitungskampagnen und Diskussionen folgen. Obermair werde „den Extremisten viel freie Hand lassen" titelte die Frankfurter Allgemeine Zeitung am 18. August 1971, der Bayernkurier schrieb von einem „von roter Hand vorbereiteten Coup" und weissagte einen erheblichen Zulauf radikaler Studenten an die Reformuniversität Regensburg. Obwohl das Grundgesetz die Freiheit von Wissenschaft, Forschung und Lehre[15] garantiert, führte der in der Presse breitgetretene Skandal schließlich dazu, dass die Grundkurse im September 1971 vom Kultusminister verboten wurden.

Zweifelsohne war Obermair ein Solitär unter den Rektoren. Auch er polarisierte wie seine Vorgänger, weil er Institutionen hinterfragte und unbequeme Fragen zu stel-

„Karl-Marx-Universität"
[Foto: Mittelbayerische Zeitung, 30.Mai 1968]

Auch die Studenten des Kepler-Polytechnikums, der späteren Fachhochschule, schlossen sich den Streiks an [Foto: Mittelbayerische Zeitung, 12. Juni 1968]

len wusste. 1973 wurde Obermair abgewählt und von Dieter Henrich (1973–1981) ersetzt.

Unter den Vorzeichen des im selben Jahr verabschiedeten Hochschulgesetzes sowie mit der Veränderung der Wahlparitäten endete die mit Obermairs Namen verbundene Reformära dann endgültig.

1   Universitätsarchiv Flugblattsammlung 2.
2   UAR FlgSlg 2.
3   Mittelbayerische Zeitung 30.5.1968.
4   UAR FlgSlg 3, Dokumentation „Chronik eines autoritären Fehlverhaltens", LSD, SHB und SDS, S.1.
5   UAR FlgSlg 3, Dokumentation „Chronik eines autoritären Fehlverhaltens", LSD, SHB und SDS, S.2.
6   UAR FlgSlg 3, Dokumentation „Chronik eines autoritären Fehlverhaltens", LSD, SHB und SDS, S.2.
7   UAR FlgSlg 3, Dokumentation „Chronik eines autoritären Fehlverhaltens", LSD, SHB und SDS, S.3.
8   http://www-verwaltung.uni-regensburg.de/scripts/WWWProgStuStat-BestReihe.exe?Einzelabfrage=ZeigeBestandm, letzter Zugriff: 17.07.2017, 22:29Uhr.
9   UAR FlgSlg 3, Dokumentation „Chronik eines autoritären Fehlverhaltens", LSD, SHB und SDS, S.3-5.
10 Moritz Geier, In grauer Vorzeit, in Lautschrift Ausgabe 14 (Winter 2013), S. 41.
11 Lautschrift S.41
12 UAR FlgSlg 3, Rücktrittsforderung des AStAs an Rektor Mayer.
13 UAR FlgSlg 2
14 UAR FlgSlg 3.
15 GG Artikel 5 § 3.

Gerd Otto

"Stabhochspringen ohne Stab geht nun einmal nicht"

Vor 50 Jahren: Mit dem Donau-Einkaufszentrum startet Johann Vielberth seine international vielbeachtete Karriere als Immobilienentwickler

Eigentlich ist die Immobilie ja das zumindest begriffliche Gegenstück zur Mobilität. Und ausgerechnet ein vor geistiger Mobilität geradezu strotzender Unternehmer wie Dr. Johann Vielberth gilt seit Jahrzehnten als die große Persönlichkeit der deutschen, ja der europäischen Immobilienwirtschaft – und dies in ihrer geistigen Durchdringung ebenso wie in Bezug auf eine durchaus praxis- und erfolgsorientierte Umsetzung von ihm meist selbst erdachter Ideen. Das Jahr 2017 hätte dies kaum deutlicher ausdrücken können. Feierte der Firmengründer selbst im Frühjahr seinen 85. Geburtstag, so wurde kurz zuvor die nicht nur nach ihm benannte, sondern von ihm lange Zeit aktiv vorangetriebene Dr. Vielberth Verwaltungsgesellschaft schlicht in DV Immobiliengruppe umgewandelt – DV natürlich als Kürzel für „Doktor Vielberth".

Gleichzeitig erfolgte in der Gruppe ein Wechsel in der zentralen Geschäftsführung: Schwiegersohn Christian Bretthauer steht künftig, gemeinsam mit Ingrid Zimmerer, an der Spitze, nachdem ihr langjähriger Kollege in dieser Funktion Dr. Lothar Koniarski in den Beirat gewechselt war. Also ein durch und durch gelungener Stabwechsel! Aktuell werden durch dieses Management und die rund 270 Mitarbeiter der Gruppe etwa 990 Mietpartner mit 20 000 Beschäftigten auf einer Nutzfläche von 700 000 Quadratmetern betreut.

Auch wenn die Unternehmensgruppe des Dr. Johann Vielberth in den weit mehr als 50 Jahren ihres Bestehens hauptsächlich mit Immobilien zu tun hatte und dies wohl auch in Zukunft so bleiben wird, neben den Autohöfen („Euro-Rastpark"), mit denen man seit den achtziger Jahren erfolgreich ist, wird künftig gerade der neueste Business-Campus in Unterschleißheim als „Zwillings-Projekt" der Garchinger Aktivitäten nicht zuletzt von dem Aspekt der Mobilität geprägt sein. Hier, also auf dem Areal der DV Immobiliengruppe, wird nämlich die BMW Group ihr e-Mobilitäts-Konzept konzentrieren, die Zukunft eben.

Um erfolgreich nach vorne schauen zu können, sollte man sich freilich auch stets bewusst sein, wo man herkommt. Zum Beispiel aus der Oberpfalz! Genau genommen stammt Dr. Johann Vielberth aus Bodenwöhr, und das ist mehr als nur ein x-beliebiger Geburtsort. Rein zufällig in dieser Gemeinde zur Welt zu kommen, war kaum möglich, und auch sich abzunabeln aus dem Umfeld von

Mutige Pläne für moderne Handelswelten – Gründer Dr. Johann Vielberth. [Foto: Archiv Donau-Einkaufszentrum]

Bergwerk und Hochofen gelang in früheren Zeiten nur wenigen. Bodenwöhr jedenfalls ist mehr noch als die Maxhütte ein Symbol für jene Ära der Oberpfalz, da man sich stolz als „Ruhrgebiet des Mittelalters" empfand. Über 600 Jahre ist es inzwischen her, dass sich 64 Hammerherren aus Amberg, Sulzbach und Nürnberg zu einem kartellartigen Verbund zusammentaten, mit dem Ziel, den Verkauf des Erzes – der Grundlage des damaligen Reichtums – zu regeln, sowie Produktion, Vertrieb, Erzpreis und Löhne festzusetzen. Damals (1387) war Bodenwöhr zwar noch nicht dabei, doch schon die zweite „Große Hammereinung" von 1464 umfasste die gesamte Eisenindustrie der Oberpfalz, insbesondere auch die sog. Blechhammer. Das Kartell war – den Marktwirtschaftler Dr. Vielberth freut's noch heute – freilich nicht in der Lage, den Wettbewerb gänzlich auszuschalten. Nicht zuletzt deshalb entstand in Bodenwöhr ein neues Werk, war Gilg Katz, der Besitzer des Weichselbrunner Hammers, doch gezwungen, angesichts zunehmender Konkurrenz einen günstigeren Standort zu suchen. Und der war eben Bodenwöhr!

Ein gut gelaunter Dr. Johann Vielberth 2009. [Foto: Peter Ferstl]

Freiheiten, Rechte und Pflichten wurden damals jenem Katz und seinem Sohn vom Landesfürsten eingeräumt, über 200 Jahre später setzte dieselbe Obrigkeit alles daran, die einst privatisierten Bergwerke und Hammerwerke wieder zu verstaatlichen. Kurfürst Max Emanuel soll anlässlich des Baus seiner Lustschlösser Schleißheim und Nymphenburg erkannt haben, welch große Bedeutung die auch hier verwendeten Metalle inzwischen erlangt hatten. Für Bodenwöhr bedeutete dieses Umdenken des Landesherrn den Ausbau zum kurfürstlichen Berg- und Hüttenamt.

Vielseitigkeit als ein Erbe der Bodenwöhrer Wurzeln

Und die Vielberths? Sie lebten damals (Ende des 17. Jahrhunderts) vermutlich noch im Böhmischen oder auch in Frankreich, so genau wird sich dies nicht mehr erkunden lassen. Fest steht lediglich, dass die Unruhen im Vorfeld der Französischen Revolution durchaus auch einen Pierre oder Peter Filbert nach Bodenwöhr verschlagen konnten wie jenen französischen Geistlichen, der damals die Bodenwöhrer zwei, drei Jahre seelsorgerisch betreute. Peter, Nikolaus und Michl Filbert sind jedenfalls in diversen Unterlagen jener Jahre ebenso als Hüttenarbeiter erwähnt wie Niklas und Johann, die sich zu Beginn der Bodenwöhrer Blütezeit Anfang des 19. Jahrhunderts noch Füllberth oder Füllwerth schrieben und bereits als Former, Emaillierer und Zimmermann tätig waren – Berufe, die neben Schmied und Schlosser zu den prägendsten Tätigkeiten der Familie zählten. Freilich, Vielseitigkeit gehörte im Bodenwöhr des Berg- und Hüttenamtes ohnehin zu den gefragtesten Eigenschaften.

Der erste „richtige" Vielberth (zumindest von der Schreibweise der heutigen Familie her) war offenbar ebenfalls ein Johann Vielberth, der 1832 gemeinsam mit dem Putzjungen Vielberth als Gehilfe der „Formerpartei" Hautmann genannt wird. Stabl, Ellert, Hautmann, Probst, Lohr und Vielberth tauchen im Übrigen während der gesamten „Hüttengeschichte" Bodenwöhrs immer wieder und in vielfacher Weise auf. Natürlich sind diese alten Bodenwöhrer Familien alle untereinander verwandt und verschwägert. Lohr zum Beispiel hießen die Großeltern von Dr. Vielberth, eine Familie, die im 19. Jahrhundert sehr häufig den technischen Werksleiter oder Meister stellte.

Bodenwöhr – Hüttenwerk und Heimat

Wie sehr die Menschen in dieser Gemeinschaft — und man muss sich dies auch und gerade wohnlich sehr intensiv vorstellen — mit Veränderungen der wirtschaftlichen Rahmenbedingungen fertig wurden, zeigt sich am Beispiel Bodenwöhr besonders gut. Hier wurde 1882 der Hochofen für die Roheisen-Herstellung aus Erz endgültig ausgeblasen, was freilich weder die technische Innovationskraft der Manager noch den Einsatzwillen der einzelnen Arbeiter lähmte.

Als Eisengießerei mit Emaillierbetrieb versuchte man sich auf dem Markt zu behaupten, auch wenn oder gerade weil 1883 sogar einige Arbeiter entlassen werden mussten. Denn anschließend ging's wieder bergauf. Neben Erzeugnissen wie Grabkreuzen, Gewichten oder auch Kochgeschirr machten sich die Bodenwöhrer vor allem durch die Ausführung spektakulärer oder künstlerischer Arbeiten einen Namen, etwa beim Bau des Quellenhauses in Bad Kissingen oder des sog. Glaspalastes, der anlässlich der Industrieausstellung in München errichtet worden war. In Regensburg stammt das Zoller-Denkmal in der Ostenallee aus dem Hüttenwerk Bodenwöhr. Selbstverständlich arbeitete man auch mit Künstlern wie den Schwanthalers in München eng zusammen. Bedeutsam war daneben die Abteilung, in der Maschinenteile, Badewannen und vor allem Öfen hergestellt wurden.

Die Arbeiterschaft, heute würde man sagen Belegschaft, stieg in diesen Jahren bis zum Ersten Weltkrieg von 150 auf fast das Doppelte an — und die Vielberths spielten durchaus eine wichtige Rolle als offenbar stabilisierendes Element auf allen Gebieten des Gemeinwesens.

Ob als Mesner, Gemeindediener, Flurwächter oder auch in der Funktion als Feuerwache, die Familie Vielberth war stets dabei, wenn es galt, für die Gemeinschaft etwas zu leisten. Wie Johann Vielberth, der Unternehmer des 21. Jahrhunderts, Nachbarschaftshilfe zeigt, indem er aktiv die Feuerwehr, das Rote Kreuz, die Caritas oder andere Wohlfahrtsverbände unterstützt und sehr persönlich die unterschiedlichsten Anliegen aufgreift und fördert, war dies offenbar auch seinen Altvorderen in der engen und deshalb umso mehr auf Kooperation angewiesenen Gemeinschaft Bodenwöhrs eine Selbstverständlichkeit. Dies galt in großem Maße gerade für die Frauen der Familien, die im Übrigen auch schon sehr früh „ihren Mann" standen, indem etwa eine Barbara Vielberth, die Frau des Formers Max, als Kleidermacherin auftaucht, oder Katharina Vielberth die Chance ergreift, als Brothändlerin tätig zu sein. Dass auch Kunst und Kultur zu den wichtigen Kraftfeldern einer Gesellschaft gehören, beweist Dr. Vielberth Ende des 20. Jahrhunderts ebenso wie es den Bodenwöhrer Vielberths etliche Jahrzehnte zuvor ganz natürlich war, etwa im Gesangverein mitzuwirken.

Den Ton angeben oder den Marsch blasen?

Doch dabei blieb es nicht. Die meisten Familienmitglieder spielten gleich mehrere Instrumente, der Vater von Dr. Vielberth zum Beispiel Geige und Trompete, seine fünf Brüder mischten in den verschiedensten Blaskapellen kräftig mit. Besonders sichtbar wurde das musische Element der Vielberths in der Familie seines Onkels, aus der

1966 Bautafel für das Pionierprojekt Donau-Einkaufszentrum [Foto: Archiv Donau-Einkaufszentrum]

etwa der beliebte Gymnasiallehrer für Musik Otto „Vips" Vielberth stammte.

Freilich, zum Singen gab's nicht immer Anlass. Besonders nach dem Ersten Weltkrieg waren viele Hüttenarbeiter aus Bodenwöhr gezwungen, in Amerika oder anderswo ihr Glück zu suchen, darunter waren gleich drei Töchter des „geschichtenumwobenen" Joseph Vielberth und Fritz, der Sohn von Franz Vielberth, der 1940 in New-Britain starb. In der Welt umgeschaut hatten sich schon zuvor einige Familienmitglieder, etwa in Böhmen bereits 1871 der Former Joseph Vielberth. Aber auch nach dem Zweiten Weltkrieg, als sich speziell Anfang der fünfziger Jahre der Wirtschaftsaufschwung keineswegs so selbstverständlich ankündigte wie er aus späterer Sicht erschien, wagten viele Bodenwöhrer den Sprung in ein fremdes Land, darunter auch Lore, die Tochter des Ludwig Vielberth.

Dies geschah in einer Zeit, als sich „unser" Johann Vielberth – die Familie war auch ausgewandert, nur nicht so weit, nämlich nach Regensburg – mit der Frage herumschlug, was er denn machen wolle. Unter anderen Vorzeichen hätte er vermutlich Physik studiert oder wäre Architekt geworden. Nun, nach dem Desaster der Naziherrschaft und des Weltkrieges, reizte ihn die Vorstellung, an der gesellschaftlichen Neuordnung des Staates mitzuwirken. Und dies schien ihm damals und auch im Rückblick mit dem Studium der Volkswirtschaft am besten möglich, während er Soziologie oder Psychologie eher als rückwärtsgewandt empfand. Die Gestaltung von Denkmodellen – das war und ist noch immer der eigentliche Impuls seines unternehmerischen und damit auch gesellschaftspolitischen Wirkens.

Messerschmitt statt Zirkusclown

Dass sein Sohn Johann auf Projekte würde zurückblicken können, in denen Tausende von Menschen Beschäftigung finden, hätte sein Vater 1938 nicht einmal zu träumen gewagt, als er vom Hüttenwerk Bodenwöhr zum Flugzeugbauer Messerschmitt nach Regensburg wechselte. Ob er, der Vater, es gewesen war, der – mit den Verhältnissen in Bodenwöhr unzufrieden – nach Regensburg gehen wollte, oder die Mutter, da ist sich der Sohn heute nicht mehr sicher. Fest steht nur, dass sich beide gleichermaßen von einem Umzug eine bessere Zukunft für sich und ihre Kinder erhofften. Auch wenn Johann Vielberth Vater als seinen Traumberuf stets Zirkusclown nannte („Er wäre sicher sehr gut gewesen!"), der Job bei Messerschmitt war damals, in den 30er Jahren, Gold wert: Was es bedeutete, in dem erst 1936 begonnenen Flugzeugwerk einen Arbeitsplatz oder zum Beispiel eine Lehrstelle zu bekommen, ist heute kaum noch vorstellbar! Am ehesten könnte man dies mit einem Medizin-Studienplatz unserer Tage vergleichen.

Strukturpolitisch war das Messerschmitt-Werk für Regensburg etwa das, was später die Universität oder Großprojekte wie das BMW-Autowerk und die Siemens-Megachip-Fabrik bedeuteten. Anfangs fanden hier rund 4000 Menschen Beschäftigung, im Zuge der von Berlin befohlenen Hochrüstung stieg die Belegschaft auf 11 000 Mitarbeiter. Darunter waren – als Lehrlinge – später so renommierte Unternehmer wie Hermann Kronseder, der Gründer der Krones AG, oder Fritz Fend, der in den 50er Jahren mit seinem Kabinenroller Aufsehen erregte. Hier wurden bis zu 200 Maschinen pro Monat hergestellt, für die Alliierten des

1967 Blick auf das zentrale Bürogebäude [Foto: Archiv Donau-Einkaufszentrum]

1968 Frühphase des Malwettbewerbs. Max Vielberth realisierte die Idee bald nach der Center-Premiere. Am Rednerpult: Rupert D. Preißl. [Foto: Archiv Donau-Einkaufszentrum]

Zweiten Weltkrieges galt Messerschmitt Regensburg deshalb neben Hitlers U-Boot-Werften als zweitwichtigstes Ziel: Am 17. August 1943 begrub ein gewaltiger Bombenteppich den Westen der altehrwürdigen Reichsstadt.

Der ganze „Spuk" freilich war erst im Frühjahr 1945 beendet. Da aber mussten die Menschen erkennen, dass ziviles Überleben mindestens ebenso schwierig sein konnte wie den Bomben des Krieges zu entkommen, mit dem Unterschied freilich: Jetzt war die Motivation eine völlig andere! Dies erkannte als einer der ganz Wenigen jener Ludwig Erhard aus dem fränkischen Fürth, der sich schon während des Krieges Gedanken über das Danach gemacht hatte. Er war nicht davon abzubringen, dass es die solidarische Kraft des Volkes sein würde und nur sie, die den Wiederaufbau schafft. Er setzte, wo alle „Fachleute" die Verwaltung des Mangels empfahlen, auf den ungebrochenen Willen des Menschen, sich durch Fleiß und zähe Arbeit selbst aus der Not und dem Elend zu befreien. Man müsse ihm nur die Gelegenheit geben, seine Kräfte zu entfalten.

Die sozialethische Problematik der Eigentumsbildung

Dass es auf diesem Wege Rückschläge geben würde, darüber waren sich Erhard und sein „Vordenker" Müller-Armack im Klaren — Johann Vielberth, der Schüler und Student, erlebte sie am eigenen Leib. Sein Gymnasium nannte sich damals sinnigerweise „Wirtschaftsaufbau-Schule" (heute Werner-von-Siemens-Gymnasium), doch als er selbst das Studium der Volkswirtschaftslehre an der Universität erfolgreich beendet hatte, wollte offenbar niemand auf dem Arbeitsmarkt dieses Wissen abrufen. Doch dafür erlebte der junge Oberpfälzer sicherlich sein prägendstes Jahr, als er an der Tolane University im US-Bundesstaat Louisiana zwei Semester als Fullbright-Stipendiat verbringen durfte. Aus den Staaten zurückgekehrt und nach dem Examen im Jahre 1956 wagte er sich an seine Doktorarbeit, mit einem Thema, das nicht nur für die damals junge Bundesrepublik einen wichtigen Ansatz für spätere Entwicklungen darstellen, sondern eigentlich auch für Johann Vielberth selbst ein Leitmotiv werden sollte: Die sozialethische Problematik der Eigentumsbildung!

Doch der Einstieg ins Berufsleben verlief viel prosaischer. Da er wie viele seiner Studienfreunde damals auf Anhieb keine Anstellung fand, bewarb er sich auf eine Anzeige der Firma Hettram als Autoverkäufer. Aber auch dieses Unternehmen wollte ihn nicht fest anstellen. So machte Vielberth aus der Not eine Tugend und – sich selbstständig! Dass Vielberth nie Angestellter war, verdankt er freilich auch seiner Familie. „Stabhochspringen ohne Stab geht nun einmal nicht", meint er rückblickend und umschreibt damit, wie nötig das Startkapital war. Die Familie seiner Frau Erika hatte ihn schon eineinhalb Jahre nach der Heirat zum Vermögensverwalter berufen: „Dieses Vermögen bildete den Grundstock für den Bau des Einkaufszentrums!" Die erste Unternehmensgründung freilich erfolgte 1960 noch mit einem Kfz-Betrieb in der Wöhrdstraße. Schon nach einem Jahr erlebte der Jungunternehmer, wie risikoreich die Marktwirtschaft sein kann. Der Konkurs der Borgwardt-Autowerke bedeutete für ihn den Verlust der Generalvertretung, aber auch die Erkenntnis, dass „man trotz betriebswirtschaftlicher Gewinne und eines guten Produkts kaputtgehen kann, und zwar an mangelnder Liquidität". Borgwardts Unternehmen war „trotz kerngesunder Gewinnlage und ausreichender Eigenkapitaldeckung illiquid geworden", erinnert sich Vielberth. Für ihn ergab sich daraus die Konsequenz, Liquidität immer in ausreichendem Maße zur Verfügung haben zu müssen, um im Fall von unvorhergesehenen Entwicklungen Einnahmeausfälle abfedern zu können! Seit dieser Zeit versucht Vielberth auch jede Abhängigkeit von einer einzigen Bank zu vermeiden. Nach dem „Kapitel Borgwardt" übernahm er 1962 gleich mehrere Vertretungen, etwa Alfa Romeo, Hentschel, Kässbohrer-Setra-Busse und Johnson-Bootsmotore. Doch schon damals spukte bereits eine andere Idee im Kopf des 30-jährigen Volkswirts: Das Einkaufszentrum!

Eine amerikanische Idee: Das DEZ und seine Folgen

Anregungen dazu holte sich Dr. Vielberth in den frühen sechziger Jahren beim US-Architekten Victor Gruen, der zeitgleich mit der Entwicklung in Regensburg ein noch heute bestehendes Center bei Philadelphia plante. Gemeinsam mit dem Regensburger Architekten Manfred Rappel begann Dr. Vielberth sein eigenes Modell zu skizzieren, ausgerichtet insbesondere auf den mittelständisch geprägten Handel in Deutschland.

Vor allem aber mussten erst einmal mehr als 50 Landwirte, Gärtner und Immobilienbesitzer im Regensburger

Die in ihrer Breite und Größe einzigartige Galerie zeitgenössischer Kunst im Donau-Einkaufszentrum hat das künstlerische Schaffen der Region von Anfang an dokumentiert [Foto: Archiv Donau-Einkaufszentrum]

Stadtteil Weichs von dem Vorhaben überzeugt werden. Während sich der hier traditionelle Rettich-Anbau kaum noch lohnte, kam den Plänen von Dr. Vielberth zugute, dass sich inzwischen bundesweit eine mobile Konsumgesellschaft durchzusetzen begann, was – mit Blick auf Regensburg – durchaus für einen zweiten Marktplatz nahe der Altstadt sprach. Zudem liefen wichtige Buslinien über diesen Standort, gleichzeitig verdichteten sich in jener Zeit etliche Hauptverkehrsstraßen rund um Regensburg zu einem Autobahn-Netz.

Im Frühjahr 1966 wurden die Fundamente gelegt, im November das Richtfest gefeiert und am 14. September 1967 eroberten Kunden aus ganz Ostbayern die Konsumlandschaft des ersten vollklimatisierten Shopping Centers in Deutschland, das mit seinem bemerkenswerten Parkplatz-Angebot schon sehr früh auf sich aufmerksam machte. Das Donau-Einkaufszentrum entwickelte sich von Anfang an zu einem Trendsetter für den Erlebniseinkauf, mit dem sich noch heute der stationäre Handel ganz generell vom E-Commerce abzusetzen versucht.

Sechs Jahre später investierte die Vielberth-Gruppe 22 Millionen DM in einen zweiten Bauabschnitt, ehe um 1980 die „Dominante" mit ihrer bis heute das Projekt insgesamt prägenden Spiegelglasfassade entstand. Inzwischen hatte die Stadt Regensburg ihre Einwohnerzahl von 125 000 im Jahr der Eröffnung des Donau-Einkaufszentrums auf 140 000 Bürger erhöht. Später dockte im Nordwesten ein Neubau mit 13 000 Quadratmeter an, mit drei Verkaufs- und drei Parkebenen. Über eine Parkspindel konnten die Decks begegnungsfrei errichtet werden. Das war auch jene Zeit, als die „International Council of Shopping Centers" die Entwicklungsstrategie der Regensburger als vorbildlich prämierte und man auch den „Jean-Louis Solal Award" einheimsen konnte – als Folge einer gezielten Aufwertung der Ladenstraßen mit attraktiven Portalen und Schaufensterfronten auf einer Gesamtfläche von 80 000 Quadratmetern und täglich bis zu 40 000 Besuchern.

Im Dialog mit der Stadt, worauf stets großer Wert gelegt wurde, schaffte es die Leitung des Donau-Einkaufszentrums (vor Jahren Max Vielberth und Gerd Temporale, heute Thomas Zink und Katharina Spitzner) den Verkehr am Schnittpunkt mit der neuen Nibelungenbrücke kreuzungsfrei durch eine Untertunnelung zu führen. Schließlich ist die Stadt inzwischen auf 165 000 Einwohner angewachsen.

Und wie beurteilt Dr. Vielberth, der seit Jahren auch durch sein Engagement im Bereich der Immobilienwirtschaft Außerordentliches zur Entwicklung auf dem Regensburger Hochschulcampus beigetragen hat, die Zukunft von Einkaufszentren und vor allem von Gewerbeparks? Dass es gerade in Deutschland noch viel Luft nach oben gibt, leitet er nicht zuletzt von einem Vergleich mit den USA ab. Während in den Staaten die Unternehmen nur noch 40 Prozent ihrer Aktivitäten auf eigenen Immobilien abwickeln, sind dies in der Bundesrepublik immer noch 60 Prozent. Gehört also den gepachteten oder den Leasingflächen die Zukunft? Auch die Dichte und Konzentration diverser Branchen und Unternehmen, wie sie in Gewerbeparks zu beobachten sind, und die hier mögliche Ballung von vielfältigen Arbeitsplätzen an einem Standort erscheint Dr. Vielberth volkswirtschaftlich sinnvoll und nicht zuletzt auch ressourcenschonend.

Im Übrigen war es Dr. Vielberth, der die im englischsprachigen Bereich übliche Bezeichnung „Business Park" schon vor Jahren als „Gewerbepark" ins Deutsche übertrug. Da die Regensburger diese Bezeichnung nicht schützen ließen, wird dieser Ausdruck heute oft missbräuchlich verwendet. Nicht immer jedenfalls bezeichne er tatsächlich einen „Gewerbepark mit jener Infrastruktur und der Qualität, wie es unser Anspruch ist."

Bernhard Lübbers

Die Staatliche Bibliothek Regensburg feierte 200. Geburtstag

1816 wurde die Bibliothek gegründet

Vor zwei Jahrhunderten, im Jahr 1816, wurde die Staatliche Bibliothek Regensburg ins Leben gerufen. Da ein 200. Geburtstag wahrlich kein alltägliches Jubiläum ist, erinnerte man im Juli 2016 mit einem prominent besetzten Festakt im historischen Reichssaal der Stadt Regensburg sowie einem eigenen Bibliotheksfest an die Geburtsstunde der Bibliothek.

Dabei waren die Rahmenbedingungen zum Zeitpunkt der Gründung nicht gerade günstig. Denn das Jahr 1816 war das „Jahr ohne Sommer". Ein Vulkanausbruch in Südostasien im Jahr zuvor hatte eine erhebliche Klimaverschlechterung auf der Nordhalbkugel zur Folge. Für den 18. Juli 1816 war sogar der Weltuntergang vorhergesagt, was zeigt, wie verzweifelt die Menschen jener Zeit ihre Gegenwart wahrnahmen. In dieser prekären Situation rief die bayerische Regierung in Regensburg eine neue Bibliothek ins Leben. Das war Kulturpolitik unter schwierigsten Bedingungen, wegweisend und zukunftsträchtig!

Die Gründung 1816

Damals wurde aus den Resten der 1810 nach dem Übergang der ehemaligen Reichsstadt Regensburg an das Königreich Bayern aufgelösten Bibliotheken sämtlicher geistlicher und weltlicher Institutionen der Stadt eine neue Bibliothek für den Regenkreis – wie der Regierungsbezirk Oberpfalz bis 1838 hieß – gebildet. Die neue Institution setzte sich aus den Überresten der Bibliotheken der Reichsstadt Regensburg, die bis in die Mitte des 14. Jahrhunderts zurückreichen, aus der Bischöflichen Bibliothek, der damals bereits rund tausend Jahre alten Bibliothek des Benediktinerstifts St. Emmeram, den Büchersammlungen der Karmeliten, der Dominikaner sowie der Minoriten – um hier nur die wichtigsten zu nennen – und verschiedener anderer Institutionen zusammen. Das Ergebnis war und ist, trotz der Verluste, einerseits durch Auswahl für die Münchner Hofbibliothek im Winter 1811/12, andererseits durch wiederholte Dublettenverkäufe, eine Schatzkammer des gedruckten kulturellen Erbes der Region. Zunächst im alten Bibliotheksgebäude der Reichsstadt Regensburg im so genannten Neuen Waaggebäude am Haidplatz untergebracht, wo sich seit 1783 die reichsstädtische Stadtbibliothek befunden hatte, wurden 1875/76 Räumlichkeiten im ehemaligen reichsstädtischen Gymnasium poeticum an der Regensburger Gesandtenstraße, mitten im Herzen der Altstadt, bezogen, wo sich die Bibliothek bis heute befindet. Sie zählt zum Kreis von insgesamt zehn regionalen Staatlichen Bibliotheken im Freistaat Bayern, die allesamt der Bayerischen Staatsbibliothek in München nachgeordnet sind.

Abb. 1: Die Bibliothek im Herzen der Altstadt von Regensburg. [Foto: Herbert Stolz]

Eine Bibliothek für Stadt und Region

Neben Ergänzungen des bedeutenden historischen Bestands steht heute beim Bestandsaufbau geistes- und kulturwissenschaftlicher Literatur und insbesondere Veröffentlichungen aus und über die Region im Vordergrund. Denn eine Bibliothek, die nicht mehr gezielt ihre Bestände vervollständigt und aktuelle Literatur vorrätig hält, ist tot und zum bloßen Buchmuseum erstarrt.

Die Prämissen, nach denen in der Staatlichen Bibliothek Regensburg heute Bestandsaufbau betrieben wird, orientieren sich an verschiedenen Parametern. Einerseits weist der bereits vorhandene Bestand ein genuin geistes- und kulturwissenschaftliches Gepräge auf – eine Tradition, die es fortzusetzen gilt, gerade auch im Hinblick auf Forschungsliteratur zu den umfangreichen Sonder- und Altbeständen sowie zur Region (auch im Vergleich mit anderen Regionen) und zu gewachsenen Sondersammlungen –, andererseits sollen vor allem kostenintensive Neuanschaffungen durch eine abgestimmte Erwerbungspolitik gerade mit der Universitätsbibliothek Regensburg verhindert werden. Zusätzlich besteht ein Ausleihverbund zwischen der Universitätsbibliothek Regensburg, der Bibliothek der OTH Regensburg und der Staatlichen Bibliothek Regensburg, so dass auf den ausleihbaren Bestand der genannten Bibliotheken von den jeweils anderen Institutionen aus zugegriffen werden kann.

Abb. 2: Eines der Bilder des Konzentrationslagerhäftlings Franciszek Znamirowski für den Regensburger Karl Seider (SBR, Gr/4 Rat.civ.388, Blatt 5)

Von Pflichtexemplaren und Sonderbeständen

Für die Staatliche Bibliothek Regensburg kommt hinzu, dass sie die dauerhafte Aufbewahrung des zweiten Pflichtexemplars nach dem Bayerischen Pflichtstückegesetz von 1986 für den Regierungsbezirk Oberpfalz übernimmt, und somit zusammen mit der Bayerischen Staatsbibliothek München einen wesentlichen Teil des schriftlichen kulturellen Erbes der Oberpfalz und seiner in jeder Hinsicht eine Sonderstellung beanspruchenden Hauptstadt Regensburg für die kommenden Generationen sichert. Überdies sammelt die Staatliche Bibliothek Regensburg nicht nur entlegene und zu großen Teilen auch nicht regulär im Buchhandel erschienene Literatur (so genannte „graue Literatur"), sie beteiligt sich auch an der kooperativen Erschließung in überregionalen Nachweissystemen, etwa dem bayerischen Verbundkatalog oder – auf deutlich tieferem Erschließungsniveau – der Bayerischen Bibliographie. Zu den kontinuierlichen Neuerwerbungen zählen Monographien und Zeitschriften im konventionellen Sinne ebenso wie digitale Medien und für die wissenschaftliche Erforschung der Region bedeutende Sammlungen und Nachlässe. Gerade der letztgenannte Bereich ist für die regionale Identität wie für die wissenschaftliche Forschung natürlich von besonderem Interesse. Hier gelang es in den letzten Jahren, einige teils spektakuläre Neuerwerbungen zu tätigen. Einige Beispiele mögen hier genügen. So konnte der persönliche Nachlass des zeitweiligen bayerischen Innenministers, später Regierungspräsidenten von Oberpfalz und Regensburg und von den Zeitgenossen hoch gefeierten Dichters, Eduard von Schenk (1788–1841), ebenso erworben werden wie derjenige seines Schwagers Maximilian von Neumayr (1808–1881); auch letztgenannter bekleidete temporär das Amt eines bayerischen Innenministers und war 1848/49 zudem Abgeordneter des Wahlkreises Burghausen für das erste deutsche Parlament, das in der Frankfurter Paulskirche tagte. Weiterhin erhielt die Bibliothek 2012 zehn kulturhistorisch höchst wertvolle Aquarelle, die von dem polnischen Konzentrationslagerhäftling Franciszek Znamirowski im Konzentrationslager Gusen angefertigt wurden. Sie waren ein Geburtstagsgeschenk für seinen deutschen Vorarbeiter, den Regensburger Karl Seider. Im Konzentrationslager Gusen wurden unter unvorstellbaren Bedingungen seit den Luftangriffen der Jahre 1943 und 1944 Teile für die Regensburger Messerschmittwerke gefertigt. In dieser „Hölle von Gusen", so schilderten Überlebende das Konzentrationslager im heutigen Oberösterreich, scheint Seider einer der wenigen Menschen gewesen zu sein, der Menschlichkeit bewies. So jedenfalls legen es Znamirowskis 1971 in Kanada auf Polnisch in kleiner Auflage und privat erschienenen Erinnerungen nahe. Die Aquarelle wurden von dem Regensburger Antiquar Reinhard Hanausch zwischen Büchern eines Nachlasses entdeckt und der Bibliothek zur dauerhaften Aufbewahrung und wissenschaftlichen Erforschung überlassen. Inzwischen ist ein von insgesamt 16 internationalen Wissenschaftlern erarbeiteter Band erschienen, welcher die gleichnamige Ausstellung in der Bibliothek begleitet.

Ein ähnliches, vergleichsweise wenig beachtetes Kapitel der Regensburger Stadtgeschichte war das Kriegsgefangenenlager in der Donaustadt während des Ersten Weltkriegs. Im Oktober 1918, also kurz vor Ende des Krieges, lebten darin immerhin ca. 4.700 Gefangene, darunter mehr als 3.200 Franzosen. Mit dieser Belegung zählte Regensburg zu den kleineren Lagern im Deutschen Reich. Dennoch oder gerade deshalb, in jedem Fall aus der eigenen Initiative der Internierten heraus, entfaltete sich dort ein reges kulturelles Leben: Die Kriegsgefangenen gaben eine Zeitung heraus, „Le Pour et le Contre", sie spielten

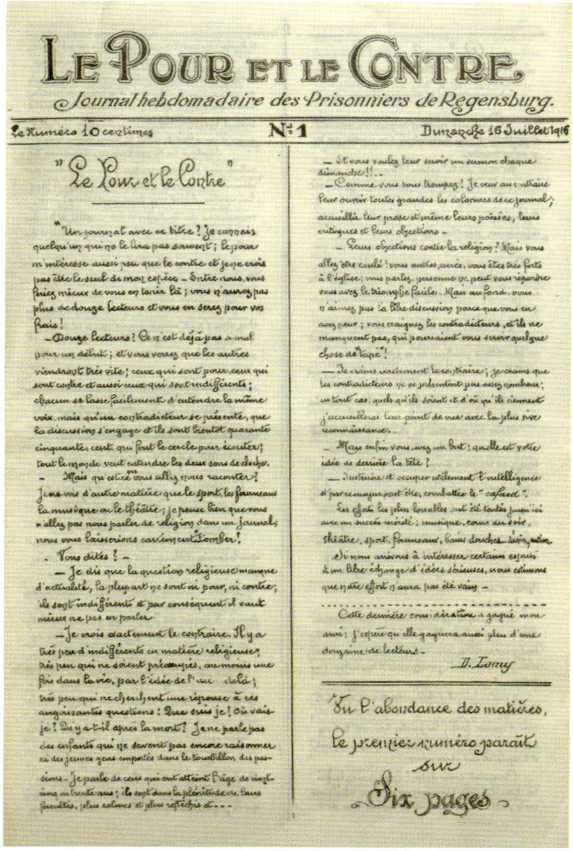

Abb. 3: Titelblatt der ersten Ausgabe von „Le Pour et le Contre". [Staatliche Bibliothek Regensburg, IM/ 4Rat.civ.369(1916/17)]

Theater, sie schrieben und dichteten, sie musizierten und sangen, sie trieben Sport. Es gab eine bemerkenswerte Lagerkultur in Regensburg, deren Vielfalt, aber auch Ambivalenzen im Rückblick sichtbar werden. Mitten im Krieg – mitten in Regensburg … Die Staatliche Bibliothek Regensburg besitzt als einzige Bibliothek ein komplettes Exemplar der Lagerzeitung „Le Pour et le Contre" sowie ein Konvolut von gedruckten Aufführungsprogrammen aus diesem Lager. 2016 gestaltete die Staatliche Bibliothek Regensburg eine Ausstellung zu diesem Lager und richtete vom 16.-18. Juni 2016 eine dreitägige international besetzte Tagung zu diesem Thema aus. Am Abend des 17. Juni kamen zudem ein Theaterstück sowie Musik aus dem ehemaligen Kriegsgefangenenlager erneut zur Aufführung. Ausstellung und internationale Tagung waren ein Gemeinschaftsprojekt der Staatlichen Bibliothek Regensburg und des Lehrstuhls für Französische und Italienische Literaturwissenschaft der Universität Regensburg in Kooperation mit der Stadt Regensburg.

Gedächtnisinstitution und Landesbibliothek für die Oberpfalz

Geprägt vom kulturellen Erbe der jeweiligen Region, verwahren die regionalen Staatlichen Bibliotheken das literarische Gedächtnis eines Landstriches. Dabei sind neben einer breiten Literaturauswahl für die interessierte Bevölkerung oftmals einzigartige Stücke vorhanden, die nicht selten sogar unikal überliefert, und damit nicht nur für die regionale, sondern auch die internationale Forschung bedeutsam sind. Zu dieser besonderen Kompetenz im Bereich seltener Handschriften und Drucke tritt als moderne Aufgabe, neben der Literaturversorgung für den gehobenen Bedarf und der Bewahrung und partiellen Transformierung der Bestände in digitale Formen, auch die Archivierung des aktuellen gedruckten Schriftgutes der jeweiligen Region.

Als Archivbibliothek für die Pflichtexemplare aus dem Regierungsbezirk Oberpfalz sowie schon aufgrund der Tatsache, dass die Bibliothek sehr viele alte und seltene Drucke beheimatet, kann man der Staatlichen Bibliothek Regensburg nachgerade die Rolle einer oberpfälzischen Landesbibliothek zusprechen, wie dies auch der Generaldirektor der Bayerischen Staatsbibliothek, Dr. Klaus Ceynowa, in seinem Grußwort im Rahmen des Festaktes zum Jubiläum 2016 tat.

Gerade in den letzten Jahren hat eine verstärkte Profilierung der Staatlichen Bibliothek Regensburg hin zu einer regional orientierten Forschungsbibliothek stattgefunden, ein Prozess, den die Bayerische Staatsbibliothek als vorgesetzte Dienstbehörde stets unterstützend begleitet hat. Vor einigen Jahren wurde diese Entwicklung durch Abschluss einer Kooperationsvereinbarung zwischen der Staatlichen Bibliothek Regensburg und der Universitätsbibliothek Regensburg grundiert, die das Profil der Staatlichen Bibliothek Regensburg als Regionalbibliothek für Regensburg und die Oberpfalz nachhaltig schärfen konnte.

Natürlicher Partner einer Regionalbibliothek ist selbstredend die Wissenschaft, die insbesondere in den Geistes- und Kulturwissenschaften – von wenigen Ausnahmen abgesehen – mehrheitlich an den Universitäten beheimatet ist. Mit verschiedenen Lehrstühlen in verschiedenen Fakultäten und Instituten der Universität Regensburg, aber auch anderen Universitäten werden daher teils recht enge Verbindungen gepflegt.

Massendigitalisierung mit Google

Seit Beginn des Jubiläumsjahres 2016 ist ein Meilenstein in der Zugänglichkeit der Bestände erreicht worden, der zugleich in die Zukunft weist. Denn zum Jahresbeginn 2016 konnte das Projekt der Massendigitalisierung urheberrechtsfreier Literatur mit Google abgeschlossen werden. Etwa 70.000 Drucke mit geschätzten 14 Millionen Seiten sind nun online verfügbar. Die Staatliche Bibliothek Regensburg ist damit als eine der kleineren wissenschaftlichen Bibliotheken in der Bundesrepublik zu einer der größten digitalen Bibliotheken in Deutschland aufgestiegen. So wird das reiche kulturelle und wissenschaftliche Erbe der vormaligen Reichsstadt und der Regensburger geistlichen Kooperationen nochmals in ganz neu-

Abb. 4: Der Autor und der Regensburger Antiquar Reinhard Hanausch begutachten einen alten Codex. [Foto: Staatliche Bibliothek Regensburg]

em Kontext und – nun wirklich im Wortsinn – global verfügbar.

Als im Jahr 2007 die Bayerische Staatsbibliothek ihre Zusammenarbeit mit der Internetsuchmaschine Google vorstellte, kommentierte die renommierte Tageszeitung „Die Welt", dies sei der „nächste Ritterschlag für den Wissenschaftsstandort Bayern. Dank der Google-Kooperation lasse sich München nun einmal mehr in einem Atemzug mit Harvard, Oxford oder Stanford nennen." Der Freistaat Bayern, der nach Ausweis der bayerischen Verfassung ausdrücklich auch ein „Kulturstaat" ist (Art. 3 Abs. 1 Satz 1), verfügt jedoch nicht nur in der bayerischen Landeshauptstadt München über bedeutende Kulturschätze. Gerade die bayerischen Bibliotheken beherbergen immense, z. T. höchst wertvolle und für die wissenschaftliche Forschung relevante Bestände. Gerade die Staatliche Bibliothek Regensburg zählt mit etwa 480.000 Medien, davon etwa 100.000 Bände mit Erscheinungsjahr vor 1830, zu den großen kulturellen Institutionen in der Oberpfalz. Und das hier versammelte kulturelle Erbe wiegt nicht nur quantitativ, sondern auch qualitativ schwer: Immerhin war Regensburg als Sitz des „Immerwährenden Reichstages" gegen Ende des 18. Jahrhunderts einer der reichsten und vielfältigsten Bibliotheksstandorte im gesamten Heiligen Römischen Reich.

Die ubiquitäre Verfügbarkeit der digitalisierten Buchbestände erleichtert es nun auch Forschenden und Interessierten gerade im regionalen Kontext, sich mit diesen wichtigen Zeugnissen der Vergangenheit vertraut zu machen. Denn der Heimatbezug ist – da ist sich die geisteswissenschaftliche Forschung einig – der Gegenentwurf und die Antwort auf die zunehmenden, alle Lebensbereiche erfassenden Auswirkungen der Globalisierung. Und gerade die historische Überlieferung trägt maßgeblich zur Identitätsbildung vor Ort bei, das zeigt sich in der Welterbestadt Regensburg nicht nur anhand des hervorragend erhaltenen Denkmalbestandes.

Ort der Kultur

Auch im Konzert der kulturellen Einrichtungen in Regensburg und der gesamten Oberpfalz nimmt die Bibliothek einen festen Platz ein. Die regionalen Staatlichen Bibliotheken sind allesamt aus der öffentlichen Kulturarbeit der jeweiligen Region nicht wegzudenken und übernehmen hier wichtige, ja unverzichtbare Aufgaben in der Vermittlung des regionalen kulturellen Erbes. Dies geschieht durch Veranstaltungen wie Ausstellungen, Vorträge und Lesungen ebenso wie durch Führungen und Schulungen, der Vermittlung von Bibliotheks-, Informations- und Medienkompetenz, um die Bürger auf die zunehmenden Anforderungen der modernen Informationsgesellschaft vorzubereiten. Die Forderung der Politik, die Bürger müssten sich in zunehmenden Maße auf lebenslanges Lernen und Weiterbilden einstellen, kann nur umgesetzt werden, wenn es kompetente Bildungseinrichtungen auch regional in ausreichender Zahl gibt. Das ebenfalls in der Bayerischen Verfassung verankerte Prinzip der Subsidiarität (Art. 3a) erhält somit für unseren Bereich einen „Sitz im Leben". Die Staatliche Bibliothek Regensburg nimmt somit aktiv am Kulturleben der Stadt und Region sowie der Gestaltung der geschichtlichen Erinnerung Anteil. Eine Reihe von Ausstellungen, Vorträgen, Lesungen und Aktionstagen und anderen Veranstaltungen belegt dies. Um den aufwändig erarbeiteten Ausstellungen Nachhaltigkeit zu verschaffen, erschienen zudem einige Begleitpublikationen.

Mehrfach wurde die Bibliothek bereits für ihr Engagement in der Zusammenarbeit mit Schulen ausgezeichnet und erhielt das Gütesiegel „Bibliotheken – Partner der Schulen" des Bayerischen Staatsministeriums für Bildung und Kultus, Wissenschaft und Kunst. Zuletzt im Oktober 2016. Überdies wächst die Zahl der Benutzer wie der physischen Ausleihen von Jahr zu Jahr. Die Bestände der Bibliothek werden von den Regensburgern also gerne angenommen. Dies ist ein erneuter Beleg dafür, dass die Digitalisierung keineswegs die Bibliothek vor Ort obsolet macht, wie manchmal zu lesen ist. Das glatte Gegenteil ist der Fall!

Sehr gut angenommen werden auch die regelmäßig abgehaltenen Büchersprechstunden. Privatleute können ihre Bücher Experten aus der Bibliothek sowie dem Regensburger Antiquariat Reinhard Hanausch vorlegen, welche nicht nur Tipps zur Aufbewahrung geben, sondern auch den Wert der Bücher unverbindlich schätzen.

Ein Buch zum Jubiläum

Pünktlich zum Jubiläum erschien auch eine Darstellung über die Geschichte der Bibliothek von den Anfängen im Jahr 1816 bis zu jenem denkwürdigen Jahr 1968, das zweifelsohne als ein Epochenjahr der Moderne bezeichnet werden kann. Michael Drucker, der die Geschicke der Bibliothek bis zu seinem wohlverdienten Eintritt in den Ruhestand im Jahr 2008 lenkte, hat dieses umfassende Porträt verfasst. Er führt darin die wechselvolle Geschichte dieser Einrichtung eindrucksvoll vor Augen und zeigt, dass die Anfänge der Bibliothek vor zwei Jahrhunderten alles andere als einfach waren. Bibliotheksgeschichte ist zu wesentlichen Teilen Kulturgeschichte, das offenbart sich einmal mehr auch in diesem Buch. Zugleich wird deutlich: Die Geschichte einer Bibliothek ist nie nur eine Geschichte ihrer Medien, sondern stets auch die Geschichte der hier arbeitenden Menschen, der Mitarbeiter ebenso wie der Benutzer. Wie notierte Friedrich Harrer, einer der Bibliothekare in der langen Geschichte dieser Institution in der Mitte des 19. Jahrhunderts? „Achtung vor den Arbeiten der Vorgänger ist unerläßliche Pflicht des Bibliothekars." Der Band endet mit dem einen neuen Rahmen setzenden Eintreten der Universität in die hiesige Bibliothekslandschaft.

Die Feierlichkeiten zum 200-jährigen Gründungsfest

Im Juli 2016 wurde der Gründung der Bibliothek mit einem Festakt im Historischen Reichssaal der Stadt Regensburg gedacht.

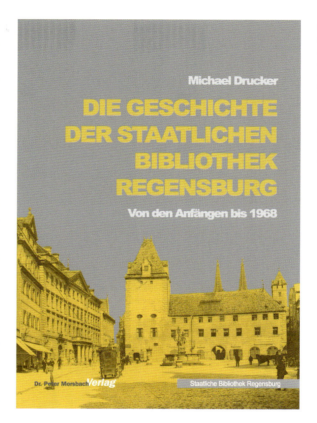

Abb. 5: Das Cover der Neuerscheinung

*Bibliographische Daten:
Michael Drucker:
Die Geschichte der Staatlichen Bibliothek Regensburg.
Von den Anfängen bis 1968
(Kataloge und Schriften der Staatlichen Bibliothek Regensburg 14)
Regensburg: Dr. Peter Morsbach Verlag 2016; 231 S.: ill.;
ISBN 978-3-96018-013-5
Preis: 19,90 €*

Nach einer Begrüßung durch den Oberbürgermeister der Stadt Regensburg, Joachim Wolbergs, folgten Grußworte des katholischen Bischofs von Regensburg, Prof. Dr. Rudolf Voderholzer, sowie des evangelischen Regionalbischofs, Oberkirchenrat Dr. Hans-Martin Weiss. Auch der Generaldirektor der Bayerischen Staatsbibliothek, Dr. Klaus Ceynowa, überbrachte Geburtstagsgrüße.
Den Festvortrag hielt Prof. Dr. Heribert Prantl, selbst gebürtiger Oberpfälzer und bereits als Schüler Benutzer der Staatlichen Bibliothek Regensburg. Prantl ist Mitglied der Chefredaktion der Süddeutschen Zeitung. In seinem zwar sehr humorvoll und kurzweilig gehaltenen, nichtsdesto-

Abb. 6: Prof. Dr. Heribert Prantl bei seinem Festvortrag. [Foto: Staatliche Bibliothek Regensburg]

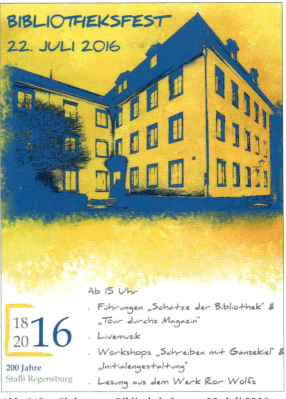

Abb. 8: Das Plakat zum Bibliotheksfest am 22. Juli 2016 [Foto: Staatliche Bibliothek Regensburg]

Abb. 7: Die Redner des Festaktes im Historischen Reichssaal der Stadt Regensburg. (v.l.n.r.: Bischof Prof. Dr. Rudolf Voderholzer, Prof. Dr. Heribert Prantl, Dr. Klaus Ceynowa, Dr. Bernhard Lübbers, Regionalbischof Dr. Hans-Martin Weiss, Oberbürgermeister Joachim Wolbergs). [Foto: Staatliche Bibliothek Regensburg]

weniger aber überaus lehrreichen Vortrag spürte der Journalist dem „diskreten Charme von Bibliotheken" nach. Der Festakt, musikalisch eindrucksvoll umrahmt von den Regensburger Domspatzen unter der Leitung von Domkapellmeister Prof. Roland Büchner, wurde vom Verfasser dieser Zeilen beschlossen. Bei einem Empfang in den Räumlichkeiten der Staatlichen Bibliothek klang der Abend schließlich aus.

Zwei Wochen später lud das Bibliotheksteam die Bevölkerung zu einem Bibliotheksfest ein. Mehrere Führun-

Abb. 9: Führung „hinter den Kulissen". [Foto: Staatliche Bibliothek Regensburg]

gen, die etwa zu besonderen Beständen des Hauses stattfanden oder die „hinter die Kulissen" blicken ließen, diverse Workshops, Livemusik und als krönender Abschluss eine Lesung aus dem Werk Ror Wolfs lockten zahlreiche Besucher ins Haus. Natürlich war für das leibliche Wohl bestens gesorgt. Bei strahlendem Sonnenschein nutzten zahlreiche regelmäßige Kunden der Bibliothek, aber auch viele Passanten auf einer der belebtesten Straßen der Regensburger Innenstadt die Gelegenheit, die Bibliothek einmal aus einer anderen Perspektive kennenzulernen.

Eine Institution für Regensburg und die Region

Im Bestand der Staatlichen Bibliothek Regensburg spiegelt sich in wesentlichen Teilen die Geistes- und Kulturgeschichte der ehemaligen Reichsstadt Regensburg, aber auch der Region. Eine Bibliothek wie die Staatliche Bibliothek Regensburg wartet somit als wichtige Institution vor Ort, aber auch im regionalen Kontext auf. Sie ist daher nicht nur geeignet, bei der Ausbildung einer regionalen Identität mitzuwirken, sondern fungiert auch und gerade im digitalen Zeitalter als unverzichtbarer Partner für die Wissenschaft, aber auch die interessierte Bürgergesellschaft generell.

Juan Martin Koch

Ein Kulturmensch mit den richtigen Ideen zur rechten Zeit am rechten Ort

Der Regensburger Musikverleger und Altstadtfreund Bernhard Bosse (1921–2016)

Wie das Leben so spielt, und die Musik mit: Da hatte Gustav Bosse, Leipziger Student der Musikwissenschaft und Sohn eines Musikverlegers, während seiner Volontariatszeit beim Regensburger Musikalienhändler Feuchtinger auch die Leitung eines gemischten Chores übernommen. Prompt lernte er dort seine spätere Frau kennen und beschloss 1912, sich in Regensburg niederzulassen und selbst einen Musikbuchverlag zu gründen. Der am 8. Dezember 1921 in Berlin geborene Bernhard Bosse war Gustavs Neffe und noch nicht einmal 27 Jahre alt, als er am 1. August 1948 von der US-Militärregierung die Lizenz erhielt, den Gustav Bosse Verlag weiterzuführen.

Sein Onkel war 1943 verstorben, und so stellte sich der ehemalige Marineoffizier der Verantwortung. „Wie die Jungfrau zum Kinde" sei er zum Verleger geworden, so hat Bernd Bosse es im privaten Kreis (wo niemand ihn Bernhard nannte) gern formuliert. In der Festschrift zum 70-jährigen Bestehen des Verlages, die aus einem Gespräch Bosses mit Helmuth Hopf vom Mai 1981 besteht, setzte er dann aber doch einen anderen Akzent: „Ich hatte schon damals das Gefühl, daß sich für mich ein erstes Mal ein Kreis schließt, der mich einbindet in einen folgerichtigen familiengeschichtlichen Ablauf mit außergewöhnlichen publizistischen Aufgaben. Nach dem Abitur 1939 in den Krieg gezogen, kam ich nach Regensburg und sollte ohne Ausbildung – weder an der Universität noch als Kaufmann – den Verlag führen. Für diese typische Nachkriegssituation, in die man sich vielleicht heute gar nicht mehr hineindenken kann, war es sicher gut, daß ich zunächst ganz unbelastet war. Ich hatte keine Vorstellungen, welche enormen Schwierigkeiten in den folgenden Jahren auf mich zukommen sollten."[1]

„Ganz unbelastet" – diese Formulierung hat zwei Facetten. Zum einen ist damit die eigene fachliche Unerfahrenheit gemeint, aus der heraus dem Berufseinsteiger erst im Lauf der schwierigen Anfangsjahre klar wurde, auf was er sich da eingelassen hatte. Zum anderen schwingt auch mit, dass er mit dem Gustav Bosse Verlag ein Unternehmen übernommen hatte, das nach dem Ersten Weltkrieg Reihen wie „Von deutscher Musik" (1927–1949) oder Titel wie „Die deutsche Musik und unsere Feinde" (1921) und seit der Machtergreifung der Nationalsozialisten weitgehend linientreue Musikbücher publiziert hatte. Bernhard Bosse hat nie bestritten, dass sein Onkel wie viele andere von einer deutsch-nationalen Einstellung (Gustav Bosse war 1920/21 Mitgründer der Regensburger Ortsgruppe der Deutschnationalen Volkspartei gewesen) auf eine nationalsozialistische umgeschwenkt war[2], aber er war stets davon überzeugt, dass sein Onkel im Rahmen des Möglichen auch Texte mit kritischen Nuancen veröffentlicht hatte[3]. Inwieweit diese Einschätzung einer wissenschaftlichen Beurteilung standhält, könnte nur eine entsprechende Aufarbeitung der Verlagsgeschichte klären. Das Material, das Bosse noch zu Lebzeiten dem Regensburger Stadtarchiv überließ, wäre dafür ein Ausgangspunkt. Die seinerzeit von der Stadt in Aussicht gestellte Auswertung steht indes noch aus.

Wichtigste verlegerische Initiative: die „Neue Musikzeitung"

Es war also neben der kaufmännischen Notwendigkeit eine Richtungsentscheidung, dass Bernhard Bosse sich in den 1950er Jahren von den Musikbuchreihen trennte, deren unverkaufte und nunmehr endgültig unverkäufliche Bände wie Blei in den Regalen lagen, und sich musikverlegerisch neu orientierte. Dazu gehört auch der Verkauf der „Neuen Zeitschrift für Musik" an den Schott Verlag. Das traditionsreiche, von Robert Schumann gegründete Blatt war – mit Kriegsunterbrechung – von 1929 bis 1955 unter dem Namen „Zeitschrift für Musik" im Gustav Bosse Verlag erschienen.

Entscheidend für die weitere Ausrichtung des Verlages war die von der Organisation „Jeunesses Musicales" ausgelöste Aufbruchsstimmung für ein erneuertes Musikleben, die Anfang der 1950er Jahre auch Deutschland erfasste. Bosse erkannte das Zukunftspotenzial dieser Bewegung und gründete 1952 zusammen mit Eckart Rohlfs als deren Sprachrohr die im Zeitungsformat erscheinende „Musikalische Jugend", eine verlegerische Entscheidung, die Bosse zeit seines Lebens als seine wichtigste bezeichnete. Das Periodikum entwickelte sich im Laufe der Jahre zur bedeutendsten allgemeinen Musikfachzeitung Deutschlands, ab 1969 unter dem Namen „Neue Musikzeitung" (nmz).

Stets eloquent und kommunikativ: Bernhard Bosse. [Foto: Juan Martin Koch]

Auf Bosses publizistischen Weitblick und sein genaues Gespür für die Szene geht die musikjournalistische und kulturpolitische Ausrichtung der Monatszeitung zurück, die das Blatt auch heute noch prägt. Seit 1993 erscheint die nmz im ConBrio Verlag, den Bosses „Verleger-Sohn" und Nachfolger als nmz-Chefredakteur Theo Geißler zusammen mit einem Partner gründete. Geißler hatte die Familie über den Sohn Thomas Bosse 1966 kennen gelernt und war dort „freundlich und liebevoll aufgenommen worden", wie er sich erinnert: „Bernd Bosse habe ich als eine Art Vaterersatz empfunden. Er war ein dionysischer Mensch, konnte Feste feiern und gestalten, Optimismus und Lebensfreude ausstrahlen. Aber er war auch streng und prinzipientreu, ein eloquenter, streitbarer Zeitgenosse, der sich nicht einschüchtern ließ. Durch sein kommunikatives Geschick baute er ein Kontaktfeld in der

Bernd Bosse und seine Frau Marianne: Lebenspartnerin, Stütze und Seele des Verlages. [Foto: Heidi Wucher]

Musik- und Kulturszene auf, das der nmz bis heute hilft."[4] Weitere Impulse setzte der Verlag, den Bosse ab 1957 als weitgehend eigenständiges Tochterunternehmen des Bärenreiter Verlages „pädagogisch hoch verantwortungsbewusst, kulturpolitisch offen und liberal"[5] führte, in den Bereichen Musikwissenschaft, Musikpädagogik, Laienmusizieren, Chor und Neues Geistliches Lied. Bestseller waren hier etwa die Materialien zur Musikalischen Früherziehung oder das Lied „Danke für diesen guten Morgen"; als Wegweiser durch die Institutionen des deutschen Musiklebens blieb lange Zeit der „Musikalmanach" unverzichtbar.

Kulturelles und bürgerschaftliches Engagement: Jeunesses Musicales, Theater der Jugend, Altstadtfreunde

Die überregionale Perspektive und der weite kulturelle Horizont verstellten indes nie Bernhard Bosses Blick für das, was vor der eigenen Haustür passierte, und die Stadt Regensburg würdigte dies 1981 mit der Verleihung der Albertus-Magnus-Medaille. Für das Kulturleben der Stadt engagierte er sich durch die Erfindung der Aboreihe „Theater der Jugend" (1959), die auch journalistisch mit Sonderseiten in der „Musikalischen Jugend" ihren Niederschlag fand[6], und mit den Veranstaltungen der Regensburger Gruppe der „Jeunesses Musicales". Sie brachte dem Publikum zwischen 1954 und 1969 – zeitweise in der ehemaligen Leichenhalle im Stadtpark – Klassiker der Moderne und zeitgenössische Musik nahe und leistete Pionierarbeit in Sachen Jazzpädagogik. Auch Kabarett mit den „Ratisbömbchen" stand damals regelmäßig auf dem Programm. In einem Beitrag für den Regensburger Almanach 1994 resümierte Bosse nicht ohne Stolz: „1958 und 1959 zeigte sich, daß eine Idee zur rechten Zeit, am rechten Ort, an die richtige Zielgruppe adressiert, eine kaum zu bremsende Eigendynamik entwickelt. […] In jedem Fall haben wir Fixpunkte geschaffen, die von unserem Publikum Entscheidungen für eine Sache oder gegen eine Sache forderten, und das zählt."[7]

Darüber hinaus setzte sich Bernhard Bosse als 1. Vorsitzender der Vereinigung der Freunde der Altstadt Regensburg (1966 bis 1972) für den Erhalt der historischen Substanz ein. In seiner Rede anlässlich der ersten Mitgliederversammlung der Altstadtfreunde am 16. Februar 1967 stellte er unter anderem das bürgerschaftliche Engagement des Vereins und dessen Zusammenwirken mit den städtischen Institutionen in den Mittelpunkt: „[…] wir entwickeln aus unserem eigenen Kreis, aus einer Ansammlung verantwortungsbewußter Bürger unserer Stadt wieder einen Geist und eine Haltung, die so viel Profil hat, daß es den Räten unserer Stadt und ihren Exekutiven möglich ist, daraus zu lesen und daß dadurch der unmittelbare Kontakt entsteht, der allein es möglich macht, einen Willen in Aktion zu setzen."[8]

Bis zuletzt verfolgte Bosse aufmerksam und kritisch die verkehrstechnischen und baulichen Entwicklungen in der Altstadt und konnte sich beispielsweise wunderbar über die „unsägliche Pinkelbude" zwischen Kassians- und Neupfarrplatz echauffieren. Sein Fazit aus solchen Erfahrungen lautete: „Man darf die Stadt nie allein lassen! Man muss sie immer an die Hand nehmen, sonst wird da irgendein Unfug gemacht."[9] Theo Geißler erklärt sich Bosses Engagement in der Stadtgesellschaft so: „Er hat große Dankbarkeit dafür empfunden, in Regensburg seine neue Heimat gefunden zu haben, und hat die Stadt nicht als Provinz angesehen, sondern als kulturelles Zentrum, das man mitgestalten kann."[10] Dazu gehörten nicht zuletzt auch die Premierenfeiern des Stadttheaters, zu denen die Bosses in ihre herrliche, großstädtisches Flair verbreitende Wohnung in der Von-der-Tann-Straße einluden. Sie waren ebenso legendär wie die durchgefeierten Faschingsnächte. „Bis zu 60 Personen haben sich hier getummelt", erzählte ein in Erinnerung daran sichtlich vergnügter Bernd Bosse gerne. „An Fasching schlafen? Ach was, wer hat denn da an Schlafen gedacht!"[11]

Auch nach seinem Rückzug aus dem Tagesgeschäft blieb Bosse verlegerisch aktiv und gründete den Bernhard Bosse Verlag, bei dem unter anderem der offizielle Walhalla-Führer erschien. 1987 entstand so in Gemeinschaftsproduktion mit dem Buchverlag der Mittelbayerischen Zeitung die große Monographie „Der Weg nach Walhalla"[12]. Die Arbeit mit ihrem Autor, dem Kunsthistoriker an der Universität Regensburg Jörg Traeger, hat Bosse später immer wieder als seine schönste verlegerische Erfahrung bezeichnet.

Als Lebenspartnerin stand Bernhard Bosse mit seiner Gattin Marianne eine Frau mit besonderem Charisma zur Seite. Für Theo Geißler war sie „die Stütze und Seele des Verlages, für die Kommunikation im menschlichen Bereich ebenso wichtig wie Bernd Bosse im kaufmännischen Sinne"[13]. Als Gastgeberin sorgte sie mit ihrer lebensklugen Offenheit und Herzlichkeit für eine Atmosphäre, in der sich jeder willkommen fühlen durfte. Im August 2016 war Marianne Bosse verstorben; die Befürchtung, dass ihr Mann ihr bald folgen würde, bewahrheitete sich am 8. November, einen Monat vor seinem 95. Geburtstag. Mit Bernhard Bosse hat Regensburg eine seiner prägenden Persönlichkeiten verloren.

1   „… an Stelle einer Festschrift. 70 Jahre Gustav Bosse Verlag. Ein Gespräch zwischen Helmuth Hopf und Bernhard Bosse", Regensburg 1981, S. 10.
2   Vgl. ebda., S. 8.
3   Vgl. ebda., S. 9.
4   Theo Geißler in einem Gespräch mit dem Autor vom 6. Juli 2017.
5   Ebda.
6   Vgl. Bernhard Bosse, Theater und Konzerte der Jugend, in: Musikalische Jugend, 8. Jg., Heft 5 (Oktober/November 1959), S. 8.
7   Bernhard Bosse, Jeunesses musicales – Musikalische Jugend. Musik als Tagesgespräch, in: Regensburger Almanach 1994, Regensburg 1994, S. 52–60, hier S. 55 und 60.
8   Bernhard Bosse, „Es geht um die Erhaltung einer alten Stadt", in: Regensburger Universitätszeitung, 3. Jg., Heft 2 (Februar 1967), S. 15–18, hier S. 16.
9   Bernhard Bosse in einem Gespräch mit Vertretern der Altstadtfreunde im Herbst 2010. Der Autor dankt Prof. Dr. Peter Morsbach für die Zurverfügungstellung des Mitschnitts.
10 Wie Anm. 4.
11 Persönliche Mitteilung von Peter Morsbach.
12 Jörg Traeger, Der Weg nach Walhalla. Denkmallandschaft und Bildungsreise im 19. Jahrhundert, Regensburg 1987.
13 Wie Anm. 4.

Karl Birkenseer

Tauchfahrten nach „Atlantis"

Fred Strohmaier hat seine berühmte Buchhandlung (1961–2017) geschlossen

Ich stelle mir Atlantis als reiches, kultursattes Inselreich vor, das wegen der Hybris seiner Bewohner in eine Katastrophe schlitterte und unterging. Irgendwo unter den Fluten des Meeres warten seine versunkenen Schätze darauf, wiederentdeckt und gehoben zu werden – zu neuerlichem, nun vernünftigem Gebrauch. Ich stelle mir vor, Fred Strohmaier habe in diesem Mythos, wie er Generationen von Gymnasiasten gelehrt wurde, eine Parallele zum Untergang seines eigenen Landes – Deutschland – durch Hybris und Verbrechen der Nationalsozialisten gesehen. Und er habe seine Buchhandlung in der Regensburger Wahlenstraße, die er „Atlantis" nannte, als Ankerort für ein Schiff verstanden, von dem aus man in einem kleinen U-Boot Tauchfahrten unternimmt – Tauchfahrten in ein Deutschland der „zweiten Chance", in die Literatur der Vergangenheit und der Gegenwart, eine Literatur, die neu gehoben werden kann, weil sie ihre Schätze und Wurzeln nicht auf dem Meeresboden verrosten und vermodern lassen will. Auch Strohmaier selbst ist ein solcher Taucher – seine Fahrten des Lebens und Lesens währen schon 87 Jahre. Seine Buchhandlung „Atlantis" ist nun geschlossen – die Fahrt in die geheimnisvollen Tiefen geht weiter.

Erste Tauchfahrt –
Herkunft: Ein Nürnberger aus den Tiefen des Bayerischen Waldes

Die Konturen von „Atlantis" zeichneten sich bereits in Fred Strohmaiers Kindheit ab. Denn in seinem Elternhaus im Nürnberger Stadtteil Wöhrd wurde viel gelesen. Der Vater – ein Dentist: also ein Zahnarzt mit angeschlossenem zahntechnischem Labor – und die Mutter, die im Betrieb mithalf und den Haushalt führte, waren nicht nur leidenschaftliche Tänzer, sondern auch sehr literaturinteressiert. Besonders geschätzt wurden sozialkritische Romane, etwa die des Amerikaners Upton Sinclair. Das entsprach der sozialen Einstellung im Hause Strohmaier, die an Alfred, den am 19. Mai 1930 geborenen Sohn, weitergegeben wurde. So verwundert es nicht, wenn der im Rückblick erzählt: „Das erste Buch, das mich beeindruckte, war eines über Robin Hood. Ich habe keinen Karl May gelesen – Jack London und Sinclair waren mir näher." Während Strohmaiers Mutter eine Nürnbergerin war, lagen die Wurzeln der väterlichen Familie im Bayerischen Wald. Der Großvater hatte einen stattlichen Bauernhof in Neuschönau bei Grafenau, den er jedoch fast gänzlich verspielte, so dass am Ende nur noch eine kleine Viehwirtschaft übrigblieb. Die Folge davon: Die meisten der 24 großväterlichen Kinder mussten zum Geldverdienen in die Welt hinaus – beispielsweise nach München oder eben nach Nürnberg. Fred Strohmaiers Erinnerung an Neuschönau ist dennoch gegenwärtig – die Ferienaufenthalte beim Großvater auf dem Hof haben sich ihm ins Gedächtnis eingeschrieben.

In die ersten Kindheitsjahre des späteren „Atlantis"-Buchhändlers fällt die Machtergreifung durch das nationalsozialistische Regime. Bereits 1934 und dann wieder 1936/37 sah sich die Familie Strohmaier in Nürnberg mit Rückkehrern aus dem Konzentrationslager Dachau konfrontiert. Als Dentist und Mitglied im Tanzverein kam der Vater mit vielen Menschen in Kontakt, unter denen auch NS-Verfolgte waren. Deren immer gleichbleibende, beschwörende Bitte lautete: Nur ja nichts erzählen …

Dass Vater Strohmaier 1939 nicht gleich in den Krieg ziehen musste, hatte er seinem Beruf zu verdanken. Die Nazis hatten ein Interesse daran, dass aus den vorhandenen Dentallaboren gute Gebisse geliefert wurden. Auch später – im Kriegseinsatz als Sanitäter – wurde er deshalb für längere Zeit auf Heimaturlaub geschickt. 1942/43, so erzählt sein Sohn, kam er dann in Russland ums Leben. Fred Strohmaier, das Einzelkind, blieb mit seiner Mutter allein zurück. Das Labor konnte bis Kriegsende weiterarbeiten – mit Hilfe inhaftierter Zahnärzte aus dem Lager Nürnberg-Langwasser, die offenbar nur deshalb überlebten, weil sie Bewacher bestachen. Dem kleinen Fred steckten sie hin und wieder Schokolade zu.

Schreckliche Erinnerungen verbinden sich mit den Luftangriffen auf Nürnberg seit 1941. Als im Januar 1945 die Stadt durch Napalmbomben in Brand gesetzt wurde, boten sich erschütternde Szenen. Strohmaier: „Freunde sind über Nacht Waisenkinder geworden, und es konnte vorkommen, dass man einen Mitschüler tot auffand – verbrannt und zusammengeschrumpft zu einer kleinen, schwarzen Puppe …" Schließlich wurde der Schulbetrieb vollständig eingestellt – „und jeder hat versucht, irgendwo Unterschlupf zu finden".

Zweite Tauchfahrt – Neugeboren durch Bücher: „Atlantis" in Reichenschwand

In Nürnberg ausgebombt, wurde der 14-jährige Fred im Februar 1945 zu einer ihm völlig unbekannten Bauernfamilie in der Fränkischen Schweiz in Pflege gegeben. Hier in Reichenschwand bei Hersbruck war er zwar ohne Angehörige und Freunde. Doch auf dem Speicher des Bauernhauses entdeckte er eine Bibliothek, die ein Nürnberger dorthin ausgelagert hatte. Schnell war ihm klar, dass er einen Schatz ganz für sich allein hatte – ein „Atlantis" der Bücher, das geheimnisvollerweise vom Grund des Meeres unter ein Hausdach gezaubert worden war. So war er nicht auf die paar Gleichaltrigen angewiesen, auf die er in Reichenschwand traf, „sondern ich war mein eigener Herr durch die Phantasie, die in diesen Büchern steckte und die sie in mir selber erweckten".

Bis zum Herbst 1948 war Strohmaier hier untergebracht – es waren drei Jahre hingebungsvoller Lektüre: „Ich habe mir jeden zweiten Tag ein neues Buch geholt." Dank amerikanischer Autoren lernte er die „Neue Welt" kennen, mit Leo Tolstoi reiste er durch die Landschaften Russlands, und selbst dem Kosmos der Liebe begegnete er zum ersten Mal in und durch die Literatur. Wie sehr dieses Leseglück, das vor dem Hintergrund der Kriegs- und Nachkriegswirren umso heller leuchtete, das Leben Fred Strohmaiers beeinflusste, das war noch bei seiner Abschiedsveranstaltung im Verlagsgebäude der „Mittelbayerischen Zeitung" Anfang März 2017 spürbar, als er sichtlich bewegt über seine Hersbrucker Jahre sprach: „Bücher trugen mich in längst vergangene Zeiten. Sie führten mir die Gegenwart vor Augen. Sie ließen mich in die Zukunft schauen. Und auf all die politischen, kulturellen, gesellschaftlichen Verwerfungen. Ich erfuhr von der schwierigen Existenz der Arbeiter und ihren sozialen Kämpfen. Vom Dahinvegetieren in den Slums Afrikas, Asiens und Südamerikas. Und von den Hoffnungen ihrer Bewohner allen Unbilden zum Trotz. Ich wurde in Welten auf dieser Erde versetzt, von deren Bestehen ich nicht einmal eine Ahnung hatte. Und in die ich alleine nie gekommen wäre."

So ergab es sich, dass die Entwicklung des jungen Fred Strohmaier entscheidend durch Bücher geprägt wurde. Unterstützt wurde das durch eine spezielle Begabung: „Ich hatte eine gehörige Portion Phantasie schon von Haus aus mitbekommen – ich konnte Geschichten weiterdenken. Das führte dann dazu, dass ich in mir selbst Lebensmöglichkeiten für den Helden eines Buches entdeckte, so dass der in meinem Kopf ganz andere Wege ging als im Buch." Die „Atlantis"-Erfahrung von Reichenschwand wurde damit zur Matrix eines ganzen Lesenlebens: „Die Literatur entwickelte und entwickelt meine Persönlichkeit immer weiter fort. Die Literatur hielt und hält meine Gedanken frisch."

Dritte Tauchfahrt –
Journalismus und „kleine Erbschaft":
Präludien für den Buchhändlerberuf

Als Strohmaier 1948 nach Nürnberg zurückkehrte, fand er seine Mutter einigermaßen wohlauf vor. Bis Schuljahresende 1949 besuchte er das Gymnasium und absolvierte schließlich die Reifeprüfung – ein „geschenktes Abitur", wie er heute freimütig einräumt, was in der unmittelbaren Nachkriegszeit aber keine Seltenheit war. Anschließend wurde er durch die Vermittlung gemeinsamer Bekannter von Joseph E. Drexel, dem Lizenznehmer der „Nürnberger Nachrichten", unter die Fittiche genommen und erhielt einen Ausbildungsplatz als Zeitungsvolontär. Für Fred Strohmaier waren die folgenden Jahre nicht nur eine Schule des journalistischen Schreibens, sondern auch eine Einübung in die Mechanismen des freiheitlichen Rechtsstaats – Drexel galt geradezu als Vorbild in Sachen Demokratie.

Nach Abschluss des Volontariats lernte der Jungjournalist seine künftige Frau kennen: Ruth Doll, 1934 geboren, beim Mannesmann-Konzern in Duisburg als Sekretärin tätig. Mit ihr zog er in die Stadt an Rhein und Ruhr, wo beide 1952 heirateten. Beruflich fand er zunächst in der Duisburger Ausgabe der Tageszeitung „Der Mittag" Unterschlupf, stellte aber fest, dass es für ihn journalistisch unbefriedigend war, „vom Ticker her die Zeitung zu schreiben und nicht nach eigener Recherche". Deshalb quittierte er dort den Dienst und arbeitete einige Zeit freischaffend. Sein Lieblingsthema war „natürlich" die Literatur, doch schrieb er auch über pädagogische und historische Themen – etwa über die Frage „Wie kam es zum Nationalsozialismus?".

Als Wink des Schicksals erwies sich schließlich das, was Fred Strohmaier gern „eine kleine Erbschaft" nennt – de facto mehr als 100 000 D-Mark, eine Summe, die Ende der 50er Jahre ein schöner Batzen Geld war. Direkte Erbin war Ruth Strohmaier, geborene Doll, deren Eltern Verfolgte des Nationalsozialismus waren – die Mutter war inhaftiert gewesen, der Vater starb im Konzentrationslager Flossenbürg. Bei dem Geld handelte es sich also um eine Wiedergutmachungssumme. Die große Frage „Was macht man, wenn man Geld hat?" führte zu der Idee, ein Geschäft zu gründen. Für Fred Strohmaier war von Anfang an klar, welches: „Ich wollte, wenn ich mich schon selbständig machte, Buchhändler werden."

Fred Strohmaier Ende 2016 vor dem „Atlantis"-Schaufenster, das den Blick ins Innere der „gotischen Kapelle" zulässt. Seit 1996 hatte „Atlantis" neben dem Kerngeschäft auch Wein und Lalique-Schmuck im Angebot. [Foto: altrofoto]

Vierte Tauchfahrt – Wahlenstraße 8: Die Geburt des neuen „Atlantis"

Vor den Erfolg haben die Götter den Schweiß gesetzt. Um Buchhändler zu werden, reichte es deshalb für Fred Strohmaier nicht aus, einen Freund in Regensburg zu haben, der schon Buchhändler war und sich mit dem Newcomer aus Duisburg zusammentun wollte, um gemeinsam ein Geschäft für Literatur und Druckgrafik zu eröffnen. Der Freund, Peter Müller, arbeitete noch bei der legendären Buchhandlung Wolf am Alten Rathaus in Regensburg. Er sollte in dem neuen Laden sein spezielles Fachwissen einbringen – Strohmaier seinerseits das nötige Geld aus der Erbschaft. Unabdingbare Voraussetzung, um diese Pläne reifen zu lassen, war allerdings eine Kaufmannsausbildung samt Prüfung bei der Industrie- und Handelskammer Regensburg. Als der künftige „Atlantis"-Chef diese Hürde genommen hatte, konnte es losgehen. Die Zusammenarbeit mit Kompagnon Peter Müller stand dabei unter keinem guten Stern. Schon nach einem Dreivierteljahr stellten beide fest, dass man nicht zueinander passte. Strohmaier trocken: „Mit Freunden soll man eben keine Geschäfte machen."

Eine eigene Geschichte ist es auch mit dem Haus Wahlenstraße 8, in dem „Atlantis" im April 1961 startete. Das schlanke, hochgotische Giebelhaus mit seinem kapellenartigen Verkaufsraum im Erdgeschoss war 1309 errichtet worden – zu einer Zeit also, als sich die Freie Reichsstadt Regensburg noch im wirtschaftlichen Erfolg sonnte, der Niedergang aber bereits erste Schatten vorauswarf. Nicht lange, bevor die Strohmaiers in den Zeiten des deutschen Wirtschaftswunders Jahrhunderte später Literatur unters Volk bringen wollten, gab es hier eine Bäckerei. Unmittelbarer Vorgänger als Ladeninhaber war aber ein Textileinzelhändler aus Straubing, der in der Wahlenstraße 8 das Fachgeschäft „Die Dame" betrieb. Das Haus selbst hatte er gegen eine kleine Leibrente von einer alten Regensburgerin erworben, deren Mann gestorben war. Da sich der Straubinger Modehändler in seiner Heimatstadt wieder vergrößern wollte, standen Geschäft und Haus zum Verkauf. Fred und Ruth Strohmaier schlugen zu. Abgefunden werden musste noch der Geschäftsführer des Ladens – ein ehemaliger Offizier, der zur Bundeswehr wollte, aber mit einem Kredit über 20 000 D-Mark belastet war. Auch er wurde aus der „kleinen Erbschaft" der Strohmaiers bedient. Das Abenteuer „Atlantis" konnte beginnen.

Warum Fred Strohmaier die Buchhandlung „Atlantis" nannte, erklärt er so: „Ich suchte einen Namen, der das, was ich machen wollte, abdeckt. Der Name ‚Atlantis' war so kulturbesetzt, dass er für meine Pläne mit Büchern und Literatur stehen konnte." Zu diesen Plänen gehörten auch Autorenlesungen, wie sie damals, zu Anfang der 60er Jahre, noch nicht allgemein üblich waren. Durch Selbsterfahrung hatte Strohmaier entdeckt, „dass Lautlesen einen intensiveren Zugang zu Büchern möglich macht". Zudem war er schon immer neugierig auf die Menschen hinter den Büchern, die Schriftsteller, gewesen. Als Buchhändler kam es ihm aber auch darauf an, seine Kunden mit dem Denken der Autoren im persönlichen Gespräch bekannt zu machen. Vom Dialog zwischen Publikum und Autor sollten beide Seiten profitieren – Leser und Schriftsteller: „Ich bin davon überzeugt, dass die Einsamkeit des Schreibens für den Autor leichter zu ertragen ist, wenn es zur direkten Begegnung mit dem Leser kommt."

Fünfte Tauchfahrt –
Erste Lesungen:
Als Regensburg „literarisch" wurde

Das Buchhändler-Ehepaar Ruth und Fred Strohmaier sollte bald zu einer festen Größe in der Regensburger Literaturszene werden – ja, sie eigentlich erst zum Blühen bringen. Die Familie, zu der noch die Söhne Jürgen (*1954) und Peter (*1957) gehörten, wohnte zunächst nicht in der Wahlenstraße über dem Geschäft, sondern in der Margaretenstraße und später in der Annahofstraße im Stadtteil Prüfening. Die erste Autorenlesung gab es am 14. Oktober 1961. Unter dem gotischen Gewölbe der „Atlantis"-Buchhandlung fanden sich etwa 50 Besucher ein – „Mittelbayerische Zeitung", „Tages-Anzeiger" und „Woche" berichteten. Zu Gast war der Maler und Schriftsteller Paul Weller, ein Mitglied der damals prominenten „Düsseldorfer Künstlergruppe" – die Strohmaiers kannten ihn aus Duisburg. Weller eröffnete bei „Atlantis" eine

Dem DDR-Schriftsteller Stefan Heym (undatiertes Bild) waren Ruth und Fred Strohmaier freundschaftlich verbunden. Man machte sogar gemeinsam Urlaub [Foto: Sammlung Strohmaier]

Ausstellung mit eigenen Bildern und las aus seinen Texten. Ins Gästebuch trug er sich mit den Worten ein: „Dem Freund der Bücher und der schönen Künste, Fred Strohmaier, wünsche ich allezeit gutes Gelingen auf seinem mühevollen Weg zur Erhaltung und Förderung des Kommenden, Neuen." Geschmückt ist der Eintrag mit einer Zeichnung: Eiffelturm, Arc de Triomphe und Malerpalette – eine Pariser Genreszene.

Die nächste Veranstaltung war dem Regensburger Maler Otto Baumann gewidmet – wie überhaupt in der Anfangsphase die Bildenden Künstler dominierten. Sie waren seinerzeit, so Fred Strohmaier, „leichter greifbar als Schriftsteller". Einer der ersten reinen Schriftsteller war der Münchner Thomas Münster, der am 15. Oktober 1962 bei „Atlantis" las. Einen sehr bekannten Autor präsentierte Strohmaier am 4. April 1963 mit Eugen Roth, der beispielsweise mit seinen humoristischen „Ein Mensch"-Gedichten berühmt geworden war. Knapp 90 Besucher ließen sich diesen Prominenten des damaligen Literaturbetriebs nicht entgehen.

Nach solchen Präludien kam am 12. November 1963 mit Martin Walser einer jener Schriftsteller nach Regensburg, die zu den Dauerstars des literarischen Deutschlands avancieren sollten und „Atlantis" als immer wieder gern gewählte Bühne für ihre Neuerscheinungen nutzten. Walser hatte schon damals einen klangvollen Namen – in Re-

Am 14. April 2008 war Martin Walser wieder einmal bei „Atlantis" zu Gast. Er und Fred Strohmaier sind ein jahrzehntelang eingespieltes Team. [Foto: altrofoto/Sammlung Strohmaier]

gensburg wurde das Publikum zusätzlich wegen seiner persönlichen Beziehungen zu der Domstadt angelockt. An der Philosophisch-Theologischen Hochschule am Ölberg hatte der künftige Schriftsteller nach seinem Abitur 1946 einige Jahre studiert, nicht weil er Priester werden wollte, sondern weil hier in der unmittelbaren Nachkriegszeit zur Entlastung der regulären bayerischen Universitäten auch ein nichttheologischer Lehrbetrieb stattfand. Nun also „Atlantis": Walser las und hinterließ im Gästebuch einen für ihn typischen Satz aus dem damals aktuellen Roman „Halbzeit": „Unter Fachleuten siegt immer der Schamlosere."

Sechste Tauchfahrt – Partner der Autoren: Ein „Who is who?" der deutschen Nachkriegsliteratur

Über 500 „Atlantis"-Lesungen inspirierten Regensburg zwischen 1961 und 2017. Bei zwölf bis 15 Veranstaltungen pro Jahr bedeutet das 450 Autoren (manche lasen ja mehrfach). 35 000 Zuhörer kamen an die verschiedenen Veranstaltungsorte: die Buchhandlung selbst, Thon-Dittmer-Palais, Runtingersaal, Dollingersaal, Reichssaal, schließlich ab 1987 die „Atlantis"-Lesestube mit ihrer dialogfördernden „Wohnzimmeratmosphäre" – wobei die Nachbesprechungen im kleinen Kreis besonders intensiv gerieten. Stolz ist Fred Strohmaier darüber, dass bei ihm viele Erstlingswerke von Autoren vorgestellt wurden, die schon bald die Avantgarde der deutschsprachigen Literatur bilden sollten – Erstlinge von Peter Handke, Thomas Bernhard, Jurek Becker, Ernst-Wilhelm Händler, Thomas von Steinaecker und anderen.

Wenn man in den Gästebüchern von „Atlantis" blättert, dann stößt man – neben den schon Genannten und ohne Vollständigkeit anzustreben – in der Reihenfolge ihrer

Auftritte auf folgende Namen: Hermann Lenz, Karl Krolow, Hans Bender, Benno Hurt, Wolfgang Hildesheimer, Günter Eich, Ilse Aichinger, Elisabeth Borchers, Hans Mayer, Siegfried Lenz, Zbigniew Herbert, Bohumil Hrabal, Walter Jens, Herbert Rosendorfer, Uwe Johnson, Max von der Grün, Walter Kempowski, Peter Härtling, Ernst Jandl, Wolfgang Koeppen, Heinar Kipphardt, Peter Rühmkorf, Günter Grass, Gabriele Wohmann, Fritz Rudolf Fries, Eva Demski, Ulla Hahn, Petra Morsbach, Ulrike Draesner, Michael Kumpfmüller. Dazu kamen Veranstaltungen mit Intellektuellen, die keine literarischen Autoren waren, aber als Wissenschaftler brillierten – der Historiker Manfred Fuhrmann etwa oder der Philosoph Jürgen Habermas. Die Namensliste der „Atlantis"-Autoren liest sich trotz des einen oder anderen fremdsprachigen Gastes wie ein „Who is who?" der deutschen Nachkriegsliteratur – auch wenn Fred Strohmaier keine bewusste Zusammenstellung geplant hatte: „Ich habe jeden Autor für sich individuell gewertet, und dafür waren sie mir alle dankbar." Den 1997 verstorbenen Jurek Becker beispielsweise zitiert er mit den Worten: „Sie wissen, dass Sie mir der liebste Buchhändler sind." Und Adolf Muschg bestätigt: „Alfred Strohmaier: ein Prospero, der seine Zaubermittel, die Bücher, nicht in ihrer eigenen Masse versenkt, sondern als Einzelstücke, ja als Preziosen behandelt." Ähnlich hymnisch sind auch weitere Stimmen, die MZ-Kulturchefin Marianne Sperb in der „Mittelbayerischen Zeitung" veröffentlichte, als Strohmaier Ende 2016 seinen altersbedingten Abschied und die Übergabe seiner Verkaufsräume an das Antiquariat Berg ankündigte. Thomas von Steinaecker sprach den Buchhändler persönlich an: „Ich weigere mich, traurig darüber zu sein, dass es ‚Atlantis' nicht mehr geben wird. Denn jetzt sind Sie und Ihre Buchhandlung endgültig zu etwas geworden, für das Sie immer einstanden: eine Geschichte. Ich werde sie jedem erzählen, wieder und wieder." Arnold Stadler resümierte: „‚Atlantis' war ein Geschenk, an Regensburg, an alle, die da lesen und schreiben." Und Ernst-Wilhelm Händler befand apodiktisch: „Fred Strohmaier ist unersetzlich."

Für Hermann und Hanne Lenz war Fred Strohmaier nicht nur Buchhändler, sondern enger Freund. Das Bild entstand am 7. Mai 1992. [Foto: Sammlung Strohmaier]

Siebte Tauchfahrt –
Lenz, Heym, Becker, Fels: Spezielle Freundschaften mit Autoren

Freund der Bücher und der Autoren zu sein, das bedeutet ja noch nicht automatisch, dass individuelle Freundschaften entstehen. Doch auch dafür gibt es Beispiele in Strohmaiers Buchhändlerleben. Stefan Heym etwa, mit dem gemeinsame Wanderurlaube im Thüringer und im Bayerischen Wald unternommen wurden, oder Jurek Becker, der sich bei Berlin-Aufenthalten des „Atlantis"-Paars gern im „Café Einstein" mit den beiden traf, um einen ganzen Abend lang über Gott und die Welt zu diskutieren. Bei

Ludwig Fels wiederum, dem mittelfränkischen Landsmann aus Treuchtlingen, wurde Fred Strohmaier zum Herbergsvater, als der Schriftsteller mit Arbeitervergangenheit seinen Wohnsitz nach Wien verlegte. Weil Fels gleichzeitig eine Wohnung in Deutschland behalten wollte, durfte er in der Wahlenstraße 8 unters Dach ziehen. Jahrelang war sein Name auf einem Klingelschild links vom eisernen Eingangstor zu sehen.

Besonders eng war die Freundschaft mit Hermann Lenz, dem stoischen Beschwörer der Vergangenheit. Mit ihm habe er sich „wie mit einem älteren Bruder oder einem Vater" verbunden gefühlt, erzählt Strohmaier, und das Blitzen in den Augen verrät, dass der 1913 geborene Schwabe und Regensburg-Liebhaber auch 19 Jahre nach seinem Tod nicht vergessen ist. Lenz selbst hat in einem Vortrag zum 25-jährigen Bestehen der „Atlantis"-Buchhandlung 1986 davon erzählt, wie es zur ersten Begegnung kam. 1962 war es, als der Schriftsteller und seine Frau Hanne auf dem Weg in den Bayerischen Wald Zwischenstation in Regensburg machten. Angesichts eines „Atlantis"-Schaufensters ohne Hermann-Lenz-Buch beschloss die erboste Gattin: „Dem sage ich's jetzt." Drinnen, unterm gotischen Gewölbe, deutete sie auf ihren Mann und erklärte: „Er schreibt auch. Heuer kommt schon sein sechstes Buch heraus." In seinem Vortrag verrät Lenz die Reaktion, die Frau Hanne auslöste: „Strohmaier nahm's auf, als hätte er's erwartet, etwa im Sinn von: mich wundert nichts mehr …"

Irgendwie muss es Liebe auf den ersten Blick gewesen sein. Denn für die nächsten Jahre war Fred Strohmaier deutschlandweit der Hauptpromotor der Lenz'schen Bücher, denen dann Peter Handke 1973 mit einer hymnischen Rezension zum Durchbruch verhalf. Es folgte Lesung auf Lesung auf Lesung. Als Hermann Lenz sich, Stuttgart verlassend, nach einem neuen Wohnort umsah, war Strohmaier bemüht, in Regensburg etwas Passendes zu finden. Zwar zog das Ehepaar schließlich nach München, wo Hanne Lenz herstammte, doch Castra Regina, die Gründung des von Lenz verehrten Philosophenkaisers Marc Aurel, blieb ein magischer Anziehungspunkt. Gemeinsame Spaziergänge die Donau entlang, Ausflüge in den Bayerischen Wald – auch in Strohmaiers Kindheitslandschaft rund um Neuschönau – schweißten die beiden Ehepaare zusammen. Fred und Ruth, Hermann und Hanne – das waren wahrhaftige Freunde. So ist es nur folgerichtig, wenn Hermann Lenz in seinem 1997 erschienenen Roman „Freunde" sein literarisches Alter Ego sinnieren lässt: „Strohmaiers und Regensburg, die gehören jedenfalls zu Eugen Rapp wie der Bayerische Wald."

Dass der „Atlantis"-Buchhändler Eingang in die deutsche Literatur gefunden hat, dafür hatte Lenz allerdings schon 1977 mit seiner Erzählung „Der Tintenfisch in der Garage" gesorgt. Dort tritt Strohmaier – nur leicht verfremdet – als Buchhändler Meerkatz auf. Der einleitende Absatz des Buches ist in Regensburg legendär geworden: „Eine Soirée gewissermaßen. Die Gefolgschaft des Buchhändlers Meerkatz war fast vollzählig versammelt (…). Meerkatz war klein und zwinkerte mit hellen Augen; der Hemdkragen stand ihm offen; er hatte ein Bubengesicht und war schon über vierzig Jahre alt." Heute, als 87-Jähriger, ist Fred Strohmaier noch immer „ein bisschen stolz auf die Tatsache, dass ein Autor, den ich schätzte, es für wert befand, mich in eine Romanhandlung einzubeziehen". Am persönlichen Charakter der Freundschaft habe das freilich nichts geändert: „Das war einfließend, ohne dass es das gemeinsame Erleben gestört hätte. Wir hatten nie eine Maske auf, wir haben uns nie als Autor oder als Leser gekennzeichnet – wir waren nichts anderes als Freunde."

Achte Tauchfahrt
Der „Kulturschmuggler": Verlegerberater und Protagonist der Suhrkamp-Kultur

„Fred Strohmaier ist das, was André Kaminski über gute Buchhändler sagte: sie seien ‚Kulturschmuggler'. So wichtig die Rentabilität des Geschäftes auch ist, entscheidend ist und bleibt unser Einsatz für Literatur, jene Literatur, die zeigt, was war, was ist und was sein wird, ja, vielleicht was sein soll. Fred Strohmaier hat dies geleistet, mit Intensität, Kennerschaft und Effektivität. Vor allem stets mit Freude." Siegfried Unseld, der Verleger des Suhrkamp und des Insel Verlags, der das in einer Rede zum 65. Geburtstag Strohmaiers äußerte, wusste, warum er dem „Atlantis"-Buchhändler Dank schuldete. Denn der war ein Protagonist und Förderer der „Suhrkamp-Kultur", als es diesen Ausdruck noch gar nicht gab. Erst 1973 lieferte der amerikanische Literaturwissenschaftler George Steiner die Definition: Die Suhrkamp-Kultur habe „in unseren Tagen die literarisch und intellektuell führende Schicht Deutschlands bestimmt", vor allem weil der Suhrkamp Verlag „die bedeutendsten, herausforderndsten philosophischen Stimmen unserer Epoche einem breiten Publikum zugänglich gemacht hat". Fred Strohmaier aber gehörte spätestens seit 1963 zu diesem geistesgeschichtlichen Projekt – im selben Jahr startete die berühmte „edition suhrkamp", und der Regenbogenverlauf ihrer in schneller Folge erscheinenden Bände sollte bald ein Markenzeichen der „Atlantis"-Regale werden. Junge und alte Leser wurden dadurch angezogen.

Durch den frühen Einsatz für Suhrkamp baute sich ein Vertrauensverhältnis zu Siegfried Unseld auf, was dieser bei seiner Geburtstagsrede würdigte. Der Verleger, so Unseld am 20. Mai 1995 in Regensburg, sei „geradezu existenziell darauf angewiesen zu wissen, was Buchhändler, denen er vertraut und die ihm vertrauen, zu neuen Konzeptionen, zu neuen Büchern sagen". Über Jahrzehnte habe er sich deshalb immer wieder an Fred Strohmaier gewandt – „ob das 1963 die edition suhrkamp war oder im Jahre 1994 das Rote Programm des Verlages mit 14 Erstlingswerken junger deutschsprachiger Autoren".

Auch bei einzelnen Büchern war die Expertise aus der Wahlenstraße 8 gefragt. Als 1978 Martin Walsers Novelle „Ein fliehendes Pferd" erscheinen sollte, da beratschlagte man sich vorher in Regensburg. Strohmaier kann sich noch gut daran erinnern, wie er mit Walser und dem Suhrkamp-Manager Gottfried Honnefelder über verschiedenen Umschlagsentwürfen brütete. Schließlich entschied man sich für eine Variante, die ein Aquarell der Walser-Tochter Alissa – ein galoppierendes feuerrotes Pferd vor blau-grünem Pflanzengestrüpp – ganz oben auf dem tiefschwarzen Umschlag platzierte, und darunter weglaufend in großen weißen Kursivlettern Titel, Gattung, Autor und Verlag. Außerdem riet Strohmaier zu einer Englischen Broschur, weil diese edler wirke als das geplante Taschenbuch (akzeptiert), und zu einer erhöhten Erstauflage (nicht akzeptiert). Der Erfolg gab ihm Recht: Als die ersten 25 000 Exemplare schnell verkauft waren, kam Suhrkamp mit dem Drucken nicht nach, und die Novelle wurde zu einem Bestseller mit einer Auflage von über 100 000 – für Walser eine Premiere in dieser Dimension.

Als besonders kurios ist Fred Strohmaier eine Einladung Siegfried Unselds nach Frankfurt am Main in Erinnerung geblieben. Weil er als „Autorenversteher" bekannt war, sollte er einem Treffen des Schriftstellers Uwe Johnson mit zwei französischen Verlegerinnen beiwohnen, um gegebenenfalls als Schiedsrichter vermitteln zu können. Johnson, ein großer Individualist, flüsterte Strohmaier irgendwann zu: „Müssen wir denn wirklich hier sitzen?"

Auch die in Regensburg geborene Autorin Eva Demski konnte Fred Strohmaier mehrfach bei „Atlantis"-Veranstaltungen begrüßen. [Foto: Sammlung Strohmaier]

Der antwortete: „Es liegt an Ihnen. Sagen Sie einfach: Es ist genug." Das tat Johnson dann tatsächlich – die Verlegerinnen haben ihn trotzdem verlegt.

Neunte Tauchfahrt –
Nicht zuletzt:
Ein leidenschaftlicher Regensburger

Dass Fred Strohmaier ein gebürtiger Nürnberger ist, das hört man seinem leicht fränkischen Tonfall immer noch an. Dass ihm seine Bayerwald-Wurzeln wichtig sind, das haben wir im Verlauf unserer Tauchfahrten gesehen. Dass er ein leidenschaftlicher Regensburger ist, weiß jeder, der ihn kennt. Wie er es aber geworden ist, das bleibt nachzutragen. Als die frischgebackene Buchhändlerfamilie 1961 aus Duisburg an den nördlichsten Punkt der Donau kam, traf sie in Regensburg nicht nur auf ein Publikum, das in seinem Lesehunger zu stärken war, sondern auch auf eine in ihrem Geschichtsbewusstsein selbstbewusste Kommune. Für jemanden, der so extrem kriegszerstörte Städte wie Nürnberg und Duisburg erlebt hatte, musste das Ausmaß erhaltener historischer Bausubstanz frappierend sein. Fred Strohmaier fasst seine Eindrücke über diese „heile Welt" so zusammen: „Ich fand die Stadt so überraschend in ihrer Erscheinung, dass ich mich ganz einfach verantwortlich fühlen musste. Ich bin durch das Wahrnehmen dieser Verantwortung zum Regensburger geworden, nicht durch Stadtführungen."

Wie in vielen anderen deutschen Städten setzte auch in Regensburg zu Anfang der sechziger Jahre eine intensive Diskussion über Fragen der Stadtentwicklung ein. Für den Neubürger mit der Firmenadresse Wahlenstraße 8 war es „schön, zusammen mit anderen Bürgern darüber zu reden und zu streiten". Bald führte dieses Interesse bei ihm zu öffentlichem Engagement. Bereits 1961 wurde er Mitglied im Kunst- und Gewerbeverein, und ab dem Gründungsjahr 1966 arbeitete er bei den Altstadtfreunden mit; von 1993 bis 1996 als 1. Vorsitzender. Die zentrale Frage dabei: Wie ließ sich Regensburgs städtebauliche und ideelle Substanz mitgestalten und verändern? Schließlich sollten die Konzepte der Stadtsanierung, wie sie etwa in der Arbeitsgemeinschaft Bamberg-Lübeck-Regensburg (Ba-Lü-Re) entwickelt wurden, „heile Welt" nicht künstlich konservieren, sondern zukunftsoffen halten.

Was Letzteres betrifft, zieht Fred Strohmaier, den die Stadt 1989 mit der Matthäus-Runtinger-Medaille ehrte, eine Parallele zur Literatur: „Es gibt Autoren, von denen man den Eindruck hat, sie schreiben noch einen großen Roman. Bei Regensburg als Stadt war es auch so: Man konnte von dieser Stadt noch etwas erwarten." Heute, nach Jahrzehnten der Aufwärtsentwicklung, sieht Strohmaier Regensburg an einem Punkt angekommen, wo die Mischung aus „liebenswerten" und „interessanten" Elementen stimmt. Liebenswert sind für ihn das Flair, die Lebensqualität und das kulturaffine Klima der Stadt, nach innen und außen interessant aber erscheint sie in seinen Augen vor allem durch die wirtschaftliche und intellektuelle Lebendigkeit, die BMW-Ansiedlung und Universitäts-Gründung mit sich brachten. Sein Fazit: „Regensburg ist eine Stadt von jungen Leuten geworden – eine Stadt, die damit nicht mehr von rückwärtsgewandten Tendenzen bestimmt werden kann. Viele Menschen hier haben das Empfinden, in einer beispielhaften Stadt zu leben. Deshalb bin ich mir sicher: Regensburg hat eine Zukunft, die offener und reicher ist, als es die Vergangenheit war."

Zum 50-Jahr-Jubiläum von „Atlantis" 2011 gaben sich viele Autoren in Regensburg ein Stelldichein. Hier liest gerade Arnold Stadler, während Schriftstellerkollegen im Publikum der „Atlantis"-Lesestube mit zuhören: Thomas von Steinaecker (ganz links), Albert von Schirnding (4. von links), Ernst-Wilhelm Händler (5. von links) und Petra Morsbach (2. von rechts neben Eberhard Dünninger). [Foto: altrofoto]

Zehnte Tauchfahrt
Was noch kommt: Nach der Schließung von „Atlantis" – kein Schluss

Samstag, 4. März 2017: „Eine Matinee gewissermaßen. Die Gefolgschaft des Buchhändlers Strohmaier war vollzählig versammelt. Strohmaier war klein, er tat sich nach einem Sturz schwer mit dem Gehen, doch er zwinkerte mit hellen Augen; der Hemdkragen stand ihm offen; er hatte ein Bubengesicht und war schon fast 87 Jahre alt." So könnte man – 40 Jahre danach – den „Tintenfisch in der Garage" fortschreiben. Vieles war gleichgeblieben, manches hatte sich geändert. Die Frau an Fred Strohmaiers Seite war nicht mehr Ruth, die 1994 gestorbene Gattin, sondern Anne Götz, die so liebenswürdige wie literaturinteressierte Lebensgefährtin, die er 1995 kennengelernt hatte. Nicht nur Strohmaiers Haar war grau geworden, sondern auch das der „Gefolgschaft" – oder doch immerhin des größten Teils von ihr.

Hier und heute, zwischen 11 und 15 Uhr, galt es Abschied zu nehmen. Im großzügigen Veranstaltungsraum der „Mittelbayerischen Zeitung", der in den markanten, grüngekachelten Neubau an der Kumpfmühler Straße integriert ist, sollte „Atlantis" in Kooperation mit der MZ den eigenen Schlussakkord setzen. Einen Schlussakkord aus Lesung, Vortrag und Podiumsdiskussion – all jenen Elementen, die in der „Atlantis"-Lesestube im Stockwerk über der Buchhandlung einzeln oder kombiniert vorgekommen waren. Die Frage, ob das literarische Buch angesichts der neuen Medien eine Zukunft habe, stand dabei im Zentrum. Albert von Schirnding beschwor in seiner Lesung den Geist des Thomas-Mannschen „Felix Krull". Ralf Rothmann las eine Krankenhaus-Geschichte, die von Empathie, genauer Beobachtung und soghafter Sprachwirkung geprägt war. Eckhard Henscheid brannte ein humoristisch-melancholisches Feuerwerk mit lokalen Bezügen ab. Und Thomas von Steinaecker, der schon als Zehnjähriger bei „Atlantis" Ansprache und Bücher gefunden hatte, ließ eine Schildkröte ihr vernichtendes Urteil über die Menschheit fällen.

Was all diese Texte vereinte, war ihre literarische Qualität – also das, was Petra Morsbach vorher in ihrem von Fred Strohmaier erbetenen Essay so auf den Punkt gebracht hatte: „Ein erzählerisches Buch ist ein konzentriertes persönliches Gespräch zwischen Autor und Leser und als solches der Inbegriff geglückter Kommunikation, vergleichbar nur mit Liebe und Freundschaft, ohne die der Mensch verkümmern würde. Dieses persönliche Gespräch ist von den neuen Medien nicht zu ersetzen, nicht mal, wenn die neuen Medien das ‚wollten', was ich übrigens nicht glaube." Fazit des Vortrags: „Das literarische Buch wird so lange gebraucht werden, wie es lesende Menschen gibt. Die neuen Medien verändern die Welt, aber nicht den Menschen." Was unterm Strich auch Ergebnis der Podiumsdiskussion war.

Petra Morsbach hat zum Abschied von „Atlantis" eigens einen Essay über die Zukunft der erzählenden Literatur verfasst. Darin nennt sie Fred Strohmaier einen „Glücksfall". [Foto: altrofoto/Sammlung Strohmaier]

Petra Morsbach war es zudem, die – dem Anlass entsprechend – die Rolle des Buchhändlers würdigte. Nicht irgendeines Buchhändlers, sondern eines solchen, der „das tiefe persönliche Gespräch sucht". Und wer könnte das sein? „Günstig wäre etwa ein Buchhändler, der im Zentrum einer alten Kulturstadt eine gotische Kapelle besitzt, in der er seine Lieblingsbücher ausstellen kann, ohne dass ihm der Ruin droht. Im Glücksfall hat er ein so gutes Ohr, dass die Leser seinen Empfehlungen vertrauen, und so viel Charisma, dass er auch die Autoren an sich bindet und bei Bedarf Essays von ihnen anfordern kann. Aber wo gibt es das noch?"

In Regensburg gab es das zwischen 1961 und 2017. Doch auch nach Schließung seiner Buchhandlung werden Fred Strohmaier und „Atlantis" präsent sein: in den Herzen und Hirnen der zahlreichen Bewunderer. In der Wahlenstraße 8 ankert noch immer ein Schiff. Ein Schiff mit einer Lesestube, in der auch künftig von Fall zu Fall Literaten und Leser zusammenkommen sollten, um sich gemeinsam auf Tauchfahrten zu machen. Was uns am Meeresgrund erwartet, beschreibt Ulrike Draesner in ihren strömenden, dem Wasser abgelauschten Sätzen: „Lesen lesen lesen immer weiterlesen an Atlantis denken und weiterlesen im Atlantis gewesen sein und weiterlesen das Atlantis vermissen und lesen immer weiterlesen immer weitervermissen immer wieder erfinden immer erinnern und weiterdenken und Atlantis murmeln und erinnern und immer weiter erfinden und es weiter erfinden, es lesen erinnern und sich daran freuen was war im vermissen und lesen und denken an Fred Strohmaier und vermissen die Auslage die Bücher die Treppe den Raum und das Sprechen die Gesichter vermissen Atlantis vermissen und lesen, und lesen und erinnern und freuen und vermissen und lesen."

Nachbemerkung: Ich danke Fred Strohmaier und Anne Götz für die Gespräche, die ich mit ihnen führen durfte, und für die Bereitstellung von Dokumenten. Ohne diese Hilfen hätte der vorliegende Beitrag nicht geschrieben werden können.

Petra Morsbach

Wer braucht noch das literarische Buch – verändern die neuen Medien die Literatur?

17 Überlegungen, Fred Strohmaier gewidmet
Vortrag, Regensburg 4. März 2017

Die Preisfrage lautete: Wer braucht noch das literarische Buch – Verändern die neuen Medien die Literatur? Meine Antwort: Das literarische Buch wird so lange gebraucht werden, wie es lesende Menschen gibt. Die neuen Medien verändern die Welt, aber nicht den Menschen. Meine Begründung (daß ich nur für mich spreche, sei hiermit vorausgesetzt):

1.

Ein erzählerisches Buch ist ein konzentriertes persönliches Gespräch zwischen Autor und Leser und als solches der Inbegriff geglückter Kommunikation, vergleichbar nur mit Liebe und Freundschaft, ohne die der Mensch verkümmern würde. Dieses persönliche Gespräch ist von den neuen Medien nicht zu ersetzen, nicht mal, wenn die neuen Medien das „wollten", was ich übrigens nicht glaube.

2.

Das literarische Kunstwerk ist ein besonders tiefes, konzentriertes, möglicherweise erkenntnishaltiges und leidenschaftliches Gespräch. Ohne das können sehr viele Menschen leben, vermutlich die meisten. Doch es gibt dieses Gespräch, und seit es Schrift gibt, haben wir Belege davon: herausragende Erzählungen, die dokumentiert und von Lesern weitergereicht und für die Nachwelt erhalten wurden. So erwuchs gegen den statistischen Anschein ein erstaunlicher Bestand.

3.

Das tiefe persönliche Gespräch steht scheinbar im Gegensatz zu den gesellschaftlichen Anforderungen, die Selbstbehauptung und Anpassung verlangen, also das Verbergen von Schwächen und Wahren des Scheins. Denn das ideale Zweiergespräch verlangt weder Behauptung noch Anpassung, es braucht keine gesellschaftlichen Standards, sondern richtet sich an den Kern der Person. Macken, Makel, Scham, Niederlagen, intime Gedanken und heimliche Träume gelten hier nicht als Versagen, sondern als selbstverständlicher Teil des Menschseins. Ehrlichkeit ist entlastend. Nur sie ermöglicht Integrität.
Gleichzeitig entsteht das tiefe Gespräch in enger Beziehung zu den gesellschaftlichen Anforderungen: Sie sind

sein Stoff und sein Antrieb. Das Gespräch braucht einen Gegenstand. Die Fragen, die Wunden des Umgangs, das ganze Spannungsfeld zwischen Conditio und Konvention, das unendliche Drama des individuellen Selbstwerts wird draußen fast immer per Vergleich und Differenz ermittelt. Das gute private Gespräch aber braucht weder Vergleich noch Differenz. Es ist höchst individuell und erzeugt idealerweise gerade dadurch tiefste Verbundenheit. Und sofern es erkenntnisreich ist, stellt es Normen in Frage und wirkt schöpferisch in die Gesellschaft zurück.

4.

Das literarische Kunstwerk unterscheidet sich vom realen geglückten Gespräch dadurch, daß die Mitteilung rein sprachlich und scheinbar einseitig ist: Der Erzähler ist weder zu sehen noch zu hören, und formal redet nur er, der andere hört zu. Diese Einschränkung wird durch spezifische Vorteile aufgewogen: Die Schrift ermöglicht durch schöpferische Konzentration und Gestaltung ein größeres Format als das Einzelgespräch, also mehr Umfang und höhere Qualität durch größere Substanz und Tiefe, wovon auch der Empfänger profitiert. Und in der substantiellen Erzählung bleibt die Substanz des Autors immer und vollkommen spürbar, was übrigens sogar der Witz ist, denn nur persönliche Aufrichtigkeit und Zuwendung machen einen hohen individuellen Transfer möglich.

5.

Für mich als Leserin – denn jeder Autor war zuerst und bleibt immer Leser – ist dieses Gespräch ein Wunder. Du hast die Chance, höchst beseelten und wortmächtigen Erzählern verschiedener Zeiten und Länder zu lauschen, talentierteren Leuten, als du sie, schon gar in dieser Vielzahl, im realen Leben je fändest.

6.

Das literarische Kunstwerk ist entgegen dem formalen Anschein auch von Seiten des Autors ein Gespräch: mit einem Leser, der ihn maximal inspiriert und fordert. Von der Aufrichtigkeit dieser (imaginierten) Begegnung hängen Substanz und Integrität ab. Ihr Geheimnis ist eine höchst komplexe Balance zwischen Demut und Gestaltungswillen, Einfühlung und Imaginationskraft, also passiven und aktiven Elementen.

7.

Hohe Inspiration hat viele Züge schwerer Verliebtheit: Hochgefühl, Idealisierung des Gegenstandes, Selbstüberschätzung, Unterschätzung der Schwierigkeiten, materielle Unbedenklichkeit, Verlust des Zeitgefühls, ein Strom von Einfällen, wenig Schlaf, wenig Hunger, also auch körperliche Verausgabung. Je mehr Verausgabung, desto mehr Erfülltheit. Je mehr ich gebe, je mehr auch hab ich; beides ist unendlich, sagt Shakespeares Julia. Sprichwörtlich ist der Musenkuß. Auch das Wort Inspiration meint die Begeisterung oder Beseelung *von außen*. Und genau so fühlt sie sich für den Autor an: wie eine Gnade, die zu ihm kommt. Allein aus sich selbst heraus kann er sie nicht erzeugen.

8.

Ich habe hier ein ideales Modell entworfen. Natürlich gibt es unendlich viele Abweichungen. Jede Begegnung zwischen Autor und Leser ist einzigartig, im Spektrum zwischen Erfüllung und Aversion gibt es alle zwischen Gesprächspartnern denkbaren konstruktiven und destruktiven Mißverständnisse und Verständnisse; dasselbe Buch kann sogar auf denselben Leser bei jeder Lektüre anders wirken. Weiterhin „liebt", um im Bild zu bleiben, jeder Autor und jeder Leser anders, da jeder Mensch anders liebt. Immer ist dieses kraftvollste, beseelteste und gefährlichste Gefühl von unberechenbaren Hoffnungen, Ängsten, Komplexen und Zufällen bestimmt. Aber die Liebe kann glücken, im Leben wie in der Literatur, und alle unglücklich oder unvollkommen oder sogar ablehnend Liebenden träumen von ihr.

9.

Das Kunstwerk gelingt nur, wenn die Kunst den Künstler zurückliebt. Das ist ein weiteres Rätsel. Inspiration kann man weder mit Geld kaufen noch mit Willenskraft erzwingen. Voraussetzungen sind neben glücklichen äußeren Umständen, ohne die überhaupt nichts geht, Talent und Mut, Durchlässigkeit und Können, maximaler Einsatz bei minimaler Garantie, hohes Risiko bei geringem Ertrag. Meistens klappt es nicht. Die Künstlergeschichte ein unendliches Drama von Scheitern, Armut, Bitternis und Blamage. Die Kunstgeschichte wirkt vor diesem Hintergrund wie eine Auslese von Wundern. Und jetzt noch ein Rätsel: Die reale Liebe endet oft in Ermüdung, Enttäuschung, sogar in Katastrophen, im allerglücklichsten Fall aber endet sie mit dem Tod. Im Kunstwerk hingegen bleibt die volle schöpferische Energie erhalten, ohne Einbußen über den Tod des Künstlers hinaus.

10.

Diese virtuelle „Unsterblichkeit", absurd beglaubigt durch das Elend der meisten Schöpfer, hat unter den sterblichen Menschen einen so romantischen und bedeutenden Nimbus erzeugt, daß eine ganze Industrie daraus entstand. Diese Industrie ernährt Verlage, Multiplikatoren, Rezensenten, Buchfabriken, Buchhändler und daneben ein paar, ganz wenige, gute Künstler (keineswegs alle). Jetzt sind wir beim „literarischen" Buch. Ich habe diesen Begriff bisher mit Absicht vermieden, denn ein Kunstwerk ist zwar ein „literarisches Buch", doch umgekehrt gilt das noch lange nicht. Das literarische Kunstwerk enthält Leben. Das „literarische Buch" ist eine Industriemarke, die Nimbus und Prestige verkörpern soll. Nimbus und Prestige sind aber nur Derivate des Kunstwerks, nicht sein Kern. Da integre, beseelte neue Kunstwerke zu selten entstehen, um eine Industrie am Laufen zu halten, handelt die Industrie hauptsächlich mit den Derivaten, für die auch weniger kundige Leute bereit sind, Geld auszugeben. Da Nimbus durch Suggestion und Autosuggestion zu erzeugen ist und Prestige ohnehin aus Konvention besteht, funktioniert dieses Geschäft.

11.

Die Komplexität des tiefen Gesprächs zwischen Intimität und gesellschaftlicher Bedingtheit habe ich schon angesprochen, ebenso die Vielfalt der Verständnisse und Mißverständnisse zwischen Gesprächspartnern. In der Literaturform des Gesprächs kommt nun ein weiteres Element hinzu: die Öffentlichkeit. Ein individuelles Gespräch mit ihr ist unmöglich, denn die Öffentlichkeit liest kein Buch, sie liest über Bücher. Je größer die Öffentlichkeit, desto oberflächlicher der Kontakt. Der Künstler wird zu einer öffentlichen Figur, die das Gewinnstreben der Verlage, das Statusbedürfnis der Multiplikatoren und die Nimbussehnsucht der Käufer befriedigen soll. Er muß zwischen Askese und Selbstvermarktung eine Balance finden, die sein Überleben ermöglicht und sein Talent nicht verrät. Das ist sehr, sehr schwer. Denn die Gesellschaft ist trivial. Auch der beste Autor befindet sich öffentlich in einem Trivialroman. Je besser er ihn „liest" und sich zu eigen macht, desto leichter kann er bürgerlich bestehen.

12.

Das war schon immer so. Es gibt ja die sogenannte Trivialliteratur, ein gewissermaßen „kindliches" Genre, das eine einfache Welt mit schlichten Affekten zeigt und die Wünsche der Leser erfüllt. Naturgemäß findet dieses Genre die meisten Leser, und das nicht etwa, weil diese „noch nicht so weit" wären, sondern weil triviale Gefühle allen Menschen bekannt sind; trivial ist im Wortsinn (lat. drei Wege) die Kreuzung, auf die jeder kommt.
Wesentliche Merkmale des Trivialen sind: starke, unreflektierte Affekte; Schablonenhaftigkeit der Figuren, wobei die Helden in der Regel die Guten sind; Wunscherfüllungsfantasien (Erfolg, Sieg, Triumph, Rache, Liebe); eine primitive Moral (also: Das Gute ist das für mich Gute) und, dieser Moral zugeordnet, Scheinheiligkeit (der Gute muß zwar bewundert werden, darf es aber nicht anstreben). In der Summe läuft es auf die uralte, unlösbare Selbstwertproblematik des Menschen hinaus, nur auf schlichte, gewissermaßen „bewußtlose" Weise ohne Wahrheitsanspruch im Interesse des Lesers gelöst.

13.

Dieses Paket ist nicht etwa die Vorstufe zum „Erwachsenenleben", sondern unsere Grundausrüstung. Das „erwachsene" Leben besteht zunächst aus überwältigender Sachkunde; die trivialen Bedürfnisse aber sind immer im Spiel. Lesen Sie einmal die Rücktrittserklärung eines Politikers oder Vorstandsvorsitzenden, die im Wesentlichen darauf hinausläuft, daß er nur Gutes bewirkt hat und für das Schlechte nichts kann. Und betrachten Sie die gute, sogar die beste Literatur. Fast keine kommt ohne triviale Elemente aus, und diese erhöhen auch dort die Aussicht auf Erfolg. Zwei Beispiele. Thema Schablone: Goethes „Werther" ist die differenzierte Seelenerkundung eines hochbegabten jungen Mannes. Werthers Lotte aber ist eine Figur direkt aus dem Trivialroman. Zweites Beispiel, Thema Scheinheiligkeit: Auch im wirklichen Leben schätzte der gesellschaftsbewußte Goethe triviale Effekte. Als er sich 1813 dringend einen Orden des österreichischen Kaisers wünschte, bat er Wilhelm von Humboldt, diese Sache zu betreiben, wovon wir nur durch eine Notiz Humboldts wissen, der seiner Frau schrieb, daß es Goethe nicht schnell genug gehe: *Ich muß aber die Sache mit dem Orden besser antreiben, als ich es tat*. Goethe hatte damals sein Dankschreiben bereits entworfen (mit Jahreszahl 1813, nur Tag und Monat waren noch einzutragen): *Die große unverdiente*[!] *Auszeichnung, welche durch Ihro Kaiserliche Majestät allerhöchster Gnade mir unverhofft* [!] *zu Theil wird*, usw.

14.

Angesichts dieser allgegenwärtigen Versuchung und Verpflichtung zum Trivialen erscheint das integre, unabhängige literarische Kunstwerk als Wunder. Und jetzt kommen wir zu den neuen Medien, womit Fred Strohmaier vermutlich das Internet gemeint hat. Auch dort, wie verrückterweise in jedem Medium, entwickelt sich Kunst. (Der hier anwesende Thomas von Steinaecker hat zum Beispiel mit der Comiczeichnerin Barbara Yelin einen inspirierten, beseelten, weisen und poetischen Netz-Comic geschaffen, der hiermit Ihnen allen ans Herz gelegt sei: *Der Sommer ihres Lebens*.)
Das ist die gute Nachricht.
Die nicht so gute Nachricht ist die ungeheure virtuelle Vergesellschaftung der Welt. Unsere Sprache als Urmedium hat die Gesellschaft überhaupt erst erschaffen, mit ihrer verblüffenden Kunstkraft und ihrer massebedingten Neigung zur Trivialität. Ob das Internet eine entsprechend tiefe Originalität entwickeln kann, werden wir sehen. Mit Sicherheit aber potenziert es die Trivialität:

durch gewaltige Beschleunigung und Banalisierung, virtuelle Omnipräsenz und effekt-, ranking- und modefreudige Orientierung. Das literarische Buch wird auf den Konsumaspekt verkürzt, bisweilen aufs Allertrivialste: was ist in, was out, wer kriegt die meisten „Likes"?

15.

An dieser Stelle spalte ich mich in zwei Personen. Als Leserin mit Langzeit-Überblick meine ich, daß die Hektik des schnellen und überwältigenden Informationsstroms die Sehnsucht nach Besinnung und substantiellem Gespräch nicht abtöten kann. Nebenbei scheint angesichts so vieler zivilisatorischer Bedrohungen ringsum das Schicksal des Buches ein marginales Problem zu sein.

Das literarische Kunstwerk ging zu Zeiten von Kriegen und Katastrophen regelmäßig unter, aber es tauchte bisher jedes Mal unbeschadet wieder auf. Als Leserin mache ich mir also keine Sorgen, als Autorin aber schon. Denn im Gegensatz zum (geglückten) Buch ist der Autor eine überaus verderbliche Ware. Das Kunstwerk überlebt dreißig und dreihundert Jahre Vergessenheit, dem Autor können schon drei Jahre Mißachtung wirtschaftlich das Genick brechen. Die Frage lautet also: Wie kommt im eminent trivialen Internet-Buchmarkt das literarische Buch so rasch zum Leser, daß auch gesellschaftlich zurückhaltende Autoren eine Chance haben?

16.

Damit sind wir bei der eigentlichen Frage: Überlebt der literarische Buchhändler? Er ist ja Teil der Gesellschaft und Zwischenglied der wirtschaftlichen Derivat-Nahrungskette. Er wird zweimal jährlich von einer Flut von Neuerscheinungen überschwemmt, die er, anders als der Autor, zur Kenntnis nehmen muß. Wie findet er im Verkaufslärm der Bewertungsbörsen zum eigenen Urteil?

Wir brauchen also den lesenden Buchhändler, der das tiefe, persönliche Gespräch sucht. Denn es ist und bleibt das einzige Kriterium. Günstig wäre etwa ein Buchhändler, der im Zentrum einer alten Kulturstadt eine gotische Kapelle besitzt, in der er seine Lieblingsbücher ausstellen kann, ohne daß ihm der Ruin droht. Im Glücksfall hat er ein so gutes Ohr, daß die Leser seinen Empfehlungen vertrauen, und so viel Charisma, daß er auch die Autoren an sich bindet und bei Bedarf Essays von ihnen anfordern kann. Aber wo gibt es das noch?

17.

Lieber Fred Strohmaier, Sie haben mich mit Ihrer Anfrage auf ein ziemlich weites Feld geschickt. Ich bin gern hinausgelaufen und lande jetzt gern bei Ihnen. Ich weiß, daß viele Autoren gern zu Ihnen kamen, und für einige, wie mich, waren Sie ein Glücksfall. Von der Widersprüchlichkeit der Künstlerexistenz habe ich oben gesprochen. Wir sind Teil eines Markt- und Traumgewebes, in dem es kein Entweder – Oder gibt, sondern nur eine prekäre Balance. Und so überzeugt ich als Leserin von der Notwendigkeit der guten Literatur bin, so wenig überzeugt konnte ich als Autorin sein, daß ich diesen Bedarf stille.

Daß Sie mir unermüdlich Leser besorgt und jedem meiner Bücher ein Forum verschafft haben, hat mich materiell nicht gerettet, aber moralisch gestützt. Denn meine Existenz hing oft am seidenen Faden. Haben Sie vielen herzlichen Dank.

Autorenfoto: Susanne Geier

[Foto: Stefan Effenhauser]

Markus Eberhardt

„Wohlberühmt und kunstreich"

Der Regensburger Barockkomponist Hieronymus Kradenthaller (1637–1700)

Im Reformationsjahr 2017 kann auch der wohl bedeutendste ostbayerische Vertreter der evangelischen Kirchenmusik im Zeitalter des Barock, Hieronymus Kradenthaller, ein kleines Jubiläum feiern: Er wurde vor 380 Jahren, am 27. September 1637 in Regensburg geboren. Sein Werk stand lange Zeit im Schatten der großen Zeitgenossen wie Biber oder Muffat, doch nun wird auch die „Alte-Musik-Szene" auf den Regensburger Komponisten aufmerksam ...

Zwischen Regensburg und Nürnberg – Schlaglichter auf seine Biografie

Kradenthaller (auch „Gradenthal(l)er") entstammt einer Regensburger Bürgerfamilie. Bereits sein Vater, der „Chramhändler" Augustin Kradenthaller, wirkte als Organist der Kirche St. Oswald, und so war die Karriere des Sohnes vorprogrammiert: nach dem Besuch des Gymnasium Poeticum ermöglichte ihm die Stadt Regensburg mittels eines Stipendiums über 250 Gulden von April 1656 an einen zweijährigen Studienaufenthalt in Nürnberg, wo er aller Wahrscheinlichkeit nach bei David Schädlich (1607–1687) die „Organistenkunst" erlernte. Um die Mitte des 17. Jahrhunderts war die Stadt an der Pegnitz eine pulsierende Kulturmetropole, in der insbesondere die Literatur und, damit eng verbunden, die Liedkomposition erblühte. Die sog. „Nürnberger Schule" ist ein bedeutender Markstein der Geschichte des Barockliedes. Mit ihr verbindet man große Namen wie Johann Staden, Johann Erasmus Kindermann oder Paul Hainlein.

Im Herbst 1658 kehre Kradenthaller in seine Heimatstadt zurück und wurde zunächst Assistent des Organisten der Neupfarrkirche, Johann Baptist Häberl, später dann auch dessen Nachfolger. Über seine Biografie ist bis dato nur Weniges aus den Quellen greifbar geworden: Am 30. August 1659 heiratete er die Bürgerstochter Juliana Susanna Dimpfl, am 1. Januar 1660 wurde er in der Nachfolge seines verstorbenen Vaters Organist der Oswaldkirche und am 23. Februar 1660 erhielt er schließlich das Bürgerrecht der Stadt. Ab 1681 fungierte er als Assessor am städtischen Vormundschaftsgericht, aus dessen Porträtbuch auch ein Bildnis von ihm überliefert ist. Am 19. Juli 1700 starb Kradenthaller in seiner Heimatstadt.

Der „liebliche Komponist" – das Werk Kradenthallers

Das Werk Kradenthallers ist zu einem signifikanten Teil verschollen. Johann Gottfried Walther nennt in seinem „Musicalischen Lexikon" (Leipzig 1732) beispielsweise zwei in Nürnberg gedruckte Instrumentalmusiksammlungen, das „Florilegium musicum" (1687) und die „Facetias musicales. 114 Stücke allerhand Gattung" (1695), letztere also ein Spätwerk, das uns den Regensburger Komponisten sicherlich in seiner Vollendung gezeigt und auch eine schlüssige Kontextualisierung seines Werkes erlaubt hätte. Demgegenüber bildet der erhaltene „Torso" dennoch ein gewaltiges Fundament, mit dem sich Kradenthaller nicht minder als einer der bedeutendsten Barockkomponisten des Donauraumes präsentiert. Insbesondere sein Schaffen als Liederkomponist wurde bereits früh gewürdigt, so bewertet Hermann Ketzschmar in seiner 1911 bei Breitkopf & Härtel erschienenen Arbeit über die „Geschichte des deutschen Liedes" den Beitrag Kradenthallers zur Entwicklung der Gattung im 17. Jahrhundert äußerst positiv, denn er wagte „in Regensburg, wo ihn auch die Katholiken hören mußten, Lieder anzustimmen. Dadurch hat er mit geholfen, daß sich der katholische Süden allmählich mit den neuen Lied befreundete." Dieses Urteil ist aus heutiger Sicht zu modifizieren: Gerade im bayerisch-österreichischen Donauraum war das geistliche Barocklied als literarisch-musikalische Mischgattung ein äußerst effektives Medium der Gegenreformation. In Passau brachte beispielsweise der Kapuziner-Prediger Procopius von Templin zusammen mit dem Domorganisten Georg Kopp schon 1642 und 1659 zwei äußerst erfolgreiche Liederbücher heraus, die im gesamten habsburgischen Herrschaftsgebiet verwendet wurden. Auch der Regensburger Domkapellmeister Georg Reichwein komponierte Lieder, die durchaus grundlegende Aspekte der Nürnberger Schule aufgreifen, was selbst an der nur unvollständig überlieferten Sammlung „Jesum und Mariam lobendes Lerchen-Stimmlein, Oder Etliche- und Weyhnachts-Arien, mit einer Sing-Stimm, dann zweyen Violinen Componirt" (Regensburg 1687) deutlich erkennbar ist.

Porträt als Assessor am Regensburger Vormundschaftsgericht (1682), das Kradenthaller im Alter von 45 Jahren zeigt. [Foto: Stadtarchiv Regensburg]

Doppelseite aus der „Heilige[n] Kron-Harffe" (Nürnberg 1680) mit der Vertonung des ersten Psalmes. [Foto: Stadtbibliothek Ulm]

Kradenthallers herausragende Bedeutung als Liedkomponist wird jedoch schon alleine am Umfang seines Œuvres deutlich: Heute können insgesamt elf Titel, zu denen er Lieder beigesteuert hat, nachgewiesen werden. Sein Hauptwerk in diesem Genre ist die vollständige Vertonung des Buches der Psalmen in deutscher Sprache, der 1675 erschienene „Lust- und Artzeney-Garten, des königlichen Propheten Davids, das ist Der gantze Psalter in teutsche Verse übersetzt"; bereits 1680 wurde in Nürnberg die zweite Auflage gedruckt: „Die mit teutschen Saiten überzogene heilige Kron-Harffe, oder, Verfassung des gantzen Psalter Davids in teutsche Reim-Gebäude".
1676 brachte Kradenthaller in Regensburg eine Gesangsschule, das „Horologium musicum. Treu-wolgemeinter Rath, vermittelst welches ein junger Knab von 9 oder 9 ½ Jahren [...] den Grund der edlen Music und Sing-Kunst fassen kann" heraus, die 1687 bereits in zweiter Auflage, dann jedoch in Nürnberg, erschien, was durchaus für eine signifikante Rezeption des Werkes spricht.

Bislang kaum gewürdigt wurde Kradenthallers Bedeutung als Komponist von Streichmusik. In den 1670er Jahren publizierte er zwei äußerst umfangreiche, jeweils zweiteilige Sammlungen mit insgesamt 239 Sätzen. Für Violine solo und Basso continuo (Orgel/Cembalo) die „Musicalische Recreation von Allemanden, Sarabanden, Gavotten und Boure" und „Anderer Theil Sonaten, Allemanden [...] in die 8 Tonos aussgetheilt" (jeweils Regensburg 1672) und für Streichensemble (zwei Violinen, Violetta und Basso continuo) das „Deliciarum musicalium [...] Sonatinen, Arien, Sarabanden und Giquen" (Regensburg 1675/76). Kradenthallers Tonsprache zeigt, dass er – wie viele seiner Zeitgenossen – einem „stylum mixtum" nacheifert, das heißt, dass er alle im späten 17. Jahrhundert vorkommenden Regionalstile zu einer großen Synthese führen möchte. Die oft motivisch verbundenen Tanzsätze atmen zwar spürbar französischen Esprit, jedoch orientieren sich einige Einleitungssätze, er nennt sie „Sonatinen", auch an süddeutschen Vorbildern (v. a. Johann Heinrich Schmelzer) oder der F-Dur-Suite aus dem zweiten Teil der „Musicalischen Recreation" stellt er eine lebensfrohe Italienita versprühende Ciaccona voran.

Das Werk Kradenthallers erweitert somit das von Konrad Ruhland postulierte „weite Viereck" der Streichmusik im Süden des Alten Reiches bestehend aus Wien, Salzburg, Kremsier und Passau also um ein weiteres, nicht minder bedeutendes Glied, nämlich Regensburg.

Würdigung und Ausblick

Eine systematische Erforschung des Werkes von Hieronymus Kradenthaller steckt noch in den Kinderschuhen, bislang sind lediglich zwei Editionen seiner Werke erschienen (beide 1998): ein Heft mit Psalmenliedern hrsg. von Eberhard Kraus und zwei Streicher-Suiten hrsg. von Konrad Ruhland, umfassende musikwissenschaftliche Studien liegen bis dato noch nicht vor. Der 380. Geburtstag des Regensburger Komponisten ist jedoch der Anfangspunkt eines umfangreichen Editionsprojektes, das der Stuttgarter Cornetto-Verlag initiiert hat. Es ist geplant, eine Auswahl seiner Streichmusik und Lieder in zwölf Bänden, dazu mehrere Faksimiles und eine CD zu publizieren; Ende 2017 werden die ersten Titel erscheinen.

Kradenthallers musikhistorische Bedeutung ist in zweierlei Hinsicht zu würdigen: Zum einen hinterlässt er trotz aller Lücken ein gewaltiges Œuvre vor allem als Lied- und Streichmusikkomponist. Schon alleine aufgrund dieser Quantität des überlieferten Werkes zählt er zweifelsohne zu den bedeutendsten Vertretern der Barockmusik im Donauraum. Zum anderen ist er der Exponent der evangelischen Kirchenmusik seiner Zeit in Ostbayern.

Kradenthaller wurde von den Zeitgenossen (jedweder Konfession) hoch geschätzt und mit vielen barock-pittoresken Komplimenten versehen: wohlberühmt, kunstreich oder lieblich. Wolfgang Caspar Printz (1641–1717) führt ihn in seiner „Historische[n] Beschreibung der Edelen Sing- und Kling-Kunst" (Dresden 1690) unter der Rubrik „Neuere und berühmtere Componisten und Musici" (Kapitel XII, § 83, S. 149) auf. – Die Beschäftigung mit diesem Regensburger Komponisten ist also sowohl für die Musikwissenschaft als auch für die Praxis ein Muss, um ein vollständiges Bild der süddeutschen Barockmusik im ausgehenden 17. Jahrhundert zu erlangen.

Titelseite der „Musicalische[n] Recreation" (Regensburg 1672). [Foto: Bischöfliche Zentralbibliothek Regensburg]

Literatur:
Hermann Ketzschmar: Geschichte des Neuen deutschen Liedes, I. Teil. Leipzig 1911. – August Scharnagl: Artikel „Kradenthaller", in: Die Musik in Geschichte und Gegenwart Bd. 7. Kassel u. a. 1958. – Raimund W. Sterl: Evangelische Kirchenmusik, in: Musikgeschichte Regensburgs hrsg. von Thomas Emmerig. Regensburg 2006, S. 98–130.

Stefan Reichmann

„Ein Leben für die Kunst und ein Mädchen mit Reh"

Erinnerungen an Wilhelm Amann (1940–2016)

Er war der Verfasser der kunstgeschichtlich bedeutenden Bände „Eine Stadt im Spiegel der Malerei", Chronist des Berufsverbandes Bildender Künstler, weithin anerkannter und gefragter Experte für den Regensburger Spätexpressionismus, ständiger Mitarbeiter am Internationalen Künstlerlexikon, Spurensucher und Fährtenleger für die Kunstgeschichte und Ideengeber für die Umbenennung der früheren Hans-Herrmann-Schule in Willi-Ulfig-Mittelschule.

Die Kunst sucht die Menschen, an manchen geht sie vorüber, bei Willi Amann ist sie gerne geblieben, ein Leben lang.
Dabei war die Welt des 1940 in Regensburg geborenen, mit fünf Geschwistern, dem im Krieg gebliebenen Vater, dem Verlust der Wohnung und vielerlei Entbehrungen, zunächst eine raue Wirklichkeit gewesen.
Ein waches Auge, genügend Verstand, Tatendrang und eine ordentliche Portion Phantasie halfen ihm das Leben nicht nur zu meistern, sondern dem Leben und Schaffen anderer nachzuspüren, zu entdecken, ihnen Bedeutung zu geben und es für die Allgemeinheit zugänglich und erlebbar zu machen.

Daheim in der Schwarzen Kunst

Über die Ausbildung zum Schriftsetzer – einer heute leider ausgestorbenen Berufsgruppe für Typographie, Schriftsatz, Rechtschrift und Druckqualität – kam er in umfassenden Kontakt mit der schwarzen Kunst. Bei Aumüller „Am Römling" erlernte der junge Amann Buchdruck, Akzidenzdruck, Kunstdruck, war dem Verlagswesen nah und traf dort auch Künstler als Kunden oder künstlerische Berater. Dies sollte ihn sein weiteres Leben begleiten, ihm gleichsam Drang, Freude und Lebensinhalt werden!
Nach seiner Meisterprüfung, einer weiteren Anstellung in der Druckerei Habbel und einer einjährigen Tätigkeit in Schweden, galt es der eigenen Existenz ein solides Fundament gemeinsam mit Frau Eveline für sich und Sohn Christian zu errichten.
Es folgte der Eintritt in den Staatlichen Bibliotheksdienst – damals zu Beginn der 1970er Jahre war die Universitätsbibliothek noch im gesamten Stadtgebiet verteilt – und seine Ausbildung zum Bibliothekar in München. Für Willi Amann war dies der Eintritt in ein Riesenreich der Quellen und literarischen Verknüpfungen nach allen Richtungen und Zeiten, die akademische Welt hatte dafür einen profunden Kenner, der sein Handwerk von der Pike auf erlernte, der im Buch mehr sah als das Gedächtnis von Gedanken und Sprache.

[Foto: Dr. Christian Amann]

Die Universität Regensburg war sicher prägend für Amann, den Teilnehmer vieler Exkursionen, den interessierten Gasthörer der Kunstgeschichte und Klassischen Archäologie, der tatsächlich wusste, wie ein Holzschnitt gedruckt wird, der die Lithografie von der Serigrafie und die Kaltnadelradierung von der Aquatintaradierung zweifelsfrei und für alle verständlich unterscheiden konnte. Der Zauber beim Studium grafischer Blätter und Kunstobjekte weckte auch privat seinen Sammeltrieb und so suchte und umgab sich Willi Amann mit Kunst und Antiquitä-

ten, um ihre Atmosphäre ganz nah zu erleben. Die Regensburger Künstler und ihre Werke durchdrang er dabei völlig, konnte ihre Schöpfung erhellen und sie allgemein verständlich in ungezählten Beiträgen kommentieren.
Das machte ihn letztlich zum erfolgreichen Buchautor und gefragten Experten für Künstler, Kunsthistoriker, Studenten, Sammler und Kunsthändler. Amann arbeitete, entdeckte, verknüpfte und fixierte seine Erkenntnisse geschickt auf Karteikarten. Natürlich blieb von manchem „höheren Kulturbeamten" der Neid nicht aus und man verweigerte den Zugriff auf öffentliche Bestände oder berechnete Höchstkosten für banale Reproduktionen.

Daheim in der Forschung

Allein seine Recherchen zur Regensburger „Sichel" führten ihn schließlich in die Königsklasse einschlägiger Veröffentlichungen. Die Gesellschaft der Bibliophilen in München widmete ihm einen Sonderdruck, der wissenschaftlich erstklassig erarbeitet war. Nicht zuletzt für den Regensburger Almanach war er ein Glücksfall als Autor, auch für viele Stadtteilchroniken war er Berater, Initiator und Experte. Allein sein Stadtamhofer Künstlerlexikon ließ uns erstaunen, viele Namen hatten selbst wir noch nie gelesen! Ich hatte in fast 25 Jahren immer wieder Gelegenheit, mit Willi Amann zusammenzuarbeiten oder mich auszutauschen. Auskünfte oder Rat erhielt man stets freundlich und kompetent und auch ließ er dem Sammlerkollegen gern im Auktionshaus den Vorzug, um den Preis für ein ersehntes Blatt nicht in die Höhe zu treiben. Bei der Ausstellung und dem Begleitbuch „Die 20er Jahre in Regensburg" hatten wir wieder viel gemeinsam zu tun. Ganz selbstverständlich machte er seinen Josef Achmann und ich meinen Max Wissner, wo sein Buchbeitrag endete, knüpfte meiner ganz ohne große Absprache an. Die Sache und die Künstler standen immer im Vordergrund und nicht wir als Menschen! Nach Beendigung der großen Schau im Kunst- und Gewerbehaus musste die von Willi in einem oberbayerischen Vorgarten entdeckte große Bronze von Tono Zoelch zurückgebracht werden. Willi fuhr also mit der Schönen auf dem Lkw ins Oberland und lieferte auch andere Leihgaben auf dem Weg dorthin wieder ab. Der Eigentümer der bedeutenden Bronzeplastik wollte die 1,60 m hohe Figur „Mädchen mit Reh" aber nicht wieder zurück und so brachte Willi Amann die wertvolle Fracht als Geschenk nach Regensburg! An der Kreuzung Furtmayrstraße beratschlagten wir mindestens eine Stunde über den weiteren Verbleib, seither ziert sie prominent den Eingang zum Ausstellungssaal im Kunst- und Gewerbeverein in der Ludwigsstraße.
Fünfundsiebzig Jahre waren ihm vergönnt, die er mit Fleiß und Ausdauer nutzte. Jahrzehnte leistete er Studierenden und Suchenden Hilfestellungen und half den Menschen, unsere Heimat Regensburg und deren Kunst und Künstler zu entschlüsseln.
Sein letzter Anruf bei mir: „Ich habe jetzt den Beleg gefunden, dass Ludwig van Beethoven in der Spiegelgasse übernachtet hat, wir könnten eine Steintafel anbringen …" Leider kam es nicht mehr dazu, die Krankheit war zurückgekehrt.
In seinem Arbeitszimmer im geschichtsträchtigen Stadthaus reihen sich noch Kunst und die vielen eigenen Veröffentlichungen unter einem Bild von Beethoven. Es ist, als wäre er nur kurz weg, um wieder Kostbares für uns zu entdecken!
Am 3. März 2016 starb Willi Amann und bemerkte, dass er leider nie einen Picasso gefunden hatte.

Mein herzlicher Dank gilt Frau Eveline Amann, Herrn Dr. Christian Amann und Herrn Dipl.-Bibliothekar Robert Münster.

*Beethoven-Maske von
Franz Weichmann
(1892–1979), Kupferblech
getrieben um 1925
[Foto: Stefan Reichmann]*

Matthias Nagel

„… *leuchtende Liebe, lachender Tod*"

Zum 85. Todestag der Sopranistin Gertrud Bindernagel

Vor 85 Jahren starb die gefeierte Sopranistin Gertrud Bindernagel an den Folgen einer Schussverletzung. Ihr zweiter Ehemann, der Bankier Wilhelm Hintze, hatte nach einer Vorstellung in der Berliner Oper aus Eifersucht auf sie geschossen

Dezember zum Jahreswechsel 1919/20: Richard L'Arronge, der erste von der Stadt eingesetzte Intendant des Regensburger Theaters, betritt sein Büro am Bismarckplatz und findet dort ein Schreiben vom Ortsausschuss der Genossenschaft der Deutschen Bühnenangehörigen (GDBA). Es ist jene Spielzeit, die von allen Regensburger Bühnenmitgliedern, eingeschlossen die Orchestermusiker und technischen Mitarbeiter, so sehr herbeigesehnt worden war: Die Stadt hatte im März 1919 beschlossen, ihr Theater in Eigenregie zu übernehmen.

Das Regensburger Theater wird städtisch

Da dieser für die Regensburger Bühne so bedeutende Vorgang demnächst 100 Jahre her ist, wird es möglicherweise in diesem Rahmen eine umfangreichere Betrachtung geben. Deshalb in aller Kürze: Der Zeitpunkt der Übernahme war denkbar schlecht. Die Auswirkungen der Nachkriegszeit, vor allem die negative wirtschaftliche Entwicklung mit der einhergehenden Teuerung, machte den Menschen das Leben schwer. Theater, gar Oper, stand nicht unbedingt an erster Stelle der Unterhaltung. Kino, Varieté, allerlei Tanzvergnügen wurden immer beliebter. L'Arronge versuchte mit einem geradezu monumentalen Programm aus Opern, Operetten, Schauspielen und Konzerten dagegenzuhalten. Um dem selbstgestellten Anspruch gerecht zu werden, vergrößerte der Intendant das Opernorchester auf sagenhafte 48 Mitglieder – für die heutige Zeit wären das wenigstens 76 Musiker/innen – und engagierte ein für die Verhältnisse hochkarätiges Ensemble. Das musste freilich Geld kosten. Allein der erwartete und ersehnte Publikumszuspruch blieb aus.

Da die finanzielle Ausstattung seitens der Stadt eher knapp bemessen war und die Geldentwertung zu dieser Zeit eine vernünftige Kalkulation mehr oder weniger unmöglich machte, war bereits im Dezember 1919 ein größerer Fehlbetrag aufgetreten, der die in diesen Dingen unerfahrenen Stadträte unruhig werden ließ. Und so war das Projekt „Eigenregie" schon bald zum Scheitern verurteilt. Den Bühnenangehörigen half diese Erkenntnis indessen wenig. Sie mussten, wie alle anderen Mitbürger, mit der Teuerung zurechtkommen. Vor allem ihr erhöhter Bedarf an Kleidung, vom Hut bis zum Schuhwerk, war mit den eher geringen Gagen nicht mehr zu bewerkstelligen. Deshalb verfassten sie jenes Schreiben, das L'Arronge Ende

links:
Als Ortud in Wanger Lohengrin. [Foto: Stadtarchiv Regensburg, Theatersammlung Blank]

rechts:
Getrrud Bingernagel privat, um 1928. [Foto: Stadtarchiv Regensburg, Theatersmmlung Blank]

Dezember auf seinem Schreibtisch vorfand, in dem sie um eine – durchaus berechtigte – Gagenerhöhung baten. Mit einem leidenschaftlichen Bekenntnis zur wertvollen städtischen Kultur, gegen „Kinoschund, flache Genusssucht und Gesinnungslosigkeit" kam es geradezu flehentlich: „Helfen Sie uns! Auch über den kalten Buchstaben unserer Verträge hinweg, die gegen die Härte, der seit ihrem Abschluss vor sich gegangenen Entwicklung allein längst keine Helfer mehr sind …"

Ein ungewöhnliches Bühnenfach: Vertrauensdame

Unterschrieben war diese Petition – und es war nicht die erste dieser Art – von mehreren Angehörigen des Ortsausschusses der GDBA, unter anderen von einer sogenannten „Vertrauensdame": Gertrud Bindernagel. Und um sie soll es im Folgenden gehen.

Als Musiker musste der Intendant, der auch als erster Kapellmeister und Orchesterchef fungierte, einen Riecher für außergewöhnliche Stimmen haben. Die stimmlichen Qualitäten von Gertrud Bindernagel haben ihn schnell überzeugt.

Die Sopranistin war am 11. Januar 1894 in Magdeburg zur Welt gekommen, wo sie auch das Konservatorium als Gesangsstudentin besuchte. Bereits als Siebzehnjährige hatte sie ein Volontariat am Stadttheater Magdeburg inne. Ein weiterer Studienort war von 1913 bis 1917 die Musikhochschule von Berlin. Es folgte von 1917 bis 1919 ein erstes Engagement an der Oper von Breslau und von dort aus führte sie der Weg schließlich an die Donau, nach Regensburg.

Gertrud Bindernagel fand eine Wohnung in der Schlossergasse 1, nahe dem Neupfarrplatz. Diese Adresse existiert nicht mehr, denn mit dem Neubau des Sparkassengebäudes von 1966 bis 1970 ist sie einfach verschwunden. Bindernagel wurde im Ensemble der Regensburger Oper als „jugendlich dramatische Sängerin" geführt. Dem gegenüber war ihre Kollegin Gretl Blaha die „hochdramatische Sängerin". Allein die Tatsache, dass Bindernagel hochdramatische Hauptrollen von Blaha übernehmen konnte, zeigt in welche Richtung sie sich entwickeln sollte.

„Ihre herrlichen Stimm-Mittel"

Aber der Reihe nach: Die erste Oper im jüngsten städtischen Betrieb war „Aida" von G. Verdi, wobei die Hauptrolle Gretl Blaha sang. Aber schon am 18. November übernahm Gertrud Bindernagel, quasi als Zweitbesetzung die große Partie. Ihre erste große eigene Einstudierung war noch im September die Rolle der Margarethe in „Margarethe" von Charles Gounod. Und was für ein Jubel! Die junge Sängerin hatte sich schnell in die Herzen des Publikums gesungen. Und ein Rezensent schrieb: „ … Den Glanzpunkt des Abends bildete die Durchführung der Rolle der Margarethe durch Frl. Bindernagel. Ihre herrlichen Stimm-Mittel entfaltete sie in geradezu glanzvoller Weise und ihre Leistung allein war ein Kunstgenuss ersten Ranges. …"

Im Folgenden bewunderte man die natürliche Schönheit ihres Stimmorgans, lobte die hoch entwickelte Gesangskunst, die meisterhafte Behandlung des „messa di voce" und der Kopftöne, und schließlich die vorbildliche Atemfunktion und ihre deutliche Aussprache. Und – für eine Opernsängerin geradezu existentiell – bei ihr stehe die technische Vollkommenheit des Gesanglichen immer im Dienst eines tiefschürfenden Empfindens.

Es wäre angesichts dieser Lobeshymnen falsch zu glauben, die Rezensenten der damaligen Zeit hätten nicht zu differenzieren gewusst. Dem war nicht so. Gerade im Bereich des Schauspiels war der junge Schriftsteller Georg Britting ein eher kritischer Berichterstatter. Die Opernrezensenten mögen etwas milder gewesen sein, aber auch die konnten durchaus mal einen „Verriss" schreiben. Allerdings – dies ist vielleicht der Unterschied zur heutigen Zeit – standen sie spürbar voll und ganz hinter dem Kulturinstitut, das sie als wichtig und wertvoll erachteten. Da wurde schon mal von „unseren Sängern", „unserem Orchester", „unserer Oper" gesprochen. Man freute sich einfach mit den Akteuren auf der Bühne über das Gelungene.

Gertrud Bindernagel wurde also von einer Woge der Begeisterung und Sympathie von Vorstellung zu Vorstellung, von Erfolg zu Erfolg getragen. Ihre nächste Premiere war die Rolle der Ninon in der kurzen und einzigen Oper „Ninon von Lenclos" von Michele Eulambio (1881–1974). Heute so gut wie vergessen, feierte das Werk des Italieners auf deutschen Bühnen große Erfolge. Die Oper, nach einem Drama von Ernst Hardt, handelt vom Leben der geistreichen Salondame und Kurtisane am Hofe des Sonnenkönigs Ludwig XIV. Im ersten Teil des Opernabends wurde „Das höllisch Gold", Oper in einem Akt, von dem Österreicher Julius Bittner (1874–1939) gegeben.

Im November übernahm Bindernagel schließlich die Rolle der Aida von Gretl Blaha und schon Mitte Dezember konnte man sie als Elsa in Wagners „Lohengrin" erleben. Am 1. Januar 1920 sang und spielte sie das Christkindchen in der Oper „Das Christelflein" von Hans Pfitzner. Wenig später gab sie in Wilhelm Kienzls „Der Evangelimann" die Martha, Nichte und Mündel des Justiziars Friedrich Engel.

Von den „unsagbar schönen Tonbögen" zutiefst gerührt

Nun kam es am 23. Januar zu jenem Opernereignis, über das an dieser Stelle im letztjährigen Regensburger Almanach berichtet wurde, die Aufführung des Wagnerschen Dramas „Tristan und Isolde".

L'Arronge hatte selbst die musikalische Leitung übernommen und Gertrud Bindernagel die Rolle der Brangäne übertragen. Die Rolle der Isolde sang Gretl Blaha. Nach Rudolf Kloiber sind beide Figuren sogenannte „große Partien". Interessant ist jedoch, dass die Brangäne von einem dramatischen Mezzosopran gesungen werden sollte. Warum der Intendant diese Partie nun von seinem jugendlich dramatischen Sopran, nämlich Gertrud Bindernagel, singen ließ, ist damit zu erklären, dass Richard Wagner ursprünglich einen hellen Sopran wollte. Und da war er bei Bindernagel genau richtig. So war der Rezensent auch von den „unsagbar schönen Tonbögen" ihres Warnrufes „Einsam wachend in der Nacht ...", der laut Regieanweisung irgendwo aus dem Bühnenhintergrund erklingend „in die zauberische Stille der Liebesnacht hinein", zutiefst gerührt – Gänsehautmomente.

Was wäre ein hochkarätiges Opernprogramm ohne ein Werk von Giacomo Puccini? Und hier natürlich zu allererst „La Bohème". In Regensburg immer gerne gesehen und gehört – und immer ein Erfolg. Ein Erfolg wurde die Aufführung im Frühjahr 1920 auch für Gertrud Bindernagel, die hier die Partie der Mimi gab.

Das letzte große Werk, in dem Gertrud Bindernagel an der Regensburger Oper auftrat, war „Tannhäuser" von Richard Wagner. Hier übernahm sie als Zweitbesetzung sowohl die Rolle der Elisabeth als auch die der Venus. In Wolfgang Amadeus Mozarts „Die Zauberflöte" gab sie die Erste Dame von den drei Damen der Königin der Nacht. Als Liedsängerin trat die Sopranistin in Liederabenden und in Kon-

Als Brünnhilde In Wagners Ring des Nibelungen. [Foto: Stadtarchiv Regensburg, Theatersammlung Blank]

zerten des Theaterorchesters auf. Beispielsweise war sie im letzten Satz der IV. Sinfonie von Gustav Mahler zu hören. In der sogenannten „leichten Muße", der Operette, hinterließ Bindernagel ebenfalls ihre Spuren. „Die Frau von Korosin", eine Operette von Rudolf Frank, kennt heute (fast) niemand mehr. Hier spielte und sang sie die Kara, die Frau von Konstantin von Korosin. Konstantin von Korosin spielte der Bassbuffo Franz Schuster, und mit ihm war Gertrud Bindernagel kollegial eng verbunden.

Beide gaben am 18. Mai 1920 ein Abschiedskonzert im Neuhaussaal. Am Flügel wirkte Dr. W. Aron, der Spiellei-

Gertrud Bindernagel um 1930. [Foto: Stadtarchiv Regensburg, Theatersammlung Blank]

ter der Oper. Die beiden Sänger brachten abwechselnd jeweils drei Lieder von Johannes Brahms, Hugo Wolf und Richard Strauss zu Gehör. Franz Schuster begann …

Berlin – eine fatale Entscheidung und eine große Laufbahn

Nach ihrem viel zu frühen Abschied aus Regensburg, setzte Gertrud Bindernagel ihre Karriere auf hohem Niveau fort. Schon 1920 erhielt sie Engagement an der Berliner Staatsoper, wo sie bis 1927 blieb.

Dort in Berlin muss sich schon bald ihr Wechsel ins hochdramatische Fach abgezeichnet haben. Und das bedeutete nicht zuletzt die großen Partien in den Werken Richard Wagners: Senta (Der Fliegende Holländer), Elisabeth und Venus (Tannhäuser), Elsa und Ortrud (Lohengrin), Isolde (Tristan und Isolde), Sieglinde und Brünnhilde (Der Ring des Nibelungen). Sie wurde wahrhaftig im Laufe der Zeit eine angesehene Wagner-Sängerin.

Mit Wagner war es natürlich nicht genug. Alle dramatischen Sopranpartien der gängigen Komponisten waren für Bindernagel interessant: Mozart, Beethoven, Bellini, Verdi, Puccini, Richard Strauss, D'Albert, Mascagni, Schreker, Prokofjew und so weiter …

Für Franz Schreker wurde sie sogar zu einer der Lieblingsinterpretinnen der Els in „Der Schatzgräber", seinem Werk, das erst 1920 in Frankfurt uraufgeführt worden war.

Dem kundigen Leser werden die vielen Rollen bekannt vorkommen: Donna Anna in „Don Giovanni", Gräfin in „Figaros Hochzeit", Leonore in „Fidelio", Aida, Amelia in „Ein Maskenball, Lady Macbeth in „Macbeth", Tosca, Feldmarschallin in „Der Rosenkavalier, Ariadne in „Ariadne auf Naxos", Martha in „Tiefland", Myrtocle in „Die toten Augen", Fata Morgana in „Die Liebe zu den drei Orangen".

Von 1927 bis 1931 war Bindernagel Mitglied des Ensembles im Nationaltheater Mannheim. Dort wirkte sie bei der Uraufführung der Neufassung der Oper „Die Prinzessin Girnara" von Egon Wellesz (1885-1974) mit. Dort, in der Kurpfalz, arbeitete sie mit dem jungen Wilhelm Furtwängler zusammen, der an der Oper als Kapellmeister wirkte. Als ein Bediensteter des Theaters sich ihm gegenüber über die Leibesfülle der Sängerin ausließ, soll Furtwängler lapidar erwidert haben: „So wie sie singt, kann sie noch ganz anders aussehen …"

Gastspiele im In- und Ausland förderten ihr Ansehen und ihre Bekanntheit. Die Wege führten sie nach Barcelona, Madrid, Antwerpen, Wien, München und Hamburg. 1931 und 1932 sang sie bei den damals berühmten Festspielen von Zoppot.

Einen besonderen Auftritt hatte Gertrud Bindernagel am 16. Februar 1930 an der Wiener Staatsoper. Unter der Leitung von Clemens Krauss sang sie dort die Feldmarschallin Fürstin Werdenberg in „Der Rosenkavalier" von Richard Strauss. Das ist von der Dimension ähnlich großartig wie in einer Aufführung des „Tristan" in München mitzuwirken. Ihre Mitinterpreten waren Adele Kern als Sophie, Margit Angerer als Octavian und Richard Mayr als Baron Ochs von Lerchenau.

1931 wurde Bindernagel in das Ensemble der städtischen Oper Berlin-Charlottenburg berufen. In diesem Opernhaus, das heute die „Deutsche Oper Berlin" ist, hatte sie schon in den Jahren zuvor regelmäßige Gastauftritte.

Der Tod einer Diva – dramatisch wie ihre Rollen

Der Fortsetzung ihrer steilen Karriere hätte eigentlich nichts im Wege stehen sollen, wenn nicht Probleme im privaten Bereich aufgetreten wären. Aus nicht näher bekannten Gründen wollte sich die Sängerin von ihrem zweiten Ehemann, dem Bankier Wilhelm Hintze trennen. Dieser war damit gar nicht einverstanden. Darüber hinaus steckte er in großen finanziellen Schwierigkeiten, sodass er sich mit Beziehungsproblemen nicht auseinandersetzen wollte und konnte. Aber die Situation sollte sich zuspitzen. Hintze vermutete eine Verschwörung seiner Noch-Ehefrau und ihrem vermeintlichen Liebhaber, die seinen kompletten Ruin zur Folge haben würde.

Am 23. Oktober 1932 geschah das Unfassbare. Nach einer umjubelten Vorstellung von Richard Wagners „Siegfried", in der sie die Brünnhilde gesungen hatte, zog sich Gertrud Bindernagel in ihre Garderobe zurück, um sich abzuschminken und für den Heimweg zurechtzumachen. Da erwartete Hintze sie am Bühneneingang, stellte sie, schäumend vor eifersüchtiger Wut, zur Rede, zog einen Revolver und schoss auf sie.

Unsere Operndiva erlag wenige Tage später ihren schweren Verletzungen in einem Berliner Krankenhaus. Ein geradezu bühnenreifer tragischer Tod: Es gab keinen Liebhaber und auch keine Verschwörung …

Gertrud Bindernagels letzte Worte auf der Bühne, die ihr die Welt bedeuteten, waren im großen, leidenschaftlichen Schlussduett als Brünnhilde mit Siegfried: „Leuchtende Liebe, lachender Tod …"

Youtube sei's gedankt, dass wir Gertrud Bindernagel noch heute hören können!

Andreas Meixner

Ein eigener Kosmos der Musik

Singer Pur feiert sein 25-jähriges Bestehen

Es ist oft nicht so einfach, den Moment zu benennen, in dem eine Idee geboren wird und zu laufen beginnt. Als offizielle Geburtsstunde dürfte tatsächlich das Konzert am 8. März 1992 in der Kölner Philharmonie gelten. Zumindest war das die erste größere Bühne, auf der die Urbesetzung von Singer Pur in Erscheinung trat. Damals noch als fünfköpfiges Männerensemble ehemaliger Regensburger Domspatzen, explizit mit dem Untertitel „Vocal Jazz Ensemble". Fast schien es zunächst, als wollte man sich mit rebellischer Kraft von den Fesseln der Jahre lang praktizierten Kirchenmusik im Dom befreien.

Es kam aber dann bald völlig anders …

Die legendäre und bis dahin einzigartige Besetzung mit einer Frauen- und fünf Männerstimmen entstand kurze Zeit später eher aus dem Zufall, genauer gesagt aus Liebe zur schwedischen Sopranistin Caroline Höglund. Aber, wie so oft im Leben, ist das Ungeplante die Keimzelle von den ganz großen Dingen und so hatte das Ensemble ein außergewöhnliches Alleinstellungsmerkmal, das bis heute den typischen Klang von Singer Pur auszeichnet. Dabei wirkt es auf den ersten Blick durchaus gewagt, fünf Männerstimmen mit einer Frauenstimme in eine sangliche Einheit zu bringen. Ein hoher Tenor sorgt zusätzlich für die besondere Balance, weitere zwei Tenöre bilden den hellen Mittelbau und je ein Bariton und Bass grundieren dezent und nobel das harmonische Fundament. Ein strahlender, klarer und kompakter Ensembleklang ist das Ergebnis, der den individuellen Stimmfärbungen jedoch genug Raum zur Entfaltung gibt. Diese Grundkonstruktion wurde über die Jahre und in verschiedenen Besetzungen perfektioniert und auf nahezu alle Stilrichtungen sorgsam abgeschmeckt. Singer Pur ist in der Polyphonie der Alten Meister genauso zuhause wie in der Spätromantik, im Jazz und vor allem in der zeitgenössischen Vokalmusik.

Werke auf den Leib geschrieben

Unzählige, viele namhafte Komponisten und Arrangeure haben ihnen Werke auf den Leib geschrieben, darunter ganze Liedzyklen von Wolfgang Rihm, Joanne Metcalf und Gavin Bryars. Die künstlerische und vor allem geistige Flexibilität war immer der Garant für Beständigkeit des Erfolgs. Zudem ergaben sich hochkarätige Partnerschaften. Die Sänger des berühmten englischen Hilliard Ensembles waren anfangs Mentoren und wurden später zu gleichrangigen Partnern und Freunden in vielen gemeinsamen Konzerten. Die Pflege alter Musikgattungen, das Tradieren alter Volkslieder in ein zeitgemäßes Gewand und die Neugier auf zeitgenössische Klangsprachen verhalfen ihnen gleich drei Mal zur Auszeichnung mit dem begehrten Klassik Echo: Einmal für die CD-Produktion zeitgenössischer Kompositionen, die ausschließlich für Singer Pur entstanden sind (2005), zum anderen für „SOS – Save our songs!" mit neu arrangierten deutschen Volksliedern (2007), sowie für „Jeremiah" zusammen mit dem Klarinettisten David Orlowsky (2011). Von den über 25 zurzeit im Handel erhältlichen CD-Produktionen sind zwei Renaissance-Einspielungen von der französischen Fachzeitschrift „Le Monde de la Musique" als die beste CD-Produktion des Jahres ausgezeichnet. 2013 wurde Singer Pur der begehrte „Caeciliaprijs" in Belgien verliehen.

Freilich ist der Wechsel immer der Feind der Beständigkeit, und doch scheint es, als ob gerade die stete Erneuerung immer wieder neu beflügelt und Stillstand verhindert. Lebenswege sind einem Wandel unterzogen, gerade in künstlerischen Biografien. So ist es nicht verwunderlich, dass von den einstigen Gründungsmitgliedern derzeit nur noch zwei aktiv sind. Die Veränderungen geschahen immer sanft, ohne die ganz großen Brüche in der Besetzung zu verursachen.

Ein Kosmos der musikalischen Brillanz

Singer Pur, das ist ein eigener Kosmos aus vollendeter Interpretation, höchster Klangkultur und einem weltweiten Netzwerk aus Komponisten, Verlegern und Veranstaltern. Neben den vielen CD-Produktionen, eigenen Notenbüchern und Konzerten auf allen Kontinenten engagiert sich das Ensemble seit 2007 im Projekt „Rhapsody in School", gibt Meisterkurse und ist ein gewichtiger Trendsetter in der Ensemble- und Chorszene. Die Weihnachts-CD „A German christmas" (2008) avancierte in nur wenigen Jahren zu einem Klassiker, der für viele zu den Fest-

tagen gehört wie Punsch und Plätzchen. Im gleichen Jahr ehrte die Stadt Regensburg die Sänger für ihre unermüdliche internationale Tätigkeit als Botschafter der Stadt mit dem Kulturpreis. 2013 folgte der Bayerische Staatspreis für Musik. Zudem wurde das Ensemble mit dem „Fritz-Goller-Preis" und dem von der Bayerischen Akademie der Schönen Künste ausgerufene „Friedrich-Baur-Preis" ausgezeichnet. Seit 2015 trägt Singer Pur den vom Chorverband European Choral Association – Europa Cantat verliehenen Titel „Botschafter der Freunde der Europäischen Chormusik".

25 Jahre Singer Pur, das sind auch eine Menge an Anekdoten! Da gäbe es einen Gefängnisaufenthalt in Bakú, klapprige Flugzeuge in Südamerika oder die endlose Begeisterung asiatischer Fans. Aber auch das Konzert in Bethlehem während der zweiten Intifada, als die Menschen mit Tränen in den Augen für die Musik in trostloser Zeit dankten. Singer Pur bewegt die Menschen, in der Heimat genauso wie im Nahen Osten. Und allein damit ist schon so vieles erreicht.

links:
Im Gründungsjahr 1992. Obere Reihe v. l. n. r.: Marcus Schmidl, Christian Wegmann. Mittlere Reihe: Thomas E. Bauer, Markus Zapp, unten: Claus Werner [Foto: Archiv Singer Pur]

rechts:
In der Besetzung Manuel Warwitz, Markus Zapp, Claudia Reinhard, Rüdiger Ballhorn, Reiner Schneider-Waterberg, Marcus Schmidl (v. l. n. r.). [Foto: Arne Schultz]

Heiner Gietl

Ein turbulentes Jahr für den SSV Jahn Regensburg

Durchmarsch in die 2. Bundesliga

Seit Sommer diesen Jahres laufen in der Continental Arena wieder große Namen des deutschen Fußballs ein. Spielte man bis Mai 2016 in der Regionalliga gegen Buchbach und Schalding-Heining, so hieß der Gegner im ersten Heimspiel im August 1. FC Nürnberg, gegen dessen 2. Mannschaft man noch im Vorjahr in der 4. Liga antreten musste. Und jetzt gilt es u. a. gegen Teams wie den FC Ingolstadt, Dynamo Dresden, Fortuna Düsseldorf, Eintracht Braunschweig, 1. FC Kaiserslautern, VfL Bochum und den FC St. Pauli in der 2. Bundesliga zu bestehen.

Relegationssieger und Aufsteiger in die 3. Liga

Am 29. Mai 2016 war der geplante und wirtschaftlich wohl zwingende sofortige Wiederaufstieg von der Regionalliga in die 3. Liga – nach zwei nervenaufreibenden Relegationsspielen gegen den VfL Wolfsburg II – unter Dach und Fach. Schon nach wenigen Wochen wurden in der Oberpfalz Zweifel an der Drittliga-Tauglichkeit des Kaders laut. Es sollte jedoch ganz anders kommen: Mit der Verpflichtung von Marco Grüttner, Erik Thommy und Benedikt Saller landete Sportdirektor Christian Keller drei Volltreffer, die hervorragend in die von Trainer Heiko Herrlich zu einer harmonierenden Einheit geformten Mannschaft passten.

Obgleich der SSV fast bis zur Winterpause auf Grund von Verletzungen stets ohne gelernte Innenverteidiger auskommen musste, befand sich die Mannschaft nie in akuter Abstiegsgefahr. Schon zu diesem Zeitpunkt war der hochattraktive, nach vorne orientierte Fußball der Mannschaft deutlich zu erkennen. Ein typisches Indiz dafür war die anhaltende Kritik des Trainers an der mangelnden Chancenverwertung, obgleich die Mannschaft die meisten Tore der gesamten Liga erzielte. Nachdem Mitte November mit Sebastian Nachreiner das Herzstück der Innenverteidigung endlich wieder zurück ins Team kam und Marvin Knoll ja die ganze Saison über auf der ungewohnten Position des Innenverteidigers nicht nur gut, sondern überragend spielte, kam auch mehr Stabilität in die Abwehr. Als dann am 15. April Alexander Nandzik mit einem Muskelbündelriss für den Rest der Saison ausfiel, nachdem mit Oliver Hein bereits Ende Februar der andere etatmäßige Außenverteidiger über die laufende Saison hinaus verletzt war, trübte dies nur kurzfristig das Bild der Mannschaft.

Trotz vieler Verletzungen hat Trainer Heiko Herrlich es geschafft, stets ein funktionierendes Team auf den Platz zu schicken. So fand man sich am 25. Spieltag nach einem 2:0 über die Sportfreunde Lotte, in einer extrem engen Liga, auf Platz 3 wieder. Im nächsten Auswärtsspiel bei Fortuna Köln führte man bereits souverän mit 2:0 bis zur schweren Verletzung von Markus Ziereis und fuhr durch den späten Ausgleich in der 100. Minute mit nur einem Punkt nach Hause. Die Heimniederlage gegen Zwickau führte noch einmal zurück auf Tabellenplatz 8, aber dann holte man in Duisburg (trotz Platzverweis) ein 1:1 und im nächsten Auswärtsspiel beim Mitfavoriten Magdeburg mit 2:1 drei Punkte.

In Wehen-Wiesbaden brachte die Mannschaft nochmals Spannung ins Aufstiegsrennen, als man gegen Ende der Partie zwei Elfmeter vergab. Das 0:3 im Heimspiel gegen Kiel ließ viele der Oberpfälzer Pessimisten vom Glauben an den Aufstieg bzw. an die Relegation abfallen. Aber drei Siege in den letzten drei Partien, in denen die Mitbewerber deutlich mehr Nerven zeigten als die Regensburger Underdogs, hießen am Ende Platz 3 und der bedeutete Relegation gegen den Tabellensechzehnten der 2. Bundesliga. Und der hieß 1860 München, wie sich tags darauf herausstellen sollte.

Gegen 1860 München in der Relegation zur 2. Fußball-Bundesliga – erneuter Aufstieg

Das Hinspiel gegen die traditionsreichen Münchner Löwen fand am 26. Mai 2017 in der Continental Arena statt. Binnen Stunden war das Stadion ausverkauft und die großartige Kulisse von 15 000 Zuschauern gab einen würdigen Rahmen für ein überzeugendes Spiel des SSV Jahn. Lediglich das Resultat entsprach nicht der gezeigten Leistung. Mit 1:1 trennte man sich nach 90 Minuten – das Ergebnis mangelnder Chancenverwertung, darunter auch ein verschossener Elfmeter von Andreas Geipl, obwohl man die 60er nahezu über die komplette Spieldauer beherrschte. Unentschieden im Heimspiel und das erzielte Auswärtstor der Münchner verpassten den Aufstiegshoffnungen der Oberpfälzer Fans erstmal einen Dämpfer.

Das Rückspiel in der Münchner Allianz-Arena am 30. Mai 2017 zog 62 000 Zuschauer an. Eine überwältigende Kulisse, die auch zeigte, welch großes Fanpotenzial die Münchner Löwen eigentlich haben. Viele Fans aus der Oberpfalz reisten zu diesem Spiel – und nicht alle waren zur Unterstützung des SSV Jahn gekommen. Etwa 6000 Jahnfans feuerten den SSV von Anfang an bedingungslos an. Die Mannschaft der Regensburger ließ sich von der ungewohnten, gigantischen Kulisse nicht irritieren und lieferte ein beeindruckendes Spiel, das zudem 3,76 Millionen Zuschauer vorm Fernseher verfolgten.

Nach Toren von Kolja Pusch und Mark Lais führte man zur Halbzeit bereits mit 2:0. Für den Verbleib in der 2. Bundesliga mussten die Löwen jetzt in den verbleibenden 45 Minuten mindestens drei Tore erzielen, ohne ein weiteres Gegentor zu bekommen. Entsprechend dieser Perspektive und der mangelhaften Leistung ihrer Mannschaft wuchs der Frust der Löwen-Fans.

Mannschaftskader der 3. Liga – Aufsteiger in die 2. Bundesliga. [Foto: Sascha Janne]

Eskalation im Löwen-Fan-Block überschattet überzeugenden Auftritt des SSV Jahn

Je näher das Spielende kam, umso aufgeladener wurde die Stimmung im Löwen-Fan-Block. Als das Sicherheitsnetz zerschnitten wurde und anschließend Sitzschalen und Stangen auf das von Philipp Pentke gehütete Regensburger Tor flogen, unterbrach Schiedsrichter Daniel Siebert in der 81. Minute die Partie. Stadionsprecher und Verantwortliche der Münchner versuchten auf die Fans einzuwirken, was nur bedingt zur Beruhigung beitrug. Nach vierzehnminütiger Unterbrechung konnte das Spiel fortgeführt und beendet werden.

Der Jahn ist zurück in der 2. Bundesliga. 1860 muss nach 25 Jahren zurück in die Drittklassigkeit – und nachdem Wochen später der Verein keine Lizenz für die 3. Liga erhält, sogar in die 4. Liga, die Regionalliga Bayern, in welcher der SSV Jahn noch im Mai 2016 spielte ...

Déjà-vu-Erlebnis: Trainer geht nach Aufstieg

Nach dem letzten, ebenso überraschenden Aufstieg in die 2. Bundesliga im Jahre 2012 unter Trainer Markus Weinzierl, verließ dieser samt Trainerteam den SSV Jahn und heuerte beim FC Augsburg an. Nach dem diesjährigen erneuten Aufstieg in das Unterhaus der Bundesliga folgte völlig überraschend Aufstiegstrainer Heiko Herrlich dem Ruf zu Bayer Leverkusen.

Übrigens ging man auch nach dem Aufstieg 2003 nicht mit dem Aufstiegstrainer in die neue Saison. Damals wurde Günter Sebert entlassen und Ingo Peter verpflichtet.

Blick nach vorne

Im Gegensatz zu den früheren Aufstiegen erscheint der Verein sehr solide aufgestellt. Mit Dr. Christian Keller als Sportchef hat man entgegen aller Unkenrufe nach dem Abstieg in die 4. Liga einen weitblickenden und verantwortungsvollen Manager, ebenso mit Hans Rothammer einen Vorstandsvorsitzenden, der nachhaltig bewiesen hat, auch in schwierigen Zeiten durchzuhalten.

Die Aufstiegsmannschaft konnte nahezu komplett gehalten werden und junge, hungrige Spieler sind verpflichtet worden. Mit Achim Beierlorzer hat man wohl auch einen Trainer gefunden, der zum Jahn und zur Mannschaft passt. Dennoch wird es ein schwieriges Jahr in einer starken Liga werden.

Die ersten Spiele haben gezeigt, dass die Mannschaft in der 2. Liga mithalten kann. Die 2. DFB-Pokalrunde wurde erstmals nach 2003 wieder einmal erreicht und bringt dem Verein zusätzliche liquide Mittel.

Bauteam Tretzel GmbH (BTT) verkauft seine Anteile an Global Sports Invest AG

Im Zusammenhang mit dem sog. Skandal um Oberbürgermeister Joachim Wolbergs kam auch der SSV Jahn häufiger in die Schlagzeilen. Ursache dafür ist, dass der Bauunternehmer Volker Tretzel bei der Vergabe von städtischen Baugrundstücken bevorzugt worden sein soll. Im Gegenzug soll Tretzel den SSV Jahn großzügig unterstützt haben. Wolbergs war (und ist) lange Zeit Aufsichtsratsmitglied des SSV Jahn Regensburg e.V.

Volker Tretzel bzw. seine BTT GmbH war bis Ende der letzten Saison Mehrheitseigner der SSV Jahn Regensburg GmbH & Co. KGaA. Für diesen 90-Prozent-Anteil soll der Investor Philipp Schober 4,2 Millionen Euro bezahlt haben.

Der SSV Jahn hatte sich ebenfalls um Tretzels Anteile beworben, war aber nicht zum Zuge gekommen. Das mahnende Beispiel des Relegationsgegners 1860 München vor Augen, der mit seinem jordanischen Investor Ismaik

Jubelszene in der Allianzarena nach dem geglückten Aufstieg in die 2. Bundesliga. [Foto: Sascha Janne]

erst vor Wochen Schiffbruch erlitt, sind die Jahnfans entsprechend aufgebracht und machen Stimmung gegen Investor Schober.

Unterstützung bekommen die Fans hierbei von allen Gremien des Vereins, die sich durchwegs von Schober distanzieren. Immer mehr zweifelhafte Geschäfte konnte die Mittelbayerische Zeitung über den Investor bzw. dessen Unternehmen recherchieren. Es bleibt zu hoffen, dass die sportlichen Erfolge des SSV Jahn die Affären und Geschichten um den Investor deutlich in den Hintergrund drängen.

Allerdings sind dazu Schlagzeilen der Süddeutschen Zeitung vom 28./29.01.2017 wie „SSV Wahn Regensburg – Herr Schaidinger von der CSU, Herr Wolbergs von der SPD, und die Frage, warum sich plötzlich alle für Fußball interessieren: Eine Geschichte aus oberpfälzisch Sizilien" genau so wenig hilfreich und wahr, wie kürzlich die ersten Sätze in der BR-Sendung „Blickpunkt Sport", in dem von einem „Skandal um den Stadionbau" gesprochen wurde!

Ludwig Haas

Die Heinzelmännchen des SSV Jahn Regensburg

Die stillen Helden hinter den Kulissen

Die Ehrenamtlichen beim SSV Jahn - Ein Blick hinter die Kulissen eines Proficlubs
Der SSV Jahn hat zwei Top-Jahre hinter sich. Aufstieg in die 3. Liga, Aufstieg in die 2. Bundesliga, positive Schlagzeilen in finanzieller und wirtschaftlicher Hinsicht, Anstieg der Mitgliederzahl von 800 auf 2300, 3600 verkaufte Dauerkarten zu Saisonbeginn. Im Rampenlicht der Medien stehen aber stets neue Trainer und Spieler, vor allem wenn diese Tore schießen oder Interviews geben. Die wenigsten Zuschauer denken an die vielen helfenden Hände, die einen Spieltag und den Spielbetrieb überhaupt ermöglichen. Diesen meist stillen, unermüdlichen Helfern sei dieser Artikel gewidmet.

Die Fans, die hauptsächlich wegen der attraktiven Spieler oder Clubs wie 1. FC Nürnberg, FC Ingolstadt, FC St. Pauli, Greuther Fürth oder Dynamo Dresden kommen, nehmen von den vielen Heinzelmännchen im Fußballsport, die außerhalb des Scheinwerferlichts agieren, kaum Notiz. Die Energie, Motivation und Arbeit dieser dienstbaren Geister gilt es aber seitens des Vereins zu bündeln, koordinieren und am Leben zu erhalten. Denn in der Tat braucht man viele Helfer. Leute, die für die Schiedsrichterbetreuung und den Ordnungsdienst sorgen, Projekte mit dem Jahn organisieren, Trikots waschen, für die Organisationsarbeit der Teams, die Erstellung und Verteilung der Stadionzeitung und die Einlaufkinder zuständig sind. Fan- und Behindertenbeauftragte, Vereinsfotografen, „Turmfunk"-Reporter, Balljungen, Vereinsarchivare, Stadionführer, Sanitätsdienst. Die Liste ließe sich noch lange fortführen.

Denn auch die ärztliche und physiotherapeutische Versorgung, die Rasenpflege, der Spielertransport durch Busse, die Spielerbetreuung, der Ticketverkauf, die Bandenwerbung, das Marketing, die Platzanweisung auf dem Parkplatz und im Stadion, der Sicherheitsdienst oder die Abwicklung eines Spieltags oder der Jugendmannschaften müssen organisiert sein. Das Phantastische dabei. Vor allem die im oberen Absatz Genannten arbeiten ehrenamtlich, also unentgeltlich, einige bekommen eine Art Ehrenamtspauschale. Natürlich gibt es auch Hauptamtliche wie den Pressesprecher Martin Koch, der alles mitbekommen muss, was sich im Verein so abspielt. Ihm ist nie langweilig und er ist dankbar über die Unterstützung vieler ehrenamtlicher Helfer. „In meinem Team engagieren sich vor allem junge Leute, die ein großes Jahn-Herz und Spaß an journalistischer Arbeit haben. Gerade am Spieltag profitieren die Jahn-Fans davon, denn dank ihnen bieten wir eine umfangreiche und qualitativ hochwertige Berichterstattung, die den Jahn von vielen anderen Vereinen abhebt"

Werner Walz und Gunther Perattoni

Schon lange beim SSV sind Werner Walz und Gunther Perattoni, die Schiedsrichterbetreuer. 1978 legte Werner die Schiedsrichterprüfung ab, war in der Landes- und Bayernliga als Linienrichter tätig. „1998 nahm ich Abschied, denn das tägliche Konditionsbolzen und am Wochenende zwei Spiele pfeifen waren mir zu viel. Da hänge ich lieber beim Jahn noch ein paar Jahre dran, mache es aber von der Gesundheit abhängig", umreißt Werner sein Engagement. Mit Schmunzeln erinnert er sich noch an die Zeit, in der er als „Ehrenamtler" mit der Kerze in der Hand Tickets ausgab und kassierte, weil das Licht ausfiel. Heute ein Ding der Unmöglichkeit. Wie sein Kollege Gunther kümmert er sich um die Trikots und Getränke, für die Einteilung und Auszahlung der Schiedsrichter im Amateurbereich. Hier beim Jahn können sie ohne Druck arbeiten, denn für Gunther, der Landes- und Bayernliga vor 1000 bis 15 000 Zuschauern pfiff, „war der Druck als Mann in Schwarz manchmal sehr groß, denn bei einem Spiel mit einem Club wie 1860 hatte man es schon mit vielen Narrischen zu tun", zieht Gunther Bilanz. „Jeden Tag laufen gehen und 25 DM als Lohn für ein Spiel, dafür aber von Mittag bis 20 Uhr unterwegs zu sein, ging ihm zu sehr an die Substanz. Beide können sich nicht erinnern, einmal bedroht worden zu sein, „obwohl es gerade bei den Lokalderbys in der Oberpfalz wie Parsberg gegen Lupburg oder Regenstauf gegen Fortuna oft dramatisch zuging, denn einer fühlte sich immer beschissen", so Werner.

Tommy Ruhland

Auch Tommy Ruhland war früher Schiedsrichter. Beim Jahn ist er Ansprechpartner für die Schiedsrichter im Profibereich, nimmt am Vortag des Heimspiels mit ihnen Kontakt auf, holt sie vom Bahnhof ab, bringt sie ins Hotel, betreut sie am Spieltag praktisch von ihrer Ankunft um 11 Uhr bis zur Abreise um 17 Uhr. Er war in der 3. Liga der Mann im Stadion, der auf der Wechseltafel die Nummern der Ein-und Auswechselspieler und die Nachspielzeit anzeigte, was in der 2. Liga der 4. Offizielle erledigt. Er schaut auch darauf, dass sich vor allem „die einheimische Bank samt Spieler und Trainer am Riemen reißt und sich nicht emotional übernimmt." Wenn Jahn-Verantwortliche oder Spieler über eine Schiedsrichterentscheidung erbost sind, versucht er als Vermittler schon einmal zu besänftigen, bevor sie vielleicht in die Schiedsrichterkabine stürmen. Beim Jahn macht ihm die Arbeit deshalb viel Spaß, weil „wir von der Vereinsführung alles bekommen, was wir brauchen und nicht als Bittsteller erscheinen müssen".

Robert Fischer und Matthias Geißler

Rastlos sind jedes Wochenende die „Turmfunker", die Reporter des Fanradios des SSV, unterwegs, wie etwa Robert Fischer und Matthias Geißler. Von klein auf war Robert vom Radio und Fußball begeistert. Schnell war die Idee mit dem Fanradio geboren. Seitdem sind er und Matthias Teil des Teams, das inzwischen aus 9 Kollegen besteht, damit man sich bei den Fahrten zu den Auswärtsspielen abwechseln kann. Zur Vorbereitung auf Spiele lesen sie alles, was man über die Gegner wissen muss, kennen auch die einschlägigen Statistiken. „Aber während der Reportage lassen wir die Statistiken meist links liegen, weil man sich auf das Spiel konzentrieren muss. Das Schöne am Radio ist, dass man emotional und nicht oberflächlich sein darf, wie das zuweilen im Fernsehen der Fall ist", sind sich beide einig. Damit sich der Einzelne nicht die Rosinen bei den Auswärts-und Heimspielen he-

Robert und Matze bei der ersten Turmfunk-Übertragung überhaupt 2014 in Duisburg.

Sascha Jannes Bilder begegnen den Jahnfans überall von sozialen Medien bis Stadionmagazin.

rauspickt und die wöchentliche Belastung auf alle gleich verteilt ist, nimmt der ehemalige Fanbetreuer des SSV Johannes Fuchs neutral die Einteilung vor und das klappt ganz gut, wie beide versichern. Natürlich waren sie anfangs nervös, als sie mitten unter den 15 000 Zuschauern in Duisburg ihre Radiostation aufbauten. „Wir sehen das stets als Herausforderung, weil wir ja immer von Gegnern umgeben sind und dabei unser Bestes geben müssen". Mittlerweile sind sie in den Stadien bundesweit bekannt und positiv aufgenommen, die Zuschauer schmunzeln über ihre Reportagen. Ihr Job wird nach manchen Anlaufschwierigkeit von den Jahn-Fans wertgeschätzt. „Dass man etwa wie in Erfurt von den Fans mit Alu-Kügelchen beworfen wird, nimmt man in einem emotionalen Spiel auch mal hin und denkt nicht zu lange darüber nach."

Sascha Janne

Sascha Janne hat eine Art Traumjob, denn er ist Jahn-Fan und Hobbyfotograf zugleich. Seit 2013 schießt er etwa 100 Bilder pro Spiel, die er dem Verein zur Verfügung stellt, u. a. um nach Toren direkt Jubelfotos auf Facebook stellen zu können. Während des Spiels muss er deshalb stets höllisch aufpassen, dass er keine wichtige Szene verpasst. Die anstrengendste Arbeit ist für ihn das Schleppen des schweren Equipments ins Stadion, wo er bei allen Heimspielen von 12 bis 17 Uhr unterwegs ist, aber zu denen er auch sonst kommen würde. Als sein bisheriges Highlight bezeichnet er das Aufstiegsspiel gegen Wolfsburg, und zwar wegen der Bilder von feiernden Fans auf dem Spielfeld nach dem Match. „Viele Spieler freuen sich über die Match-Bilder, die ich ihnen schicke, während die Ultras es nicht so mögen, wenn sie in ihrem Fanblock fotografiert werden. Daher verpixle ich die Gesichter von denen, die z. B. auf den Zaun steigen". Viele seiner Bilder erscheinen in den Sozialen Medien, in Kalendern oder anderen Jahn-Publikationen. Bei den Motiven konzentriert er sich auf das Positive wie Jubel von Spielern oder Fans und nicht auf Nebenschauplätze wie wütende Trainergesichter. Mit den Pressefotografen besteht keine Rivalität, denn er spricht sich bei jedem Spiel mit ihnen ab.

Sabrina Kammerl

Seit 2012 verbirgt sich Sabrina Kammerl im Gewand von SSV Maskottchen Janni. Sie kam eher durch Zufall über Facebook zum Jahn, wo man gerade jemanden für diesen Job suchte. Wenn sie ihre zweite Haut trägt, läuft sie zur Hochform auf, denn es macht ihr viel Spaß, den vielen Kindern Freude zu bereiten. „Außerdem liebe ich die Atmosphäre im Stadion, vor allem, wenn es voll ist". Zu ihrem Job gehört das Schwitzen dazu, ganz gleich, ob es Sommer oder Winter ist. Die übergroßen Schuhe bereiten ihr übrigens wider Erwarten keine Probleme, sogar wenn sie eine ganze Runde im Stadion laufen muss. Auch kann sie gut mit dem Ball beim Torwandschießen umgehen. Stolz ist sie darauf, dass sie noch nie hingefallen ist, „es würde mir aber auch nichts ausmachen, wenn dies einmal der Fall wäre", beugt sie schon mal vor. Dass sie keine Sprechrolle hat wie der umtriebige Stadionsprecher, der ja ständig vor dem Spiel und auch in der Halbzeit um sie herumwuselt, macht ihr nichts aus. Für sie ist jeder Spieltag ein Fest der Begeisterung und Freude.

Nadja Nurtsch

Das Arbeitsfeld von Nadja Nurtsch liegt nicht auf dem Rasen, sondern in den Katakomben des Stadions, denn sie ist für die Einlaufkinder zuständig, gab aber ihren Job vor kurzem auf, „um dem Freund am Sonntag beim Kicken zuzuschauen". Sie kam über die in der Buchhaltung des SSV arbeitende Mama zu dieser Kinderbetreuung. „Es ist einfach schön, glückliche und freudig erregte Kinder zu sehen, die dem Riesenerlebnis ihres Lebens entgegenfiebern, nämlich mit Spielern in das Stadion einzulaufen". Im Tunnel sind sie dann sehr nervös, ganz leise, schauen meist ehrfürchtig zu den Spielern auf, haben aber keine Angst, denn die Spieler sind alle nett zu ihnen. In ihrem Job ist es wichtig, mit Kindern umgehen zu können, denn sie ist beim Umziehen in den Kabinen dabei, muss Übernervöse beruhigen, mit Kameras bewaffnete fotowütige Eltern zuweilen einbremsen. „Allgemein sind die Mädchen und die Kleinen ruhiger, die Jungen und Großen

Die Vorbereitung der Einlaufkinder auf ihren großen Auftritt: Bis vor kurzem die Aufgabe von Nadja Nurtsch.

Eine echte Allzweckwaffe beim Jahn: Tobias Braun.

Anton Englbrecht kümmerte sich bereits im alten Jahnstadion um die Belange der Jahnfans mit Beeinträchtigung.

wilder", stellt sie fest. Übrigens können sich die Vereine mit ihren Jugendmannschaften beim SSV bewerben. Der SSV und der Hauptsponsor Netto, dessen Trikots die Kinder behalten dürfen, wählen dann die kreativsten Bewerber aus und teilen sie sie den Heimspielen zu.

Michael Schmid und Alex Stiersdorfer

Michael Schmid und Alex Stiersdorfer von der U17 gehören zu den vielen Balljungen, die bei Heimspielen Dienst tun. Dafür, dass sie nicht zu häufig hintereinander dran sind, es fair zugeht und in den Spielplan der Jugendmannschaften passt, sorgt Johannes Frisch, der organisatorische Leiter des Nachwuchsleistungszentrums Jahnschmiede. Für ihre Aufgabe gibt es klare Anweisungen. Den Spielfluss hochhalten, die Bälle schnell zuwerfen, die Werbetafeln nicht verdecken, nicht herumalbern. Wer wo im Stadion steht, das klären sie untereinander, wobei hinterm Tor und bei den Trainer- und Spielerbänken die interessantesten Bereiche sind. Dass manche Zuschauer den Ball nicht zurückgeben, nehmen sie mit Humor, und mit einem Augenzwinkern gestehen sie, „dass man bei knapper Führung den Ball nicht ganz so schnell weitergebe wie bei einem Rückstand". Bei Derbys wie gegen Burghausen kann es schon mal aggressiv zugehen, wenn man in Tornähe bei der Burghausener Fankurve fürs Bälle holen eingeteilt ist. Da wird man auch mal angepöbelt, „aber das bringe sie nicht weiter um".

Tobias Braun

Im Medienteam des SSV ist Tobias Braun tätig, der seit 2004 Jahn-Fan ist und über den früheren Pressesprecher Til Müller zum Jahn kam. Dort erstellt er Beiträge für die Homepage, verfasst Berichte über den Spieltag, macht Stadionführungen. Aus Spaß am Schreiben berichtet er auch im „Wochenblatt" u. a. über den Jahn. Er studiert

Lehramt, sein Plan B fürs Leben ist aber, später Journalismus und Sport zu verbinden. Seine Aufgaben, die er jeden Tag mit Martin Koch abspricht, haben viel mit Gegnercheck und Verfassen von Berichten für die Stadionzeitung zu tun. Oft fallen dabei Nachtschichten an und im alten Jahnstadion war viel Improvisation angesagt. 8–10 Stunden pro Woche investiere er für seine Arbeit beim Jahn, wobei ihn seine Freundin, ebenfalls Jahn-Fan, aber zuweilen „etwas einbremsen müsse". Sein Job hat viel mit Eigeninitiative zu tun und es freut ihn, wenn seine Arbeit gut bei den Fans ankommt. Als Kompliment sieht er es, wenn man in der Geschäftsstelle feststellt, „dass er einfach abgeht, wenn er nicht da ist".

Anton Engelbrecht

Durchschnittlich 10–20 Rollstuhlfahrer betreut Anton Engelbrecht, der Behindertenbeauftragte des Jahn. Er organisiert Karten und dass die Leute von zuhause und von den Einrichtungen abgeholt und im Stadion zu ihren eigenen Plätzen am Spielfeldrand geleitet werden. „Im alten Jahn-Stadion war dies nicht so einfach und auch das Verständnis für die Behinderten war noch nicht so ausgeprägt. „Bei uns im Block haben wir immer eine große Gaudi, die Stimmung und Freude ist super, oft größer als bei normalen Fans", stellt Engelbrecht fest. Auch die Unterstützung durch den Verein nennt er „jahnsinnig", denn der Verein steht voll hinter den Menschen mit Handicap. Mit vielen von ihnen besteht mittlerweile ein freundschaftliches Verhältnis genauso wie mit den Betreuern. Er bereut es nicht, dass man ihn für den Job „ausgeschaut" habe, weil er im sozialen Bereich gerne etwas an die Gesellschaft zurückgeben wolle. Er erfreut sich an den Spieltagen an den glücklichen Gesichtern von Menschen, die sonst weit größere Probleme als andere im Leben haben.

Luisa Waltner

Auch Luisa Waltner widmet einen Teil ihrer Freizeit den Menschen mit Behinderung, denn sie führt spezielle barrierefreie Führungen im Stadion mit behinderten Sportinteressierten durch. Zu ihrer Tätigkeit kam sie durch ihre Mitarbeit beim Projekt „Team Bananenflanke" und ist deshalb mit den Problemen behinderter Menschen vertraut. Dies ist ihr bei den zwei- bis dreistündigen Stadionführungen von Nutzen, sie kann sich daher gut auf deren Bedürfnisse und Fragen einstellen. Ihre Arbeit sieht sie von Vereinsseite durch lobende Worte belohnt. Aber noch viel mehr freuen sie die strahlenden Gesichter der Besucher, besonders der Kinder, „die mit ganz besonderer Faszination hinter die Kulissen schauen".

Luise Waltner engagiert sich beim Team Bananenflanke e.V., aber auch beim SSV Jahn.

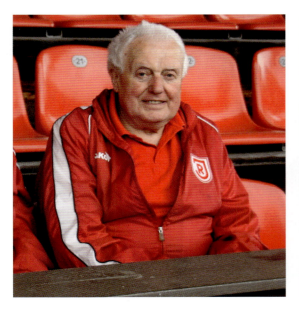

links:
Hilft seit Jahrzehnten beim SSV mit: Heinz Dirigl.

rechts:
Als Jahn Archivar hatte PD Dr. Wolfgang Otto im März 2015, begleitet von seinem väterlichen Mitstreiter Gerd Otto, die Gelegenheit den WM-Pokal im Deutschen Fußballmuseum aus nächster Nähe zu sehen.

Karl-Heinz Dirrigl

Karl-Heinz Dirrigl ist wohl der Senior unter den Helfern. Er ist der Herr über die Schlüssel und den Ordnungsdienst am Kaulbachweg, dem Trainingszentrum des Jahn, wohin er mit dem Auto aus Neutraubling anreist. Er teilt die Ordner ein, ist für die Versorgung der Schiedsrichter mit Speise und Trank zuständig. Seit seiner Rente vor 22 Jahren dient er dem Jahn, was ihn sechs bis zwölf Stunden pro Woche aktiv hält. „Ich mache das aus Liebe zum Verein, aber auch damit ich unter die Leute komme, und nicht daheim einsam herumhocke." Im Verein fühlt er sich eingebunden, in materieller Hinsicht bevorzugt behandelt und auch während „meiner Krankheit hat man sich um mich gekümmert und mich nicht vergessen". Unvergessen für ihn sind die Tage mit Ex-Jahn-Trainer und Lebemann Mario Basler, als dessen Kofferträger und Weizenbierholer er sich bezeichnet. Besonders bei Auswärtsspielen ging es hoch her und bezüglich dessen hohem Bierkonsum erinnert er sich noch gerne an dessen Spruch: „Bring noch a Weizen, der Jahn zahlt schon."

Dr. Wolfgang Otto

Einer, der seit 25 Jahren im Verborgenen arbeitet, sich nicht in den Vordergrund schiebt und dessen enorme Arbeit man nicht auf Anhieb sieht, ist Dr. Wolfgang Otto, der Archivar des SSV. „Ich muss nicht jedes Spiel live sehen, dafür sammle ich alles, was sich um den Jahn dreht", ist seine Devise. Angefangen hat alles mit einem Referat über den Jahn am Gymnasium. Schon 1996 schrieb er für die Stadionzeitung, war dort ständiger Mitarbeiter, gestaltete viele Kalender mit und schon 1999 eine Jahn-Homepage, da es bis 2010 keine Techniker dafür gab, arbeitete am 1. Jahnbuch, am „Servus, Jahnstadionbuch", an der Chronik mit. Wolfgang ist ein schreibender und gestaltender Tausendsassa. „Chronisten werden nicht gerade top gewürdigt, da sie neben den positiven auch die negativen Seiten dokumentieren", stellt er fest. Besonders Mario Basler wollte ihn eliminieren, da ihm manche Berichte nicht gefielen, ihm sachliche Kritik fremd war. Vom SSV erhält er für seine Arbeit viel positive Rückmeldung für seine geschichtliche und sportliche Aufarbeitung und Dokumentation. „Die Archivierung und der Gedanke der Pflege der Tradition haben heute einen höheren Stellenwert als früher, was man bei der Entdeckung der Deckengemälde im alten Jahnstadion sah", analysiert Wolfgang. Sein Keller ist voll mit Vereinsmaterial. Er wünscht sich eine neue Heimat dafür, eine Art Vereinsmuseum im neuen Stadion als Ziel. Denn dies wäre auch förderlich für eine größere Identifizierung mit der Continental Arena.

Johannes Fuchs und Philip Braun

Von 2009 bis 2015 war Johannes Fuchs ehrenamtlich, später hauptamtlich als Fanbeauftragter tätig. Sein Nachfolger ist Philip Braun. Beide kommen aus der Regensburger Fanszene, sind daher echte Insider und Kenner. Johannes übernahm dort viele Kommunikations- und Vermittleraufgaben. Philip war fünf Jahre Vorstand eines Jahn-Fanclubs. Fanbetreuung ist für beide eine Herzensangelegenheit. In ihrem Job geht es vor allem um Kontaktaufnahme, Absprachen mit den Netzwerkpartnern, die an einem Spieltag beteiligt sind: Fangruppen, Vereine, Behörden, Ordnungsdienst, Security, Polizei, Medien. „Wir sehen uns als Ansprechpartner und Vermittler zwischen diesen Gruppen, was nicht einfach ist, weil alle verschiedene Interessen und Bedürfnisse haben. Wir müssen immer dialogbereit sein. Unser Job ist es, möglichst professionell zwischen den Stühlen zu stehen, möglichst viele Problemfelder durch möglichst optimale Kommunikation zu vermeiden", definiert Johannes seine diffizile Arbeit. Dass dies viel Zeit in Anspruch nimmt, ist klar. Viele Telefonate und E-Mails auf der Geschäftsstelle und noch mehr Einzelgespräche. Besonders in der 2. Liga war das für Johannes ein Job rund um die Uhr. Philip beziffert seine dafür aufgewendete Zeit zwischen 15 und 25 Stunden pro Woche. „Bei der Arbeit lernt man viel über Team- und Zusammenarbeit, Umgang mit Menschen und Medien, Konfliktmanagement, Kommunikation, Kontaktknüpfung, was einem als Privatperson als auch später beruflich nützt und zur Horizonterweiterung beiträgt", sind sich beide einig. Wichtig ist für sie, sich aus der oft aufgeladenen Gefühlswelt der Fans herauszuhalten. Beide haben den Eindruck, dass ihre Arbeit sowohl vereinsintern als auch von der Fanszene groß wertgeschätzt wird. „Die emotionale Verabschiedung durch die Fans beim letzten Heimspiel im neuen Stadion war ein krasser Moment, den ich nie vergessen werde", sieht Johannes seine Zeit als Fanbeauftragter als nützlich an.

Johannes „Janni" Fuchs bei seiner Verabschiedung als Fanbeauftragter des SSV. Jahni ist seit 2012 das Maskottchen des SSV und seither omnipräsent.

Die Bananenflankenliga ist mehrfach preisgekrönt. Sie ist das bekannteste Projekt des Teams Bananenflanke e.V., gegründet von Stefan Plötz (3. von links) und Ben Rückerl (ganz rechts)

Stefan Plötz und Ben Rückerl

Was mit einer Vision und viel Durchhaltevermögen möglich ist, zeigen Stefan Plötz und Ben Rückerl, die Gründer des „Team Bananenflanke", die seit 2011 mit ihrem Sozialprojekt mit Behinderten Kooperationspartner des SSV sind. In die Kooperation bringen beide Projektpartner ihre Kernkompetenzen zu Gunsten geistig behinderter Kinder und Jugendlicher mit ein. Angefangen hat alles noch im alten Jahn-Stadion, wo Stefan und Ben Fanbeauftragte für beeinträchtigte Menschen waren und Stadionführungen der „besonderen Art" durchführten und Tickets besorgten. Wir verfügen von Berufs wegen über viel Know-how und durch viel Unterstützung über die nötige Infrastruktur und das Personal, wie z. B. Betreuer und Trainer, um den Kids eben professionellen Fußball bieten zu können", so Stefan. „Der Jahn war uns der Türöffner, denn wir suchten eine Heimat, sprich einen Fußballplatz und einen Kooperationsverein für unser soziales Projekt. Denn die BFL-Profis sollten hohe Aufmerksamkeit und Anerkennung in der Öffentlichkeit erfahren, um ihnen positives Selbstwertgefühl zu vermitteln", erklärt Ben den Grund für die Zusammenarbeit mit dem SSV. „Wir wollten unsere Idee auf eine offizielle Ebene heben, die Offiziellen des Vereins und die Profis ins Boot holen und damit nach außen demonstrieren, dass die Bananenflanke eine ernsthafte Angelegenheit ist", erklären beide. Mittlerweile ist die Kooperation für beide eine „Win-Win-Erfolgsgeschichte". Profis und Vereinsführung unterstützen die Bananenflanke tatkräftig, kommen gerne zu den Spielen und Terminen, beide Partner profitieren vom positiven Image nach außen und die BFL-Profis fühlen sich an den Spieltagen nicht als Außenseiter, sondern als richtige Profis.

Ludwig „James" Haas

Auch der Autor dieses Artikels betätigt sich als „Ehrenamtler" beim Jahn mit dem Sozialprojekt „Jahn-Motivation", das er vor Jahren für Schulen in Ostbayern initiierte, zusammen mit Alexander Hahn, dem Verantwortlichen für die „Sozialinitiative Brücken für Regensburg", das vom SSV betreut wird und klare pädagogische Ziele verfolgt. Schüler setzen sich mit den verschiedenen Aspekten der Motivation auseinander, sollen selbst Wege für ihre Eigen-

Zurück in der Schule – Pädagoge James Haas initiierte das Projekt Jahn Motivation.

motivation für den Schulalltag entdecken. Dabei werden Parallelen zwischen der Bedeutung der Motivation im Fußballalltag der Profis und dem Schulalltag der Schüler gezogen. An die Diskussion schließt sich ein professionelles Fußballtraining mit den Jahn-Profis im Rahmen einer Sportstunde an. Zur „Belohnung" für den Schülerbeitrag zum Gelingen der Diskussions- und Sportstunden gibt es eine Autogrammstunde in der Schulpause und eine Einladung zu einem Heimspiel in der Continental-Arena. „Motivation ist der Antriebsmotor für unser ganzes Leben. Nicht nur im Sport und in der Schule, sondern in der Freizeit und der Familie, im Beruf oder Gesundheitsbereich. Als ehemaliger Lehrer weiß ich, dass ein Fußballprofi eine größere Überzeugungskraft beim Thema Motivation hat, als wenn wir als Lehrer darüber sprechen", begründet Ludwig Haas die Kooperation mit dem SSV.

Interview mit Simon Leser, Leiter Finanzen, Personal und Verantwortlicher für Projekt „JahnHelfer" beim SSV

Viele Vereine klagen, dass es an ehrenamtlichen Helfern fehlt. Gibt es bei einem Profiverein wie dem SSV überhaupt noch Ehrenamtliche?
Die gibt es und darüber können wir uns wirklich sehr glücklich schätzen. Daher kann ich nicht klagen, was die aktuelle Anzahl an ehrenamtlichen Helfern beim Jahn betrifft. Nichtsdestotrotz sind wir stets auf der Suche nach neuen Helfern, die sich bei uns engagieren möchten.

In welchen Bereichen fehlen noch ehrenamtliche Helfer? Wie kann man sich beim SSV Jahn bewerben für Mitarbeit im Verein?
Wir sind in den unterschiedlichsten Bereichen auf der Suche nach engagierten Helfern, so dass für jeden Interessierten etwas dabei sein sollte. Sei es im Bereich unserer Sozialinitiative „Brücken für Regensburg", unserem Medienteam oder aber durch klassische Helferstätigkeiten wie der Textilveredelung, Spieltagsorganisation, Stadionsicherheit oder Nachwuchsarbeit. Wir haben aber keine fest definierten Stellenprofile, nach denen wir unsere Helfer aussuchen. Wir verfolgen einen offenen Weg, versuchen jedem, der sich ehrenamtlich bei uns engagieren möchte, die Chance zu bieten, sich einzubringen. Wir werfen zunächst einen Blick auf die Interessen und Stärken des Helfers, schauen anschließend, ob es dafür bereits eine passende Helferstelle gibt oder ob sich eine passende Stelle kreieren lässt. Dabei sind wir auch offen für neue Ideen. Wer interessiert ist, meldet sich am besten über jahnhelfer@ssv-jahn.de bei uns. Wir freuen uns wirklich über jeden Helfer, der sich engagieren möchte.

Welchen Stellenwert messen Sie den „Ehrenamtlern" beim SSV Jahn bei?
Wir messen unseren Helfern einen sehr hohen Stellenwert bei. Ehrenamtliches Engagement, egal in welcher Form, Regelmäßigkeit und Intensität, ist einfach nicht hoch genug einzuschätzen. Denn eines ist klar: Nur mit hauptamtlichen Mitarbeitern könnten wir Vieles von dem, was beim Jahn auf die Beine gestellt und geleistet wird, gar nicht realisieren. Insofern sind wir für jede Helferin und jeden Helfer dankbar.

Welche Anerkennungskultur pflegen Sie beim SSV Jahn für die Arbeit der ehrenamtlichen Helfer?
Sie zielt insbesondere darauf ab, unseren Helfern ein Gefühl der Zugehörigkeit und Wertschätzung zu vermitteln. Sie sind ein wichtiger Teil der Jahn Familie und das wollen wir ihnen auch vermitteln. Bis dato erfolgte das jedoch mitunter nicht immer systematisch. Daher haben wir uns

Nachwuchsspieler des SSV Jahn fungieren bei den Heimspielen als Balljungs.

zusammengesetzt und ein entsprechendes Konzept ausgearbeitet, wobei die JAHN HELFER Initiative entstanden ist. Zugehörigkeit möchten wir unter anderem dadurch zum Ausdruck bringen, dass alle Helfer eine entsprechende Helferkleidung mit ihren persönlichen Initialen und dem Jahn Wappen auf der Brust erhalten. Wertschätzung erfahren unsere Helfer etwa durch unser alljährliches JAHN HELFER Weihnachtsfest, im Rahmen dessen wir uns bei jedem Helfer persönlich für das Engagement bedanken, es mit einer Urkunde würdigen. Zudem planen wir für die laufende Saison eine gemeinsame Auswärtsfahrt zu einem attraktiven Auswärtsspiel des Jahn.

Befürchten Sie einen Rückgang der „Ehrenamtler", je höher der SSV Jahn in den Ligen steigt? Ist das Engagement im Ehrenamt vom Erfolg des Vereins abhängig?
Nein, das befürchte ich nicht. Natürlich gibt es Menschen, die der Auffassung sind, dass wir durch den Aufstieg nicht mehr auf das Ehrenamt angewiesen sind. Dies ist jedoch ein großer Irrtum, denn der Verein wird wohl immer auf ehrenamtliches Engagement angewiesen sein und das ist auch gut so. Wenn sich Menschen durch ehrenamtliches Engagement prosozial einbringen, ohne eine unmittelbare Gegenleistung zu erwarten, dann verleiht das einer Organisation eine sehr besondere Atmosphäre und Bodenständigkeit, die wir – selbst wenn wir dies könnten – einfach nicht missen möchten. Die beiden Aufstiege des Jahn waren nach meinem Eindruck auch nicht gerade abträglich, was das Interesse an einem Engagement betrifft. Ganz im Gegenteil. Durch die beiden Aufstiege sind wir wieder stärker ins Bewusstsein der Menschen in Ostbayern gerückt, die nun sehen, dass wir mehr als nur ein Fußballverein sind und viele Möglichkeiten bieten, sich in spannenden Feldern ehrenamtlich zu engagieren.

Fotos: Gatzka, Janne, regensburg1889.de, Nickl & SSV Jahn

Claus-Dieter Wotruba

Futsal

Meisterlicher Aufstieg in einer vermeintlich neuen Sportart

In zwei Jahren zum deutschen Meister aufsteigen und dann auch noch in der Champions League internationale Meriten einsammeln? Wenn es so einfach geht, wie es beim SSV Jahn 1889 scheint, kann die Sportart sooo toll nicht sein. Mitnichten. Denn Regensburg wurde zu einem Vorreiter einer Hallenvariante, die boomen wird, weil in anderen Ländern längst Bedeutung und professionelle Klubs und Ligen vorhanden sind. Eine verwunderliche, ja märchenhafte Geschichte voller Herzblut und Leidenschaft von einem Team, das sich auch von Neid und kritischen Blicken nicht aus dem Tritt bringen lässt, bleibt es trotzdem auf alle Fälle.

Aber holen wir ein wenig aus und geben zu: Im Fußball, der in Regensburg mit elf Spielklassen von der ersten Bundesliga bis zur B-Klasse vertreten ist, ist so ein Weg wie der des SSV Jahn 1889 in nur zwei Jahren nicht beschreitbar. Im Futsal ging es schon, weil er in den Anfängen steckt.

Man hört es ungern: Aber Deutschland ist ein Futsal-Entwicklungsland. Hier gibt es Leute, die das Wort Futsal noch für einen Schreibfehler halten. Ist es aber nicht. Schon seit 1989 werden in dieser Hallenvariante offizielle Weltmeister durch den Weltverband Fifa gekürt.

Entwicklungsland Deutschland

Nur Deutschland hat sich fast ewig verweigert: Als eine der letzten Nationen in Europa hat auch der mehrfach und aktuell fußballerisch weltmeisterliche Deutsche Fußball-Bund (DFB) seit dem Herbst endlich seine Futsal-Nationalmannschaft – 39 Jahre nach den Niederlanden zum Beispiel. Die Konflikte waren vorhersehbar: Fußball und Futsal vertragen sich nicht – noch nicht – besonders. Im Gegenteil: Was woanders als technische Grundausbildung verstanden wird und ein auf diesem zweigleisigen Weg helfender Freund sein könnte, sehen manche deutsche Fußballer als Konkurrenz und Feindbild. Je konservativer die Gegend, desto größer war folglich das Geschrei, als der Fußball-Verband Futsal zur Wettbewerbsform seiner offiziellen Titelkämpfe erhob. Die Traditionalisten fühlten sich ihrer geliebten Rundumbande beraubt, die sie für attraktiver halten.

Aber was ist Futsal überhaupt? Gespielt wird vier gegen vier plus Torwart auf einem Feld mit Toren wie im Handball. Wie im Basketball oder Eishockey sind die 20 Minuten einer Halbzeit effektive Spielzeit, ähnlich dem Basketball werden die Fouls eines jeden Teams gezählt (ab dem sechsten pro Halbzeit gibt es einen Zehnmeter) und ähnlich dem Eishockey wird bei einem Rückstand mit fliegendem Torwart gespielt. Dazu sind Rückpässe an den

Torwart in der eigenen Hälfte nur einmal pro Angriff erlaubt. Soweit die Regeln im Schnelldurchgang. Vor allem wird mit einem sprungreduzierten Ball gespielt, der manches einfacher macht, aber gewöhnungsbedürftig ist. Von den Futsalern wird er gerne mit der Sohle gespielt, zwecks schnellerer Verarbeitung.

Die Leute verarbeiten es nicht so schnell. Es gibt Vorurteile: Das Spiel sei körperlos und langsam, weil der Ball unweigerlich viel im Aus ist, sagen manche gerne in Deutschland. Bei technisch schwächeren Mannschaften noch mehr. Wer die Wettbewerbe sieht, wird schnell widerlegt. Robustheit ist sehr wohl von Nutzen, schnelle Auffassungsgabe wird gefördert, spektakuläre Tricks und Szenen entwickeln sich mehr als anderswo, zwei Tore und mehr in einer effektiven Spielminute sind gar nicht selten, Spannung ist bei gleichwertigen Mannschaften nahezu garantiert.

Freilich: Bis Deutschland seine Jahrzehnte Rückstand im internationalen Vergleich aufgeholt hat und als Weltmeister in Frage kommt, wird es noch lange dauern. Was anderswo längst professionell über die Bühne geht, ist hier meist immer noch ein zusätzliches Steckenpferd für Fußballer, das parallel betrieben wird. Nicht in Regensburg, wo sich eines ins andere fügte, und Futsal nicht nebenbei, sondern mit vollstem Fokus betrieben wird.

Import aus down under

Wir schwenken auf den SSV Jahn 1889, wo die Geschichte vor zwei Jahren so begann: Oliver Vogel hatte in vier Jahren Australien das Futsal-Feuer gefangen und er selbst hatte dort zweite Liga gespielt. Dann verschlug es ihn beruflich nach Regensburg. Regensburg? Genau hierhin, wo mit dem Futsal-Club der erste reine Klub seiner Sportart in Bayern gegründet worden war. „Das kann kein Zufall sein", dachte sich Oliver Vogel noch. Doch der Weg dort passte nicht zu seinen Ideen. Der 47-jährige Vogel wollte seine eigenen Vorstellungen umsetzen, sprach beim SSV Jahn vor und beeindruckte mit dem Konzept. Doch der Klub hatte zu jener Zeit eher andere Probleme als sich auch noch in einer neuen Abteilung zu engagieren, verwies aber an den Mutterverein SSV Jahn 1889, einen altehrwürdigen Breitensportverein mit höherem Durchschnittsalter der Mitglieder, dessen Präsident Norbert Lieske der Gedanke von der Blutauffrischung gefiel. Es folgte der nächste „Zufall". Auf einem Bild entdeckte Oliver Vogel einen alten Bekannten aus Australien. Der futsalverrückte Lucas Kruel stand auf einem Bild neben seinem brasilianischen Freund Douglas Costa, der gerade beim FC Bayern München angeheuert hatte und dessen Fitnesstrainer er war. Oliver Vogel suchte das Gespräch mit Kruel, den er als Futsal-Profi in Australien kennengelernt hatte. Es wurden ehrgeizige Pläne geschmiedet. Von Anfang an sprach Vogel davon, in der Bundesliga dabei sein zu wollen (deren Einführung noch immer auf sich warten lässt).

Viel zum Jubeln gab es für 1889-Spielertrainer Lucas Kruel. Das Juniors-Team jubelte bei den Heimspielen mit.
[Foto: Florian Würthele]

Und Lucas Kruel lockte die ersten seiner ehemaligen Mitspieler aus der brasilianischen Heimat nach Regensburg. Als Ex-Bayern-Star Douglas Costa das erste Mal beim Training seine Nase durch die Tür steckte und er auch das eine oder andere Spiel live in der Halle besuchte, um seinen Kumpel zu unterstützen, stieg das öffentliche Interesse. Das Team stieg in der Bayernliga mit nur drei Konkurrenzmannschaften ein und auf, nur einmal vom ärgsten Konkurrenten aus Bayreuth im Final-Rückspiel mit 2:1 besiegt, was nach dem 10:4 in Regensburg nicht mehr ins Gewicht fiel. Es ist bislang übrigens die einzige Pflichtspiel-Niederlage des Vereins (wenigstens bis zum Redaktionsschluss dieses Almanachs Ende August).

Die SSV-Jahn-1889-Futsaler – eine Erfolgsstory

Denn die Erfolgsstory wurde noch größer. In der höchsten Spielklasse marschierten die Jahn-Futsaler trotz aller Vorsicht in ihrer Prognose noch ein Stück eindrucksvoller. Alle 18 Spiele der Regionalliga Süd wurden gewonnen, weit über 200 Tore erzielt, sogar ein 25:3 war dabei. Doch der neue süddeutsche Meister wollte mehr – und wurde auch in der Futsalszene angefeindet und als Söldnertruppe dargestellt, der Brasilianer einfliegen lässt und mit Geld lockt. Freilich waren und sind es vornehmlich die Kontakte und der Aufwand von Lucas Kruel und Oliver Vogel, die in Regensburg möglich machten, was anderswo Argwohn weckte. „Das sind Freunde, die sich blind verstehen. Denen könntest du eine Binde um die Augen machen und sie wüssten die Laufwege des anderen", sagt Oliver Vogel und sieht es als Glücksfall. „Jeder, der diese Möglichkeiten hat, würde es genauso machen wie ich."

Der 27-jährige Lucas Kruel, dessen Leben sich um Futsal dreht, hatte einst seine Futsalschuhe gar nicht erst mit nach Deutschland gebracht, weil er glaubte, hier gäbe es keinen Verein, wo er seiner Leidenschaft frönen könnte. Jetzt wurde er zum Entwicklungshelfer. Denn ganz nebenbei begann der SSV Jahn 1889 auch eine Juniors-Mannschaft mit ihrem engagierten Trainer Marc Schmidt zu installieren, die im Freien und mit regelmäßigen Einlagespielen vor den Regionalliga-Auftritten Praxis sammelte. Die Youngsters kommen mit den Brasilianern, mit denen sie ein sichtbar inniges Verhältnis haben, in den Genuss von Vorbildern, die es in Deutschland ob fehlenden Knowhows noch gar nicht geben kann.

Trotzdem gefällt nicht allen, was sie zu sehen glauben. Als mit den Holzpfosten Schwerte im März im Viertelfinale um die deutsche Meisterschaft einer der Vorreiter-Vereine des Futsals in Regensburg gastierte, sang der gegnerische Anhang wiederholt: „Ihr macht unsern Sport kaputt." Die Rivalität drückte sich in einer ungewohnt harten Gangart aus – und in einem eindeutigen Ergebnis: Der SSV Jahn 1889 gewann mit 8:1.

Es folgte ein vorgezogenes Endspiel gegen die Hamburg Panthers, die in den vergangenen Jahren als deutsches Maß der Dinge galten, diverse Nationalspieler in ihren Reihen haben und als erste deutsche Mannschaft nicht nur die erste Runde, sondern 2016 auch die zweite Runde der Champions League überstanden, die im Futsal (zumindest noch) Uefa-Futsal-Pokal heißt. Die Grenzen schienen gesteckt: Der neuerliche Heimvorteil schien wenig zu nutzen. Es entwickelte sich ein Werbespiel für den Futsal mit allem, was dieser Sport zu bieten hat. Eine Halbzeit lang dominierte Hamburg in der vollen städtischen Sporthalle in der Isarstraße und führte mit 4:1. Das Anschlusstor kurz vor der Pause hielt die Hoffnungen erst am Leben.

Doch die Aufholjagd wollte nicht recht gelingen. 251 Sekunden vor dem Ende stand es immer noch 3:5. Der SSV

Futsal in der Halle (hier bei einem Testspiel gegen ein Team aus Bern in Blau) ist sehr wohl attraktiv: Halison Goncalves (rechts) war von Anfang an beim Regensburger Märchen dabei, Gui Fonseca (blockt den Ball) ist seit dem Sommer 2017 frisch dabei. [Foto: Christian Brüssel]

Jahn 1889 griff zum letzten Mittel und nahm den Torhüter zugunsten eines Feldspielers vom Feld. Es funktionierte: Luis Gustavo, genannt Alemão – der Deutsche – schaffte das 4:5. Und die Engelsgeduld wurde belohnt: 15 Pässe lang schoben sich die 1889-Futsaler den Ball hin und her, dann fand Marquinhos den freien Weg – 5:5, 42 Sekunden vor Schluss. Im Sechsmeterschießen klappte es trotz neuerlichem Rückstand ebenfalls. Der Weg ins Endspiel in Zwickau war geebnet und das 7:4 dort gegen den mit ukrainischen und polnischen Spielern gespickten VfL Hohenstein-Ernstthal brachte den Titelgewinn, übrigens live im Fernsehen übertragen vom Sportsender Sport1.

Im europäischen Vergleich

Das verkürzte ob der neuen Herausforderung die Sommerpause, denn jetzt galt es sich für den europäischen Vergleich zu rüsten. Auch das meisterten Lucas Kruel und Oliver Vogel. Im schwedischen Uddevalla gelangen gegen Teams aus San Marino (8:1), Andorra (5:0) und die Gastgeber in einem packenden Endspiel (3:1) drei Erfolge in drei Spielen.

Das Ende der Erfolgsgeschichte soll damit noch längst nicht geschrieben sein. Oliver Vogels Träume haben sich zwar erfüllt, aber er hat noch mehr Träume. „Ich möchte Futsal nachhaltig platzieren", sagt er und wünscht sich, dass in fünf Jahren die ersten jetzt Zwölfjährigen aus dem Juniors-Projekt ganz oben im Futsal ankommen. Wo immer das dann im Regensburger Futsal sein wird. Und wo immer Deutschland im Futsal stehen wird. Was in nicht einmal halb so viel Zeit auf die Schnelle aus dem Boden zu stampfen ist, haben die Regensburger mit ihrer Leidenschaft und ihrem Herzblut eindrucksvoll gezeigt.

Wolfgang Otto und Stefan Reichmann

Das letzte Geheimnis der alten Jahntribüne

Abriss des Jahnstadions legt Wissner-Malereien von 1931 frei

Wer im ausgehenden Jahr 2017 an der Adresse Prüfeninger Straße 57a vorbeischaut, wird nur noch wenig vorfinden, was daran erinnert, dass hier fast 90 Jahre lang das ostbayerische Aushängeschild in Sachen Sport beheimatet war. Die Fußballer des SSV Jahn Regensburg sind zwischenzeitlich nach Süden in das „Neue Jahnstadion", die Continental Arena, gezogen und haben dort in den ersten zwei Jahren einen fast märchenhaften, aber eben doch ganz realen und zumindest in Teilen durchaus erklärbaren Aufschwung erlebt. Und dennoch hat das alte Jahnstadion, als bereits die Abrissbirne im Regensburger Westen regierte, noch einmal deutlich in Erinnerung gerufen, wie stark der „Jahn" schon in den Kindertagen des gerade erst aufkommenden Volkssports Fußball in die Regensburger Stadtgesellschaft integriert war und hineingewirkt hat.

Eines der ältesten Fußballstadien Deutschlands ist Geschichte

Denn im Februar 2017, fast zwei Jahre nach dem letzten offiziellen Fußballspiel im Regensburger Jahnstadion, gab die alte Jahntribüne ihr wohl letztes Geheimnis Preis. Dass die längst verloren geglaubten Secco-Wandmalereien von Max Wissner (1873–1959) entdeckt wurden, ist Fritz Rehbach und Reinhold Lang zu verdanken, die gehofft hatten, aus dem Abraum des für viele Regensburger mit so vielen Erinnerungen verbundenen Areals an der Prüfeninger Straße geeignete Souvenirs für eine Versteigerungsaktion zugunsten ihrer Straßenbahn-Freunde aufzustöbern. Was sie fanden, war jedoch weit mehr als das. Schnell sahen sie Jahrzehnte lang den Blicken der Gäste im Restaurationsbetrieb des Jahnstadions verborgen gebliebene Malereien, die fast die gesamte Decke unter der Holzvertäfelung einnahmen. Diese war im Rahmen der umfangreichsten Sanierung des Jahnstadions 1948/49 über den nicht mehr modern gewähnten Malereien angebracht worden. Dabei lag die Erstellung der Gemälde seinerzeit keine zwei Jahrzehnte zurück und einige der abgebildeten Sportler sowie Funktionäre waren noch aktiv. Ja, es waren sogar diese selbst, die nun ganz offensichtlich eine andere „Innenansicht" bevorzugten und die nüchternen Holzplatten der künstlerischen Gestaltung des eigenen Porträts vorzogen, die im Sommer 1931 vom Kunstmaler Max Wissner angefertigt worden waren. Es war tatsächlich nicht einmal eine Generation später, als nicht nur die Herren des Tribünenbauvereins wohl von jeder Form des Personenkults genug hatten – und freilich spiegeln die „Jahn-Fresken", wie sie im Frühjahr 2017 in der Regensburger Öffentlichkeit sehr schnell

Unter der Deckenvertäfelung der Jahntribüne kamen im März 2017 verloren geglaubte Secco-Malereien zum Vorschein: schön zu erkennen u. a. der Tisch mit den Machern im Hintergrund. Ein anderer Abschnitt mit einer Fußball-Spielszene darauf ziert inzwischen den aktuellen Mitgliedsausweis des SSV Jahn. [Fotos: Florian Englbrecht]

und fachlich falsch, von der historisierenden Absicht her dann aber doch irgendwie wieder korrekt bezeichnet wurden, diesen wider. Dazu war in den 18 Jahren seit Fertigstellung der Malereien zu viel passiert. Nicht nur Regensburg, sondern ganz Europa und ein Großteil der Welt waren zwischenzeitlich aus den Fugen geraten, ein weiter so undenkbar.

Aus dem verbotenen Spiel wird Volkssport – auch in Regensburg

Als die Verantwortlichen des Sportbundes Jahn daran gingen, ihren „Jahn-Platz", der im September 1926 eröffnet worden war, mit einer Sitzplatztribüne zu erweitern, war dies eine denkbar ungünstige Zeit für dieses Ansinnen. Der sogenannte „Schwarze Freitag" lag gerade ein Jahr zurück und seine Auswirkungen begannen auch in Deutschland den mühsam erarbeiteten Aufschwung der späten, „goldenen" zwanziger Jahre zu verwirken. Was trieb also die fast ausnahmslos im Geschäftsleben oder an leitender Stelle stehenden und um die finanzielle Lage sowohl ihres Vereins als auch der Gesellschaft wissenden Herren dazu, dennoch gerade in dieser Zeit ein solches Projekt anzugehen? Es war wohl die leidenschaftliche Begleitung einer Freizeitbeschäftigung, die in den ersten drei Jahrzehnten des 20. Jahrhunderts eine Entwicklung nahm, wie sie wohl allenfalls noch mit dem Siegeszug der Elektrizität auf freilich ganz anderem Gebiet vergleichbar ist. Als die Herren Oberlehrer, Fabrik- und Bankdirektoren sowie Ingenieure im Kaiserreich noch die Schulbank gedrückt hatten, war das Spiel mit dem runden Leder für Schüler und Lehrkräfte „höherer Bildungsanstalten" in vielen deutschen Ländern verboten gewesen. Spätestens im Laufe der zwanziger Jahre war das Fußballspiel, das anfangs vor allem im Arbeitersport etabliert worden war, auch in bürgerlichen Schichten angekommen. Im auch nach dem Ende der Monarchie noch stark ständisch geprägten Freistaat Bayern blieb die ablehnende Haltung der Obrigkeit gegenüber der „englischen Fußlümmelei" am längsten viral, erst 1927 (!) fielen auch hier die letzten Repressalien gegenüber dem Fußballsport. Zur Erinnerung: zur selben Zeit war der 1. FC Nürnberg bereits zum fünften Male Deutscher Meister geworden und die Natio-

Über zehn Jahre lang trugen die Rot-Weißen ihre Heimspiele unweit des späteren Jahnstadions an der Dechbettener Straße aus. In der Saison 1921/22 sahen die Zuschauer dort auch Erstliga-Spiele, u. a. gegen den TSV 1860 München.
[Foto: Jahn-Archiv]

nalmannschaft setzte sich im Großen und Ganzen aus Nürnberger und Fürther Spielern zusammen. Auch die Verantwortlichen des damaligen Sportbundes Jahn, ab 1927 für mehrere Jahre erstklassig, hatten noch 1923 selbst die Diskriminierung durch die feine, seinerzeit aber zuweilen auch sehr pride und im wahrsten Sinne „provinzielle" Gesellschaft am eigenen Leib erfahren müssen. So kündigte der neue Besitzer des langjährigen rot-weißen Spielfeldes an der Dechbettener Straße plötzlich den Mietvertrag, weil er es nicht akzeptieren konnte, dass auf seinem Grund und Boden am heiligen Sonntag Männer in kurzen Hosen Fußball spielten ...

Dank sportlichem Erfolg und TBV: Tribünenbau „ohne einen Pfennig Geld"

Die wachsenden Zuschauerzahlen in jener Zeit dokumentieren aber auch, dass die große Mehrheit der Regensburger Bevölkerung anders dachte und sich auch in der gutbürgerlichen Gesellschaftsschicht immer mehr enthusiastische Jahn-Anhänger fanden und auch bereit waren, sich bei den „Rothosen" zu engagieren. Einen echten Schub des Jahn-Fiebers brachte das angesprochene Jahr 1930, als die Kicker von der Prüfeninger Straße zuerst mit dem Erreichen der sogenannten „Trostrunde" zur Deutschen Meisterschaft erstmals über Bayerns Grenzen hinaus Bekanntheit erlangten und u. a. gegen den 1. FC Nürnberg ein 3:0-Erfolg gefeiert werden konnte. Das Jahnstadion, das noch gar kein „Stadion" im heutigen Wortsinne war, wurde damals von 8000 Fußball-Anhängern bevölkert. Als dann Hans Jakob wenige Monate später auch noch erstmals ins Tor der Nationalmannschaft berufen wurde und am 2. November 1930 sein Debut gegen Norwegen gab, wurde eine seit längerem schwelende Idee in die Tat umgesetzt: der Bau der Jahntribüne. Dazu

Unter Torhüter Hans Jakob und seinen Teamkameraden stieß der Sportbund Jahn Ende der 1920er Jahre erstmals in die Spitze des Bayerischen Fußballs vor. Am 2. November 1930 wurde Jakob Jahns erster und bislang einziger A-Nationalspieler. [Foto: Jahn-Archiv]

wurde am 18. November, nur gut zwei Wochen nach dem ersten internationalen Ausrufezeichen, das der Regensburger Jahn in Person von Jakob setzen konnte, der „Tribünenbauverein" gegründet. Dessen Vorstand, bestehend aus den Dipl.-Ingenieuren Heider und Erhard, Dr. Flierl, Bankdirektor Mang, den Direktoren Wirner und Imhof, Kaufmann Hammer, Architekt Hilz und Bauunternehmer Zorzi, standen mit Jahn-Präsident Philipp Stumpf, Prokurist der OBAG, Georg Zeller, unter dessen Regie der bis 1954 bestehende Tribünenbauverein nach dem Krieg die große Stadionsanierung schulterte, und Stadtbaumeister

Die Vorstandsmitglieder des Tribünenbauvereins begutachteten beim Richtfest im Frühsommer 1931 den Baufortschritt der Jahntribüne. [Foto: Jahn-Archiv]

Hans Aschenbrenner drei weitere große Jahn-Freunde mit Rat und Tat zur Seite. Insbesondere die Tat war wichtig, denn nicht nur die allgemeine wirtschaftliche Lage war aus genannten Gründen schwierig, insbesondere der Sportbund Jahn war finanziell – schon damals – in schwerem Fahrwasser. Gut, dass man nicht nur im Tribünenbauverein auf Experten zurückgreifen konnte, sondern auch von der heimischen Wirtschaft Unterstützung erfuhr. So hatte man schon damals u. a. die Brauerei Bischofshof an der Seite, ebenso wie die Selterswasserfabrik Foidl oder die Porzellan- und Glasindustrie der Nordoberpfalz. Mit zusätzlichen Privatdarlehen der Herren des Tribünenbauvereins gelang es dem Jahn damals –

„ohne einen Pfennig Geld", wie der langjährige Jahn-Chronist Kurt Schauppmeier in den 1970er Jahren schrieb – innerhalb von weniger als einem Jahr eine der damals modernsten Tribünenbauten hinzustellen. Nach der offiziellen Einweihung am 5. September 1931 lobte das Fachmagazin „Kicker": „... daß aber dieser Tribünen-Bau-Verein ein in allen Teilen so vollendet geratenes Bauwerk dem Sportbund Jahn übergeben konnte, übertrifft selbst die Erwartungen der Optimisten." Und der Regensburger Anzeiger würdigte auch die Wandmalereien im Inneren der Jahntribüne – „Da trifft man an den Wänden die gesamte Prominenz der Ausschüsse des Sportbundes Jahn und selbstverständlich des aktiven Sports, Fußball und Leichtathletik" – gab mit Otto Zacharias jun. allerdings den falschen Künstler an.

Zusammenspiel von sportlicher und künstlerischer Nummer 1 der Region

Das lag wohl daran, dass die „Werkstätte für Dekorationsmalerei Zacharias" mit den Anstricharbeiten betraut war und zudem durchaus in der Lage gewesen wäre, auch die künstlerische Ausmalung zu übernehmen. Aber auch nach 86 Jahren konnte sofort und zweifelsfrei der Akademische Kunstmaler Max Wissner als Urheber identifiziert werden. Er war zur damaligen Zeit eine weitbekannte Persönlichkeit und der hellste Stern am ostbayerischen Malerhimmel mit einer ganz eigenen Handschrift und Farbigkeit. Die Vereinsväter jener Zeit kauften sich also für das Spielfeld am Plafond mit Max Wissner die künstlerische Nummer 1! Mit Otto Zacharias verband den Maler damals immerhin eine lange Zusammenarbeit und Männerfreundschaft. Von den Wandmalereien Wissners sind leider nur noch drei in Regensburg sichtbar, umso kostbarer sind diese wiederentdeckten Werke des bei Kunstfreunden und Sammlern immer noch sehr begehrten Meisters. Damals wie heute ist ein „echter Wissner" etwas ganz Besonderes, hatte damals und natürlich heute noch seinen Preis! Das Werk an der Decke der Jahntribüne zeichnet sich durch den dokumentarischen Wert der gemalten Porträts aus, gibt den Zeitgeist und Geschmack der Entstehungsjahre wieder und entbehrt weder der Schönheit sportlicher Betätigung noch des spitzbübischen Humors des Künstlers.

Exkurs: Max Wissner (1873–1959)

- Geboren am 18. Juni 1873 in Geiersberg/Böhmen, heute Letohrad/CZ.
- Aufgewachsen in Stuttgart und Karlsruhe. Lehre als Dekorationsmaler, 1891 bis 1893 Besuch der Großherzoglichen Kunstgewerbeschule Karlsruhe (Prof. H. Götz).
- Militärdienst als Chevauleger (leichte Kavallerie), dann Wanderschaft. Ab 1892 zeitweise, ab 1900 überwiegend in Regensburg wohnhaft. 1908 bis 1914 Studium an der Königlich Württembergischen Akademie der Bildenden Künste in Stuttgart (Prof. R. v. Haug und Prof. F. v. Keller).
- 1914 bis 1918 Kriegsteilnehmer, anschließend endgültig in Regensburg wohnhaft. Gründungsmitglied der Künstlergruppe „Eule", Mitglied im Kunst- und Gewerbeverein Regensburg, ab 1952 dessen Ehrenmitglied.
- Seit 1946 Ehrenpräsident des Berufsverbandes Bildender Künstler Niederbayern/Oberpfalz, 1947/1948 dessen 1. Vorsitzender, ab 1948 Ehrenpräsident auf Lebenszeit.
- Verstorben am 14. Juni 1959 in Regensburg.

Nun, fast 70 Jahre, nachdem die Secco-Malereien des Max Wissner durch Holztafeln verdeckt wurden, kamen sie überraschenderweise und längst verloren geglaubt, wieder zum Vorschein. Dass sie nicht nur gefunden, son-

Der Meister vor einem seiner Werke um 1935: Max Wissner war bereits zu Lebzeiten ein gefeierter akademischer Kunstmaler. [Foto: Sammlung Reichmann]

dern in einem beträchtlichen Umfang auch restauratorisch gesichert und „gerettet" werden konnten, das haben die Wandmalereien nicht zuletzt einer sensibilisierten Öffentlichkeit zu verdanken, die sich nach der Meldung in der Lokalpresse durch MZ-Reporter Helmut Wanner innerhalb weniger Stunden formierte.

Der öffentliche Auftrag „Kulturgut erhalten!" wurde erfüllt

„Kulturgut erhalten! Geschichte in der Jahntribüne erhalten!" war auf einem Banner auf der Baustelle Jahnstadion bald zu lesen und eine Gruppe von Personen, zu denen zählen zu dürfen auch die Autoren die Ehre hatten, machte sich daran, die Entscheidungsträger von Stadt, Kulturreferat, Historischem Museum und Denkmalamt zu mobilisieren. Nur drei Tage nach der Meldung über den Fund ließ Regensburgs Kulturreferent Klemens Unger wissen, dass „die Fresken in der Jahntribüne, zumindest die wichtigsten Teile, gerettet werden. Der Schwerpunkt wird auf den historischen Personengruppen liegen, die freigelegt wurden." Trotz dieser schnellen Reaktionszeit hatten die Freunde der Jahn-Malereien aber auch Glück: „Wäre es in diesen Märztagen nicht eher zufällig trocken geblieben, hätte man die Restaurierungsarbeiten wohl gar nicht erst beginnen brauchen," berichtete Restaurator Rudolf Rappenegger nach getaner Arbeit im Rahmen einer Veranstaltung von „FußballKultur Regensburg" und „Jahn-Kultur" im Ostentorkino. Dort schloss sich am 11. Mai dieses Jahres der Kreis, als Rechtsanwalt Herbert Heider, Enkelsohn des ersten Tribünenbauvereins-Vorsitzenden Dipl.-Ing. Richard Heider, nicht nur über den bereits 1958 im Alter von 60 Jahren verstorbenen Motor der Jahntribüne aus erster Hand berichten konnte, sondern auch ein Porträtgemälde Richard Heiders mitbrachte, das dessen Schwiegersohn Karl Prestl, im profanen Beruf Unternehmer aus Kelheim, gemalt hatte. Dieser war einstmals ein Schüler Max Wissners gewesen …

Und was wird aus den Malereien des Meisters? Diese wird die interessierte Öffentlichkeit irgendwann demnächst zumindest in Teilen bestaunen können. Wo das genau sein wird, ist noch nicht abschließend geklärt. Die inzwischen 2200 Mitglieder des SSV Jahn Regensburg e.V. haben hier einen Vorteil: sie haben seit Mitte Juli exklusiv eine Miniaturdarstellung eines Teils der Malerei im Portemonnaie. Denn diese ziert die Mitgliedskarte 2017/18 des traditionsbewussten Regensburger Spitzenfußballvereins!

Rechtsanwalt Herbert Heider, Enkel des Tribünenbauvereins-Vorsitzenden Richard Heider, brachte zu einer Veranstaltung von „FußballKultur Regensburg" im Mai 2017 ein Porträt seines Großvaters mit, das der Wissner-Schüler Karl Prestl angefertigt hatte. [Foto: Hedwig Otto]

Autoren

Maria Baumann
Dr. phil., Ausstellungskuratorin der Kunstsammlungen des Bistums Regensburg.
Geboren 1965 in Neukirchen b. Hl. Blut, Studium der Vergleichenden Kulturwissenschaft/Volkskunde und Religionswissenschaft in Regensburg, berufliche Stationen: Volontariat und Redakteurin bei der Mittelbayerischen Zeitung, Leiterin der Radio- und Fernsehredaktion des Bistums Regensburg, Leiterin der Öffentlichkeitsarbeit des Bistums und Bischöfliche Beauftragte für Neue Medien, seit 2001 wissenschaftliche Mitarbeiterin im Diözesanmuseum. Zahlreiche Ausstellungen, Mitautorin u. a. von Publikationen zur Geschichte von Stadt und Landkreis Regensburg.

Karl Birkenseer
Mitglied der Chefredaktion und Nachrichtenchef bei der „Passauer Neuen Presse". Der gebürtige Regensburger (*3. 11. 1955) war von 1980 bis Ende 2000 Redaktionsmitglied der „Mittelbayerischen Zeitung", wo er 16 Jahre lang die Buchbeilage betreute. Zu seinen Aktivitäten als Literaturkritiker zählte auch die Moderation der von ihm initiierten MZ-Veranstaltungsreihe „Autoren in der Zeitung". In den vergangenen Jahren hat er in der „Atlantis"-Lesestube u. a. Lesungen mit Petra Morsbach, Ulrike Draesner und Michael Kumpfmüller moderiert. „Atlantis"-Kunde ist er seit 1970. Seinen Almanach-Beitrag versteht er als Hommage an einen Gesprächspartner über Jahrzehnte.

Silvia Codreanu-Windauer
Geb. 1955 in Kronstadt/Siebenbürgen, 1974-77 Studium der Geschichte und Anglistik in Hermannstadt; 1977 Übersiedlung in die BRD und Studium der Vor- und Frühgeschichte, Porvinzialrömischen Archäologie und Kunstgeschichte an der LMU München, ab 1982 Mittelalterarchäologie an der Univ. Bamberg; 1987 Promotion. Seit 1987 als Gebietsreferentin in der Abt. Bodendenkmalpflege beim Bayer. Landesamt für Denkmalpflege, Dienststelle Regensburg, seit 2012 Referatsleiterin für Oberpfalz und Niederbayern.

Dieter Daminger
Wirtschafts-, Wissenschafts- und Finanzreferent. Geboren 1956 in Grafenau/Niederbayern. Studium der Volkswirtschaftslehre an der Universität Regensburg. Ergänzungs-/Aufbaustudium an der Deutschen Hochschule für Verwaltungswissenschaften in Speyer. 1982 bis 1985 Mitarbeiter der Bayerischen Landesbank München. 1986 Stadt Regensburg, Leiter Abteilung Wirtschaftsförderung. 1991 Leitung des Amtes für Wirtschaftsförderung.
Seit Januar 2006 Wirtschafts-, Wissenschafts- und Finanzreferent der Stadt Regensburg. Zuständig für: Amt für Informations- und Kommunikationstechnik, Stadtkämmerei, Stadtkasse, Liegenschaftsamt, Amt für Wirtschaft und Wissenschaft.

Markus Eberhardt
Dr. Markus Eberhardt studierte Germanistik, Geschichte, kath. Kirchenmusik und Cembalo in Passau, Würzburg und Regensburg. 2014 wurde er mit einer Arbeit über das Passauer Bürgertum in der Zeit des Deutschen Kaiserreiches promoviert. Neben seiner hauptberuflichen Tätigkeit als Gymnasiallehrer in Vilshofen leitet er das Orchester des Passauer Konzertvereins, das Consortium musicum Passau und ist Kirchenmusiker an der Passauer Stadtpfarrkirche St. Severin Heining. Er forscht und publiziert hauptsächlich zur süddeutschen Musikgeschichte der Barockzeit und zum 19. Jahrhundert.

Michael Eibl
Direktor der Katholischen Jugendfürsorge (KJF) der Diözese Regensburg e. V. Geboren 1961 in Beratzhausen. Ausbildung: Studium der Diplom-Pädagogik an der Universität der BW; Offiziersschule in Hannover und Idar-Oberstein; Fernstudium Entwicklungspsychologie an der AKAD München; Studium der Sprecherziehung an der Universität Regensburg. Berufliche Stationen: Bei der Bundeswehr Kompaniechef und Ausbildungsleiter für den Offiziersnachwuchs. Seit 1992 bei der KJF; bis 2003 Fortbildungsreferent, ab 1994 zusätzlich Pressereferent, ab 1999 zusätzlich Qualitätsmanagement-Beauftragter, ab 2003 Abteilungsleiter Berufliche Rehabilitation, seit 2006 geschäftsführender Direktor. Ehrenamtliche Tätigkeiten: u. a. seit 1997 Marktgemeinderat in Beratzhausen, seit 2008 Kulturreferent Markt Beratzhausen, seit 2013 1. Vorsitzender des Kuratoriums Europäische Kulturarbeit.

Fabienne-Angela Englbrechtsmüller
wurde 1991 in München geboren. 2011 absolvierte sie ihr Abitur am Ludwigsgymnasium München und begann ein Lehramtsstudium (für die Fächer Geschichte, Deutsch und Sozialkunde) an der Universität Bayreuth. 2014 wechselte sie dann an die Universität Regensburg.

Heiner Gietl
Jahrgang 1955, Studium der Betriebswirtschaft, 1980–2016 selbstständiger Verleger.

Ludwig Haas
Geboren 1949 in Passau, Studium der Fächer Englisch, Geografie, Deutsch, Pädagogik und Psychologie für das Lehramt an Realschulen in Regensburg und Manchester/England, Erziehungsberater an der Europäischen Schule in

Luxemburg, Konrektor an der Realschule am Judenstein. Zahlreiche Veröffentlichungen zu den Themen Schule, Erziehung, Jugend, Sport, Reisen. Von klein auf war er vom Fußball fasziniert, besonders was die Stimmung in den Stadien betraf. Zum Studium zog es ihn deshalb nach Manchester, weil er dort im Mekka des Fußballs die großartige Stadionatmosphäre der Clubs wie Manchester United, Manchester City, FC Liverpool oder FC Everton genießen konnte. Mit dem SSV Jahn Regensburg führt er seit Jahren mit den Jahn-Profis im Rahmen des Jahn-Sozialprojekts „Brücken für Regensburg" das Projekt „Motivation in der Schule, Motivation im Sport" durch, wobei in Diskussionsrunden und praktischen Trainingseinheiten aufgezeigt wird, was die Jugendlichen vom Sport für die Schule lernen können bzw. was Sport und Schule gemeinsam haben.

Benno Hurt

Autor, Richter a.D.; 1941 in Regensburg geboren, studierte in München, Kulturpreisträger der Stadt Regensburg, „Friedrich-Baur-Preis", verliehen von der Akademie der Schönen Künste, München. Prosa, Lyrik, Schauspiel, Essay. U. a.: „Frühling der Tage" – Erzählband (Carl Hanser Verlag, 1965), „Vor dem Leben" – Schulgeschichten von Thomas Mann bis Heinrich Böll (Nymphenburger Verlagshandlung, 1965), „Aussichten" – Lyriker des deutschen Sprachraums (Biederstein Verlag, 1966), „Dein Leib ist mein Gedicht" – erotische Lyrik aus fünf Jahrhunderten (Scherz Verlag, 1970), „Jahreszeiten" – Erzählband (MZ Buchverlag, 1998), „Poggibonsi auf Kodachrome" – Gedichte (editon lichtung, 1999), „Der Samt der Robe" – Erzählungen aus der Justiz (edition lichtung, 2002). Folgende Romane (jetzt alle bei dtv): „Eine deutsche Meisterschaft" (1991), „Der Wald der Deutschen" (1993), „Ein deutscher Mittelläufer" (1996), „Eine Reise ans Meer" (2007), „Wie wir lebten" (2008), „Im Nachtzug" (2011). Hörspiel „Böse Onkel" (WDR 2011). Theaterstücke: „Freies Geleit" (Uraufführung 1987), „Weinzwang" (Uraufführung 1990), „Wer möchte nicht den Wald der Deutschen lieben!" (Uraufführung 1991). Publikationen in Fachzeitschriften und Funk. Veröffentlichte Fotos in allen namhaften Fotozeitschriften und in Kulturmagazinen, seit 1979 Ausstellungen im In- und Ausland. Im September 2014 erschien sein Roman „Die Richterin" (dtv).

Reinhard Kellner

Geb. 1950 in Regensburg, verheiratet, Tochter (28) und Sohn (25). Gründungsmitglied (1974) und Vorsitzender der Sozialen Initiativen, Projektleiter des Helferkreises Sofa („Sozial offen für alle") mit wöchentlichem Frühstückstreff in der Ostengasse und engagiert in Armutsthemen in unserer Stadt (STADTPASS, bezahlbarer Wohnraum und Sozialsponsoring). Regensburger Ureinwohner, aufgewachsen in der Wollwirkergasse, Studium der Diplompädagogik an der hiesigen Uni. Berufliche Stationen in der Obdachlosenhilfe beim Stadtjugendamt, Aufbau der Selbsthilfeberatung KISS, Mitbegründer der Sozialen Straßenzeitung DONAUSTRUDL und aktuell noch bei der Familienwerkstatt tätig. Grüner Stadtrat 1984 bis 1990, ehemals begeisterter Hobbykicker, Wienliebhaber und Bilderfreund.

Juan Martin Koch

(MA), Jahrgang 1976, Studium der Germanistik und Politikwissenschaft an der Universität Regensburg, Redaktionsleitung und Reisejournalistin, Arbeit als freie Journalistin, seit 2007 bei der Stadt Regensburg im Bereich Presse- und Öffentlichkeitsarbeit und Projektmanagement. Seit 2010 in der Welterbekoordination.

Eginhard König

Studiendirektor a.D.
Geboren 1943 in Nabburg; Studium der Geschichte, Germanistik, Sozialwissenschaften und Kunstgeschichte. Ab 1971 Lehrtätigkeit an der Universität Regensburg, am Gymnasium Parsberg und als Seminarlehrer für Geschichte am Albertus-Magnus-Gymnasium in Regensburg. Erster Vorsitzender des „Arbeitskreises Kultur Regensburger Bürger e.V."; zahlreiche Veröffentlichungen zu kulturgeschichtlichen Themen.

Peter Lang

(* 14. April 1961 in Neumarkt i. d. Opf.) gibt seit 2009 das Kulturjournal Regensburg heraus. Nach mehreren Jahren am Theater und in der Werbebranche und Stationen in Augsburg, Berlin, Essen und Ulm war Regensburg immer sein Lebensmittelpunkt. Zum Schreiben und zum Journalismus kam Lang über seine dramaturgischen Beiträge zu Programmheften diverser Theaterinszenierungen. Vor seiner editorischen Tätigkeit war er als Journalist für mehrere lokale Medien, u. a. für das Regionalfernsehen Regensburg, tätig. Als Autor verfasst er Essays zu Kunst und Kultur etwa für Künstlermonografien und begleitende Editionen zu Ausstellungen, aber auch belletristische Texte.

Katharina Lenz

M.A., Regensburg
Geboren am 20.11.1973 in Göttingen. Studium Deutsche Philologie und Geschichte an der Universität Regensburg. Nach Berufsanfang in der Verlags- und Werbebranche seit 2003 freiberuflich tätig als Autorin (Profile aus dem Landkreis Regensburg, 2008), Publizistin und PR-Beraterin. Leiterin der Arbeitsgruppe „Geschichte des Stadtteils Burgweinting". Verheiratet mit dem Regensburger Unternehmer Harry Lenz, zwei Kinder.

Nicole Litzel

Geboren 1972 in Regensburg. 1991 bis 1998 Studium der Volkswirtschaftslehre an der Universität Regensburg, dazwischen 1993/94 Business Analysis an der University of Lancaster (GB). 2000 bis 2008 Wissenschaftliche Mitarbeiterin bei Prof. Dr. Joachim Möller, Universität Regensburg. 2008 bis 2015 Wissenschaftliche Mitarbeiterin am Institut für Arbeitsmarkt- und Berufsforschung (IAB), Nürnberg. 2014 Promotion zum Thema regionale Cluster, insbes. in Ostbayern und Mittelfranken. Seit 2015 Wissenschaftsbeauftragte, Amt für Wirtschaft und Wissenschaft, Stadt Regensburg. Seit vielen Jahren Gästeführerin bei kulttouren e.V. und Organisatorin der Regensburger Stummfilmwoche.

Bernhard Lübbers
Dr. phil., M.A.; verheiratet, zwei Kinder; geboren 1976 in Rotthalmünster; 1986–1995 Musikgymnasium der Regensburger Domspatzen; 1996–2002 Studium der Geschichte, Historischen Hilfswissenschaften, Germanistik und Volkskunde an den Universitäten Regensburg, München (LMU) und Dublin (UCD). 2002 Magister Artium (M.A.) an der Universität Regensburg. Seit November 2008 Leiter der Staatlichen Bibliothek Regensburg. Schriftleiter der Verhandlungen des Historischen Vereins für Oberpfalz und Regensburg, Mitherausgeber des Bibliotheksforums Bayern sowie des Jahrbuchs für Buch- und Bibliotheksgeschichte; Dozent für Bibliotheksgeschichte an der Bayerischen Bibliotheksakademie sowie Lehrbeauftragter für Bayerische Landesgeschichte an der Universität Regensburg. Zahlreiche Veröffentlichungen zur Geschichte Bayerns und Regensburgs sowie zur Bibliotheksgeschichte.

Gertrud Maltz-Schwarzfischer
Geboren in Münchberg in Oberfranken. Seit 1970 in Regensburg, Studium Vor- und Frühgeschichte und Klassische Archäologie, tätig u. a. als freiberufliche Archäologin. Seit 1995 Mitglied der SPD, derzeit im Vorstand des SPD-Ortsvereins Innerer Westen, Vorsitzende der Arbeitsgemeinschaft sozialdemokratischer Frauen ASF Regensburg und stellvertretende Landesvorsitzende der ASF. Schwerpunkte in der Frauen, Sozial- und Integrationspolitik, in der Schul-, Kultur-, Umweltpolitik und bei der Stadtplanung. Seit 8. Mai 2014 zweite Bürgermeisterin der Stadt Regensburg. Neben der allgemeinen Vertretung des Oberbürgermeisters obliegt ihr das Amt für Jugend und Familie, das Sozialamt und das Seniorenamt sowie die fachliche Zuständigkeit für das Job-Center und die Regensburg SeniorenStift gemeinnützige GmbH.

Andreas Meixner
ist Mitgesellschafter des renommierten Klassiklabels SPEKTRAL und dort Produzent internationaler CD-Produktionen. In seiner Profession als Konzertveranstalter übernimmt er 2012 die Kammermusikreihe PRO MUSICA EICHSTÄTT im Spiegelsaal der Residenz und ist zudem seit 2017 künstlerischer Leiter der KONZERTE SALLERN in Regensburg. Darüber hinaus ist er Herausgeber der REGENSBURGER MUSIKEDITION, für die er 2013 mit dem Kulturförderpreis der Stadt Regensburg ausgezeichnet wurde. Als Bariton konzertiert er als Mitglied professioneller Vokalensembles in ganz Europa. Für das Feuilleton der Mittelbayerischen Zeitung ist er seit 2014 als Konzertkritiker tätig, seit 2016 für die Süddeutsche Zeitung und die Fachzeitschrift OPERNGLASS. Lehr- und Gastvorträge führten ihn an die Hochschulen in Jena und Regensburg.

Peter Morsbach
Prof. Dr. phil, Kunsthistoriker, Publizist und Verleger. Jahrgang 1956. Abitur am AAG in Regensburg, Studium der Kunstgeschichte, Klassischen Archäologie in Regensburg, Freiburg und Bamberg. Honorarprofessor für Denkmalpflege, Kunst- und Architekturgeschichte an der OTH Regensburg. Mitinhaber des gleichnamigen Regensburger Verlages. Zahlreiche Publikationen, besonders zur regensburgischen und bayerischen Kunstgeschichte. Seit 2014 Herausgeber des Regensburger Almanachs.

Petra Morsbach
Geb. 1956 in Zürich, aufgewachsen bei München, studierte Theaterwissenschaften, Slavistik und Psychologie in München und Leningrad / UDSSR. Danach arbeitete sie einige Jahre am Theater; seit 1993 lebt sie als freie Schriftstellerin in der Nähe von München. Sie wurde u.a. mit dem Jean-Paul-Preis (2013) und dem Stifterstipendium Oberplan (2016) ausgezeichnet. Zuletzt erschienen „Gottesdiener" (2004), „Warum Fräulein Laura freundlich war. Über die Wahrheit des Erzählens" (2006), „Der Cembalospieler" (2008), „Dichterliebe" (2013).

Thomas Muggenthaler
lebt in Regensburg, ist Politikwissenschaftler und Journalist beim Bayerischen Rundfunk, Schwerpunkt Zeitgeschichte. Er hat unter anderem das Buch „Verbrechen Liebe – von polnischen Männern und deutschen Frauen: Hinrichtungen und Verfolgung in Niederbayern und der Oberpfalz während der NS-Zeit" (Viechtach, 2010) geschrieben, ist Autor eines gleichnamigen Hörfunk-Features und wurde für den Film „Verbrechen Liebe" 2015 mit dem Bayerischen Fernsehpreis ausgezeichnet. Thomas Muggenthaler hat mit diversen Hörfunkfeatures, einer Fernsehdokumentation und dem Buch „Ich lege mich hin und sterbe' – ehemalige Häftlinge des KZ Flossenbürg berichten" (Stamsried, 2005) auch wesentlich zur Aufarbeitung der Geschichte dieses Konzentrationslagers beigetragen.

Matthias Nagel
Kontrabassist; Geboren 1955, aufgewachsen in Bensheim/Hessen, verbrachte seine Gymnasialzeit am Musikgymnasium Regensburg. Nach dem Militärdienst, u. a. im HMK4 Regensburg, Studium der Schulmusik und Kontrabass an der staatlichen Hochschule für Musik in Freiburg/Breisgau mit Diplomabschluss. Seit 1982 Engagement im Philharmonischen Orchester Regensburg als Solokontrabassist. Seit 1995 Erforschung und Dokumentation der Geschichte des Regensburger Orchesters mit der Veröffentlichung des Buches „Thema und Variationen; das Philharmonische Orchester Regensburg und seine Geschichte" 2001.

Gerd Otto
Jahrgang 1940, aufgewachsen in Regensburg, studierte Volkswirtschaftslehre und Politische Wissenschaften an der Universität München. Nach Jahren freier Mitarbeit in der Sportredaktion von Tages-Anzeiger und Mittelbayerischer Zeitung trat er Ende der Sechziger Jahre als Wirtschaftsredakteur in den Verlag der Mittelbayerischen Zeitung ein, deren Chefredakteur er von 1985 bis zu seiner Verabschiedung im Jahre 2005 war. Als Redakteur der Wirtschaftszeitung des MZ-Verlages ist Gerd Otto nach wie vor im Journalismus aktiv. Dazu veröffentlichte er in den letzten Jahren zahlreiche Bücher, darunter „50 Jahre Zukunft – Der Regensburger Siemensstandort" (Friedrich Pustet Verlag), „Global Player" oder auch „Olympisches Ostbayern. Die Sommerspiele" und „Olympisches Bayern –100 Jahre Skisport" (alle drei im Forum Verlag Dr. Wolfgang Otto).

Wolfgang Otto

(Jg. 1979), Priv.-Doz. Dr. med. habil., arbeitet in einer Urologischen Facharztpraxis seiner Geburtsstadt Regensburg und ist zudem Forschungskoordinator am hiesigen Lehrstuhl für Urologie. Daneben ist Otto seit über 20 Jahren journalistisch und publizistisch zu diversen Thematiken tätig und gründete 2007 den Forum Verlag. Für seinen Beitrag im Regensburger Almanach qualifizierte er sich durch seine Tätigkeit als Vereinsarchivar des Fußball-Traditionsvereins SSV Jahn Regensburg. Weitere ehrenamtliche Betätigungsfelder findet Otto u. a. als Vorstandsmitglied im Kreisverband der Ärztegewerkschaft Marburger Bund sowie als Kuratoriumsvorsitzender der Fördergesellschaft für Europäische Kommunikation e.V. mit Sitz in Nürnberg.

Harald Raab

1939 in Nordmähren geboren. Studium der Journalistik an der Freien Universität Berlin, Lic. rer. pupl. mit Schwerpunkt Kultur. Stellvertretender Chefredakteur und Chefredakteur der Regensburger Wochenzeitung Die Woche, Leitender Redakteur bei der Mittelbayerischen Zeitung in Regensburg, freier Journalist und Autor in Mannheim.

Stefan Reichmann

Geboren 1966 in Regensburg, Schriftenmalerlehre, Kirchenmalerlehre, Meisterschule für Kirchenmaler und Vergolder in München, Fachschule für Farbtechnik in München, Staatsinstitut in Ansbach, seit 1996 Lehrtätigkeit. Typografische Arbeiten überwiegend für Gedenktafeln, Kurator verschiedener Ausstellungen sowie zahlreiche Publikationen und Veröffentlichungen zur lokalen Kunst- und Kulturgeschichte, regelmäßige Mitarbeit beim Regensburger Almanach.

Michael Scheiner

Geb. 1953 in Lohr am Main, 1973–77 Studium der Sozialpädagogik in Regensburg, 1987–99 journalistische Tätigkeit in Regensburg und Passau, später als freier Journalist. Seit 1978 Tätigkeiten überwiegend in der Presse- und Öffentlichkeitsarbeit, in der PR-Beratung im sozialen, kulturellen und kirchlichen Bereich und als Kulturmanager.

Werner Sturm

Rektor a. D.
Geboren 1941 in Thalmassing (Lkr. Regensburg), nach dem Abitur Studium an der Pädagogischen Hochschule in Regensburg. Erste und zweite Staatsprüfung für das Lehramt an Grund- und Hauptschulen. Zuletzt Rektor einer Grund und Hauptschule im Lkr. Kelheim. Lehrbeauftragter am Lehrstuhl für Didaktik der Geografie an der Universität Regensburg. Ehrenvorsitzender des Heimat- und Kulturvereins Bad Abbach. Zahlreiche Veröffentlichungen an der Universität Regensburg im Fachbereich Geografie, der Schriftenreihe des heimat- und Kulturvereins Bad Abbach und des Staatl. Schulamts Kelheim.

Reiner Vogel

Studium der Betriebswirtschaft und zuletzt Ausbildung zum Mediator. Seit 1979 Hörfunkjournalist beim BR. Zahlreiche Publikationen, zuletzt: 111 Orte in Regensburg, die man gesehen haben muss, Emons Verlag Köln.

Volker Wappmann

Dr. theol., geb. 1957 in Vohenstrauß. Studium der Evang. Theologie in Erlangen und München, 1982–89 Pfarrdienst, 1984 Ordination zum Pfarrer, seit 1989 als Religionslehrer im Schuldienst. 1994 Promotion. Zahlreiche Veröffentlichungen zur oberpfälzischen Regional- und Kirchengeschichte.

Hubert Hans Wartner

Geb. am 18. August 1945 in Regensburg, Konrektor a. D.
Abitur am Albrecht-Altdorfer-Gymnasium, Regensburg, Wehrdienst, Studium für Lehramt an Grund- und Hauptschulen an der Erziehungswissenschaftlichen Fakultät der Universität Regensburg. Tätigkeit als Klassenleiter überwiegend in der Hauptschuloberstufe, vor allem im Schulamtsbezirk Regensburg-Stadt; Ausbildungslehrer, Praktikumslehrer. Mitarbeit in der Lehreraus- und Fortbildung, Zweitprüfer für das Erste Staatsexamen an der Universität Regensburg, Zusammenarbeit mit dem Institut für Schulpädagogik und Bildungsforschung, München. Lernmittelgutachter für das Staatsministerium für Unterricht und Kultus, fachschriftstellerische Tätigkeit. Pressearbeit für den Bayerischen Lehrer- und Lehrerinnenverband auf lokaler, regionaler und Landesebene. Mitbegründer und 1.Vorsitzender des Geschichts- und Kulturvereins Regensburg-Kumpfmühl e. V. (GKVR). Zahlreiche Veröffentlichungen zu heimatkundlichen Themen und Herausgeber der Publikationsreihe „Der Vitusbach", Mitarbeit an der sechsten, überarbeiteten Auflage des Regensburg-Klassikers von Karl Bauer. Seit 2017 Mitglied und Medienbeauftragter des Ortskuratoriums für Regensburg und die Oberpfalz in der Deutschen Stiftung Denkmalschutz (DSD).

Claus-Dieter Wotruba

Der gebürtige Regensburger, Jahrgang 1966, wollte von klein auf Sportreporter werden. Nach dem Abitur 1985 am Albrecht-Altdorfer-Gymnasium in Regensburg begann er ein Volontariat beim Sport-Kurier in Augsburg, dem bundesweit erscheinenden Fachblatt u. a. für Eishockey, und blieb dort bis 1991. Im Anschluss kehrte er nach Regensburg zurück und ist seither Mitglied der Sportredaktion bei der Mittelbayerischen Zeitung, wo er die Höhen und Tiefen des EV Regensburg genauestens verfolgt. Zusammen mit Christian Harteis und Felix Jung verfasste er über den EVR auch das Buch „EVR-Fieber". Zum Jugendsport hat der 51-jährige MZ-Redakteur von jeher als lizenzierter Fußballtrainer, der über 20 Jahre bei mehreren Vereinen Teams aller Alters- und Spielklassen betreute, eine besondere Affinität.